KB190505

일상이 고고학

나 혼자 서울 사찰 여행

일상이 고고학

나 혼자 서울 사찰 여행

조선 불교 이야기

황윤 역사 여행 에세이

일상이 ___ 고고학 15

책읽는고양이

추천사

빛나는 도시 서울에 자리한 고찰(古刹) 속에는 시대를 관통하는 이야기가 존재합니다. 과거와 현대가 서로 응감(應感)하는 역사의 숨결은 오늘을 살아가는 우리의 삶 속 인과를 성찰하는 계기와 영감을 불어넣어주곤 합니다.

인연과 인과의 이치가 녹아져 있는 공간, 사찰은 천년이 넘는 세월 동안 도심 속에서도 우리 곁에서 가르침을 내려왔습니다. 그 이치를 참구하는 여정 속에 참된 지혜에 다다르는 방법이 녹아져 있음을 확인합니다.

빠르게 변하는 세상 속에 스스로 평온한 마음을 지켜야 하는 세상입니다.《일상이 고고학, 나 혼자 서울 사찰 여행》을 통해서 선악과 호오(好惡)를 가르는 분별심을 내려놓고, 고락(苦樂)의 감정에 흔들리지 말고 서울 사찰의 장엄한 아름다움과 그 속에 살아 숨 쉬는 불법을 마주하시기 바랍니다.

마음이 지치고 괴로울 때, 홀연히 떠난 그 자리에 새로운 인연을 만납니다. 바라건대, 이 책을 만나

는 독자 여러분의 마음마다 자비의 꽃이 피어나고
지혜의 빛이 가득하시길 두 손 모아 축원드립니다.

대한불교조계종 총무원장 **진우**

조계사 대웅전. ©Hwang Yoon

프롤로그

부처님 오신 날로부터 일주일 정도 지난 어느 날. 매년 그렇듯 아름다운 연등으로 가득한 조계사를 방문한 후 청계천을 향해 천천히 걸어가고 있다. 막상 부처님 오신 날은 인파와 차로 넘쳐 도저히 조계사를 방문할 엄두가 나질 않는다. 그래서일까? 언젠가부터 일주일 정도 지난 후 조계사를 방문하는 습관이 생겼다. 사찰이 가장 화려할 때는 아무래도 연등이 가득한 시점이니 적당한 시기에 방문하면 눈이 호강한다. 때가 되면 벚꽃, 단풍, 눈 구경 가듯 연등 구경 가는 느낌? 비단 나만 그런 것이 아닌지 요즘 들어 사찰로 놀러와 연등을 배경으로 사진 찍는 사람들이 눈에 많이 띈다.

뿐만 아니라 대충 돌아보아도 조계사 내 외국인 방문객 숫자가 갈수록 늘어나는 모양새다. 외국인 눈에는 한국 사찰에서 우리가 못 느끼는 또 다른 매력 포인트가 있나보다. 과거와 달리 법당 안까지 들어오는 외국인도 많은 데다, 여기저기 부처님께 절이나 인사하는 외국인까지 보인다.

사실 몇 년 전부터 한국 불교가 예전에 비해 포교에 신경을 쓰고 있다. 무엇보다 청년 포교에 남다른 관심을 두고 있다고 한다. 예를 들면 코미디언 윤성호 씨가 뉴진스님이라는 캐릭터로 젊은 층에게 인기를 얻고 있는데, 바로 그 뉴진스님이 이번 연등 행사에 디제이로 나왔다고 한다. 이렇듯 한국 불교계는 연등회를 단순한 불교 행사가 아닌 모든 세대, 외국인까지 즐기는 대중적인 문화 축제로 만들고자 노력 중이다.

대한민국은 21세기 들어와 종교를 믿는 인구가 엄청난 속도로 줄고 있는데, 여기에는 젊은층의 종교에 대한 냉소적 반응이 한몫한다고 한다. 이에 따라 불교 또한 출가하는 사람이 줄어드는 데다 신도마저 축소되는 등 위기를 겪고 있으니, 자연스럽게 새로운 변화가 필요한 상황이 된 것이다. 연등 축제만 해도 예전의 엄격하고 어려운 분위기에서 벗어나 쉽게 만나고 즐기는 행사로 바꾸려고 시도하고 있다.

여기까지 생각이 미치자 갑자기 조선 시대가 연상된다. 성리학을 통치 이념으로 삼은 조선이 건국된 후 불교를 숭상하던 통일신라와 고려 시대와 달리 불교계는 엄청난 위기를 맞게 된다. 학창 시절 국사 시간에 배웠던 억불숭유(抑佛崇儒) 정책이 그것이다. 정부는 정책적으로 승려 인구를 제한하고 사찰 규모까지 압박하기에 이른다. 지금이야 사회 분위기에 따라 종교 인구가 급격히 줄며 벌어지는 현상이지만, 어찌되었든 위기라는 측면에서는 현재와 조선의 상황이 얼핏 유사하게 느껴진다. 그럼에도 불구하고 한반도 불교는 조선 시대를 넘어 지금까지 명맥을 유지하고 있으니 이는 곧 당시 위기를 극복했다는 의미일 것이다.

그렇다면 이번에는 서울 사찰 여행을 통해 숭유억불 시대로 요약한 채 넘어가던 조선 시대 불교 이야기를 해볼까 한다.

얼마 전 서울 사찰에 외국인과 젊은 세대의 방문이 크게 늘어나고 있다는 놀라운 뉴스를 보았다. 이는 곧 불교에 별다른 지식이 없는 사람에게도 느껴지는 서울 사찰의 매력이 존재한다는 의미일 것이다. 뿐만 아니라 설문 조사 결과 종교는 없지만 사찰 방문을 좋아하는 사람도 꽤 많다고 한다. 이들역시 사찰에 관심이 큰 사람들이라 하겠다.

이들이 불교적 배경과 사찰에 관한 역사를 어느정도 알고 방문한다면 더욱 와닿지 않을까? 한마디로 아는 만큼 보인다는 효과. 다만 지면상 서울에 있는 모든 사찰을 소개할 수 없으니 나름 역사가 깊고 남다른 의미가 있는 사찰을 중심으로 소개해보려 한다. 그럼 여행 시작~~

차례

1. 사라진 사찰 원각사

보신각종

보신각, 지금이야 12월 31일이 되면 묵은 해를 보내고 새해를 맞이하는 제야의 종을 치는 장소로 유명하지만, 조선 시대에는 매일 새벽과 저녁마다 이곳에서 종이 울리곤 했다. 시계가 지금처럼 대중화된 시기가 아니기에 이곳에서 웅장한 종소리가 울릴 때마다 한양 사람들은 하루의 흐름을 인식하곤 하였다.

태조 이성계는 조선을 건국한 자신의 업적을 알리기 위해 한양을 새 도읍으로 정하고, 이듬해 왕궁 건설에 착수하면서 커다란 종을 주조하도록 명한다. 옛날부터 남다른 공을 세운 이는 큰 종을 만들어 자신의 업적을 종 몸통에 새기는 문화가 있었기에 이를 따른 것. 하지만 종을 만드는 과정 중 무려 세 번이나 실패하는 과정을 겪다가 1398년 4월에야 비로소 완성되었다.

이때 종이 위치한 장소는 지금의 보신각이 아닌 인사동 주변이었다고 하며 종을 매단 장소는 종이 있는 누각이라 하여 종루(鐘樓)라고 불렀다. 그러다

보신각. 현재의 보신각은 1980년 들어와 지어진 건물이다. 사진게티이 미지

태종 때 이르러 종로로 종각과 종이 옮겨졌다.

조선이 하늘의 명을 받은 지 3년에 도읍을 한강 북쪽에 정하고, 이듬해에 비로소 궁전을 만들고 그 해 여름에 관청에 명하여 큰 종을 주조하여 완성되 매, 도시의 큰 길거리에 누각(樓閣)을 세워서 달았으 니, 성공한 것을 새기고 큰 아름다움을 길이 전하자 는 것이다. 옛날로부터 국가를 차지한 자가 큰 공과 업적을 세우면 반드시 종(鐘)에 그 업적을 새기기에, 그 아름다운 소리가 갱갱(鏗鏗) 굉굉(鍧鍧)하여 후

대 사람의 눈과 귀를 움직이고, 또 대도시 가운데에
서 새벽과 어두울 무렵에 쳐서 인민의 일어나고 쉬
는 시간을 엄격하게 하니, 종의 쓸모가 크다.

《조선왕조실록》 태조 7년(1398) 4월 4일

안타깝게도 오랜 세월을 지나며 태조가 만든 종
은 사라졌으나, 당대 문장가인 권근이 작성하여 종
에 새긴 명문이 《조선왕조실록》에 그대로 남아 있
어 종을 만든 목적과 의미를 파악할 수 있다. 특히
문장에 등장하는 갱갱(鏗鏗), 굉굉(鍧鍧) 등은 종이
울리는 소리를 표현한 의성어로 저 소리가 새벽과
저녁마다 울림으로써 이성계가 세운 새 왕조의 업
적이 백성들에게 전달되는 방식이었다.

사실상 '종의 소리 = 임금의 목소리'를 상징한다
고나 할까? 더 정확히는 시간을 통제하고 알려주는
권능을 지닌 임금의 목소리. 게다가 "새벽과 어두
울 무렵에 쳐서 인민의 일어나고 쉬는 시간을 엄격
하게 하니"라는 실용적인 목적 역시 종에 새긴 명문
을 통해 분명하게 알려주고 있다.

시간이 흘러 태종, 세종, 세조 또한 조선을 건국
한 태조와 마찬가지로 국왕을 상징하는 종을 만들
어 궁 주변에 달았다. 예를 들면 태종이 만든 종은
창덕궁 돈화문에, 세종이 만든 종은 경복궁 광화문

에, 세조가 만든 종은 광화문 서쪽에 각각 설치되었다.

> 새로 주조한 대종(大鐘)을 종루(鐘樓) 아래에 달았다.
>
> 《조선왕조실록》 세조 4년(1458) 2월 11일

뿐만 아니라 세조는 종로로 옮긴 종루의 종도 새로 만들도록 했는데, 이때 태조가 만들었던 종에 문제가 생겨 종을 새로 만든 것인지, 아님 세조가 자신의 권위를 선보이기 위해 종루의 종을 새로 만든 것인지는 기록 미비로 자세히 알 수 없다.

흥미로운 부분은 종을 만든 왕들을 살펴보면 태종과 세조는 소위 쿠데타로 권력을 잡았고, 세종은 셋째 왕자에 불과했으나 우여곡절 끝에 큰 형인 양녕대군을 제치고 왕위에 오른 인물이라는 점. 한마디로 이들 모두 엄격한 유교적 관점에 따르면 즉위 시 정통성이 부족했기에 종을 만들어 왕으로서의 권위를 높이고자 한 의도가 엿보인다.

세월이 훌쩍 지나 임진왜란으로 폐허가 된 한양을 복구하는 과정에서 왕권을 상징하며 시간을 알려주는 종의 필요성이 다시금 제기된다. 문제는 임진왜란 때 일본군이 한양에 침입하면서 종루의 종이 훼손되었다는 점. 이에 따라 광해군 들어 과거 원각사라는 사찰에서 사용했던 종을 옮겨와 옛 종루 터에다 누각을 세워 사용하게 된다. 막 전생이 끝난 뒤라서 나라에 커다란 종을 만들 정도의 경제력과 여유가 없었기 때문. 그렇게 옮겨온 보신각종은 이후 조선 멸망 직전까지 약 300여 년간 나라의 시간을 알려주는 역할을 맡았다. 즉 부처의 목소리를 상징하는 사찰의 종에서 왕의 목소리를 상징하는 종각의 종이 된 것.

그러다 1895년 고종이 직접 쓴 보신각(普信閣)이라는 편액이 종루에 걸리면서 드디어 지금의 보신각이라는 이름이 등장하기에 이른다. 그러다 6.25 전쟁 때 운 좋게 종은 무사했지만 보신각은 파괴되었기에 1953년 다시 지었다가 1980년 새로 크게 확장하여 지은 건물이 현재의 보신각이다. 오랫동안 사용한 종에 균열이 발견되자 1985년에 성덕대왕신종을 복제한 종을 새로 만들어 걸었으니, 지금 건물 안으로 보이는 신(新) 보신각종이 그것이다.

그렇다면 300년 간 종로에 걸려 시간을 알려준 옛 보신각종은 어디로 갔을까? 다름 아닌 국립중앙박물관 야외 전시실에 전시 중. 궁금하신 분은 국립중앙박물관을 방문할 때 만나보면 좋겠다. 높이 3.18m에 19.66톤 무게를 자랑하는 거대한 종의 당

보신각종. 국립중앙박물관.
국립중앙박물관 야외 전시실에 있다.

당한 모습은 자못 감동스럽다. 나름 통일신라 때 제작된 3.66m 높이의 성덕대왕신종에 버금가는 크기다. 게다가 무게는 18.9톤인 성덕대왕신종보다 오히려 무겁다는 사실. 괜히 300년간 조선의 시간을 상징하는 종이 된 것이 아니구나 싶다.

　보신각 바로 옆에 위치한 지하철역이 종각인 이유 또한 '종각(鐘閣) = 종루'와 같은 의미이기 때문이다. 즉 종이 위치한 장소라는 뜻. 이렇듯 종이 지닌 상징성은 과거보다 약해졌지만, 여전히 이곳에 남아 전해지고 있다.

세조와 원각사

보신각과 보신각종에 대한 이야기를 대략 살펴 보았는데, 조선 후기 들어와 약 300년 간 나라의 시 간을 알려주던 보신각종은 앞서 이야기했듯 원래 원각사라는 사찰에 있던 종이었다. 그렇다면 원각 사가 어디에 있던 사찰이고, 그곳에 왜 이처럼 커다 란 종이 달렸는지 살펴볼 차례가 온 듯하다.

일본 승려 도은(道誾) 등이 임금께 인사하고, 아 뢰기를,

"소승은 중국의 사찰을 두루 관람하여 보았는데, 듣건대 원각사(圓覺寺)의 탑이 천하에서 제일이라 하니, 원컨대 오늘 구경하고자 합니다." 라 하니

임금이 말하기를,

"스님은 술을 마셨고, 또한 날도 저물었으니, 내 일 가서 보도록 하라."

하고, 곧 예조에 명하기를,

"일본 승려가 내일 원각사를 구경하고자 하니, 그가 가서 볼 수 있도록 하라."라고 하였다.

《조선왕조실록》 세조 13년(1467) 3월 6일

중국 사신이 원각사(圓覺寺)에 가서 향을 올리니, 임금이 도승지 이극증에게 명하여 가서 이들을 위로하게 하였다.

《조선왕조실록》 성종 1년(1470) 6월 19일

원각사는 사라진 지 이미 오래되어 대중들의 기억 속에서 희미하게 남아 있을 뿐이지만, 조선 전기만 하더라도 사대문 안에 위치한 사찰 중 하나이자 무려 10층 석탑이 랜드마크처럼 서 있어 유명세가 남달랐던 곳이다. 높은 건물이 즐비한 지금과 달리 조선 시대에는 10층 석탑의 높이가 주는 미감이 압도적으로 다가왔을 것이다. 그랬기에 중국, 일본 사신들마저 조선을 방문하면 원각사를 종종 방문하곤 했다. 마치 지금의 조계사+롯데타워급 위상이랄까?

오호~ 10층 석탑하니 갑자기 탑골공원에 위치한 원각사지 10층 석탑이 떠오른다. 2021년 들어와 문화재청에서 국보와 보물에 부여한 지정번호를 폐지했는데, 그 전까지 국보 2호로 불리던 높다란 탑이다. 대학 시절 일본어 회화 공부한다고 종로 어학원 다닐 때 자주 들려 구경하곤 했었지.

그렇다. 다름 아닌 탑골공원이 과거 원각사 자리

탑골공원에 있는 '원각사지 10층 석탑'. 유리벽 안에 보관하기 전의 모습.

였다는 사실. 게다가 탑골공원에는 1471년 세워진 원각사지 대원각사비(大圓覺寺碑)라는 원각사를 창건한 과정을 적은 비석이 오랜 세월이 지났음에도 여전히 남아 있다. 나누어 펼쳐보면 대(大) + 원각사(圓覺寺) + 비(碑). 이 또한 2021년 이전만 하더라도 보물 3호라 불렸다. 국보인 탑과 보물인 비석 두 점은 과거 화려했던 원각사의 흔적이다.

아참~ 대원각사비 아래에는 사실적 묘사가 일품인 돌 거북이 있으니, 탑골공원에 가면 탑뿐만 아니라 비석도 함께 살펴보도록 하자. 오래 사는 거북처럼 비석이 오래 가길 바라며 거북 받침돌 위에다 비석을 올려놓았다. 혹시 처음 보는 사람의 경우 거북의 크기가 의외로 커서 깜짝 놀라지 않을까 싶다. 마침 보신각으로부터 탑골공원까지 동쪽으로 400m 정도로 그다지 멀지 않으니 이번 기회에 한번 가볼까? 걸어가며 원각사에 대한 이야기를 이어가자.

대웅전이 한가운데 우뚝하여 대광명전(大光明殿)이란 이름을 내리고, 왼쪽 건물은 선당(禪堂, 참선하는 장소)이라 하고 오른쪽 건물은 운집(雲集, 신도들이 모이는 장소)이라 하며, 문은 적광문(寂光門)이라 하고, 다음 바깥문은 반야문(般若門)이라

'원각사지 대원각사비'.
©Park Jongmoo

하고, 다음 바깥문은 해탈문(解脫門)이라 하고, 종을 단 건물은 법뢰각(法雷閣)이라 하고, 음식을 장만하는 곳은 향적료(香寂寮)라 하였다.

동편에는 못을 파서 연을 심고, 서편에는 동산을 만들어 화초를 심고, 정전 뒤에다 장경각(藏經閣, 불경을 보관하는 장소)을 두어 해장전(海藏殿)이라 하였다. 또 13층의 탑(원각사지 10층 석탑)을 세워 분신사리(分身舍利)와 새로 번역한 원각경(圓覺經, 불교경전)을 보관하니, 건물의 위치와 순서가 각각 맞고 규모가 굉장한 데다 금벽(金碧, 화려한 단청)까지 눈부셔, 장엄하고 화려한 건물의 아름다움은 그에 비교할 만한 것이 없었다.

'원각사지 대원각사비'

사실 고려 시대만 하더라도 원각사 부지에는 흥복사라는 사찰이 있었으나 세종 시대를 거치며 사실상 폐사(廢寺)되어 사찰의 기능이 멈춘 상황이었다. 그런데 세조가 1464년 들어 흥복사 터에다 새롭게 사찰을 만들도록 명하고, 그 이름을 원각사라 정한 것이 아닌가. 이에 따라 폐사된 사찰에 들어와 살던 민가 200여 채를 이주시킨 후 높이 12m에 이르는 백색 대리석 탑을 포함하여 여러 사찰 건물이 차례로 들어섰다. 무엇보다 원각사 법당은 마치 궁궐 내 중요한 건물처럼 청기와 8만 장으로 지붕을 덮은 데다 화려한 단청으로 장식하였으며, 백옥으로 만든 불상을 모시는 등 장엄함이 남달랐다고 한다. 국왕이 방문하는 왕실 사찰로서 원각사의 위상을 알 수 있다.

주목할 부분은 지금과 달리 조선 시대에는 원각사지 10층 석탑을 13층 탑이라 불렀다는 점. 당대 기록인 대원각사비에 13층이라 나오니 증거가 100% 확실하다. 하지만 일제강점기를 겪으며 일본 학자가 3층 기단 위에 10층 탑이 세워진 것으로 재해석하여 10층 석탑이라 정의한 것이 독립 이후에도 그대로 이어지면서 현재는 10층 석탑으로 알려져 있다. 조선 시대에는 탑 가장 아래 3층으로 이루어진 기단 부분까지 합쳐서 13층 석탑이라 부른 것이다. 그래서일까? '원각사지 10층 석탑'을 원각사지 13층 석탑으로 고쳐 불러야 한다는 주장이 근래 제기되고 있다.

호조(戶曹)에서 아뢰기를,
"원각사의 대종(大鐘)을 주조할 때 필요한 동(銅)이 5만 근(斤)인데, 서울과 지방에 현재 있는 동(銅)이 2만 4천 1백 64근(斤) 8냥(兩) 3전(錢)입니다. 나머지 부족한 동(銅)은, 개성에서 1만 4천 7백 14근 5

냥 8전을, 경기에서 1천 2백 10냥 5전을, 충청도에서 1천 5백 91근 6냥 1전을, 경상도에서 6천 6백 54근 15냥 9전을, 전라도에서 1천 6백 72근 1냥 4전을 시가에 따라 구입하여 올려 보내게 하소서."

하니, 임금이 그대로 따랐다.

《조선왕조실록》 세조 10년(1464) 6월 16일

이렇듯 세조의 관심과 함께 엄청난 공력이 투입된 원각사이기에 사찰에 달 종 역시 남다른 노력을 들여 제작하고자 했다. 이때 얼마나 큰 종을 만들 계획이었는지 무려 구리 5만 근을 모으기 위해 정부가 보관해둔 동뿐만 아니라 전국에서 동을 모아올 정도였다. 최종적으로는 4만 근을 모아서 종을 만들었으니 그 무게가 지금 기준으로 대략 24~26톤 정도라 하겠다. 국립중앙박물관에 전시 중인 보신각종의 무게가 20톤 정도이므로 제작 과정에서 불순물 정제 등 이런저런 이유로 줄어든 재료 무게까지 생각해보면 얼추 비슷하다. 소리가 훌륭한 종을 만들려면 상당한 수준으로 정제된 구리가 필요하니까.

그러나 한 가지 문제가 있다. 조선왕조실록에 따르면 1465년 1월에 종이 완성되었다고 기록되어 있는 반면 보신각종에는 1468년 2월에 제작했다는 글이 새겨져 있다. 제작 시점에 3년의 차이가 있으니 과연 어찌된 것일까?

원각사종과 보신각종

탑골공원에 도착하였다. 이곳은 방금 설명했듯 한때 원각사라는 사찰이 존재했으며, 지금은 1897년 서울에 최초로 만들어진 근대식 공원으로 잘 알려져 있다. 참고로 한반도 최초의 근대식 공원은 인천의 자유공원이라는 사실. 탑골공원보다 9년 앞서 조성되었으니까. 이번 책의 주제가 주제인 만큼 이 부분에 대한 설명은 이정도로 넘어가자. 하하.

원각사(圓覺寺)의 대종(大鍾)이 완성되었다.

《조선왕조실록》 세조 11년(1465) 1월 16일

경성(京城) 보신각종기(普信閣鐘記)
성화(成化) 4년(1468) 2월 ▨일

보신각종 명문

앞서 이야기했듯《조선왕조실록》에 따르면 1465년 1월에 원각사종이 완성되었는데, 한때 원각사종이었던 보신각종에는 1468년 2월에 제작했다는 글

보신각종의 경우 장식과 명문이 거의 훼손되었다. 누군가 도구로 글자를 깎아 없앤 흔적이 남아 있다. 국립중앙박물관.

이 새겨져 있다. 그렇다면 1465년 종과 1468년 종, 이렇게 3년 터울로 만들어진 두 개의 종이 원각사에 존재했다는 의미일까?

그러나 현재 보신각종 또한 구리 4만 근에 육박하는 만큼 동일한 사찰에 달 종을 만들고자 불과 3년 사이에 4만 근의 구리를 모으는 행동을 두 번이나 반복했으리라 여겨지지 않는다. 하나의 사찰에 비슷한 크기의 거대한 종을 굳이 두 개나 달아야 할 이유가 없으니 말이다.

한편 보신각종의 명문은 상당 부분 사라진 상황

이다. 이는 오랜 세월 속에 자연스럽게 풍화되어 사라진 것이 아니라 종이 만들어진 후 어느 시점에 도구 등을 이용하여 인위적으로 글자를 깎아 없애버린 것으로, 종을 만든 이유를 설명한 글과 감독자 이름 상당수가 제거되었다. 그런데 미처 제거되지 않아 확인이 가능한 고위 감독자 11명 중 무려 10명이 원각사 창건 시 고위 감독자 이름과 완전히 동일하다는 사실. 그나마 남아 있는 흔적을 통해 원각사 창건과 보신각종 제작 간에 면밀한 관계가 있었음을 알 수 있다.

뿐만 아니라 보신각종에 새겨진 명문을 살펴보면 1466년 죽은 원효연이라는 인물이 감독자 중 한 명으로 등장하고 있으며, 1466년에 다른 관청으로 흡수되어 사라진 악학도감이라는 관청 또한 등장하고 있다. 이상한 것은 종에 새겨진 명문에 따르면 1468년 제작된 종인데, 1466년 이전의 내용이 고스란히 담겨 있다는 점이다. 이를 미루어 볼 때 아무래도 1465년 제작된 종을 기반으로 시간이 흐른 1468년 들어와 장식과 명문 등을 대대적으로 수정한 것을 알 수 있다.

정리해보면 자료의 한계로 100% 확신할 수는 없지만 1. 종에 남아 있는 감독관 이름을 미루어 볼 때 보신각종은 원각사 창건과 함께 만들어진 것이 분명해 보이고 2. 시기가 맞지 않은 인물이나 관청이 등장하는 것으로 보아 아무래도 1465년 제작된 종을 바탕으로 문양과 글을 변경시키는 부분 개각(改刻)이 1468년 이루어진 것으로 보인다. 그 결과 《조선왕조실록》에 등장하는 원각사종이 다름 아닌 보신각종이 아닐까 싶다. 여기까지 보신각종이 처음에 원각사종으로 제작되던 과정을 따라가보았다.

흥미로운 점은 보신각종에서 인위적으로 도구를 이용하여 훼손시킨 부분이 비단 글자뿐만이 아니라는 사실. 종을 장식한 불교식 문양마저 상당 부분 일부러 깎아버렸던 것이다. 예를 들면 종 4군데에 각각 장식된 보살 장식 등이 그것. 왜 이런 일이 발생했는지 알아보기 위해 우선 원각사의 시작과 끝을 살펴봐야겠다.

원각사의 시작과 끝

지금은 이곳 탑골공원에 사찰 흔적이 일부 남아 있으나, 세조 시절만 하더라도 한양 불교의 중심지 중 하나로 엄청난 주목을 받은 장소였다. 원각사 법당이 완성되었다고 승려 100명 이상이 모일 정도였으니까.

원각사(圓覺寺) 법당이 완성된 것을 기념하는 법회를 베푸니 참가한 승려가 1백 28명이었다. 국왕이 구결을 달고 번역한 《원각수다라료의경(圓覺修多羅了義經)》을 열람하고, 승려 2만 명에게 공양을 베풀었다. 이날 왕이 원각사에 나아갔다.

《조선왕조실록》 세조 11년(1465) 4월 7일

아마 세조는 조선 역사상 최고로 불교를 숭상했던 국왕이 아닐까 싶다. 태조 이성계나 세종, 조선 후기의 임금인 정조 등이 불교에 깊은 관심을 가진 조선 임금으로 잘 알려졌으나 이들이 유교로 무장한 신료들의 견제 속에 적당히 눈치라도 본 반면,

세조는 언급된 국왕들과 달리 거의 눈치를 보지 않고 불교를 적극적으로 지원했다. 뿐만 아니라 개인적인 신앙을 넘어 백성들에게 널리 불교를 알리겠다는 의지 또한 매우 남달랐다. 이렇듯 세조가 불교를 적극 지원한 이유에 대해 세간에는 권력을 잡는 과정에서 쿠데타를 통해 조카 단종을 포함 많은 사람을 죽인 것에 대한 반성 때문이라는 이야기가 있으나, 그보다는 단순히 세조가 불교에 남달리 심취했던 영향이 크다. 왕자 시절부터 불교에 대한 관심이 무척 남달랐으니까. 이런 경향은 비단 세조뿐만 아니라 그의 아버지 세종, 그리고 증조할아버지 태조 이성계도 마찬가지였으니, 유교 국가를 표방한 조선임에도 왕실에서는 불교에 대한 관심이 면면히 이어졌던 것이다.

세조의 불교에 대한 관심의 예시로는 위 기록에 등장하는 《원각수다라료의경(圓覺修多羅了義經)》을 통해서도 이해할 수 있다. 줄여서 《원각경(圓覺經)》은 원각사라는 사찰 이름과도 연결되는 불경인데, 해당 불경의 경우 세조가 직접 구결을 달고 신미대사, 효령대군, 한계희 등이 한글로 번역하여 1465년 출판했기에, 사실상 세조의 혼이 담긴 작품이었다. 한마디로 불경 번역을 위해 아예 왕이 손수 나선 격. 그만큼 불교에 대한 남다른 관심이 만들어낸 결과물이라 하겠다.

> 원각사(圓覺寺)의 탑이 완성되니, 연등회를 베풀
> 었다.
>
> 《조선왕조실록》 세조 13년(1467) 4월 8일

원각경을 공개하고 법회를 베푼 날마저 참으로
절묘하니 음력 4월 7일이었다. 바로 그 다음날인 음
력 4월 8일이 다름 아닌 석가탄신일이기에 사실상
전날 행사로서 원각사 첫 법회를 연 것이다. 즉 석
가탄신일을 기념하고자 자신이 제작에 참여한 불경
과 사찰을 그 전날에 공개했음을 알 수 있다. 얼마
뒤 원각사 탑이 완성되자, 이날은 아예 석가탄신일
과 연결하여 연등회를 열었다. 이 정도로 석가탄신
일을 남다르게 기념한 국왕이 세조였다.

비단 《원각경》뿐만 아니라 세조는 1461년 《능엄
경》, 1463년 《법화경》, 1464년 《금강경》과 《반야심
경》 등 중요 경전으로 읽히던 불경까지 한글로 번역
하여 목판 또는 금속활자를 통해 대량으로 인쇄 출
판하였다. 당연하게도 한글로 번역한 만큼 불교 경
전을 누구나 쉽게 접하도록 하는 것이 1차 목표였
다. 한문 불경의 인쇄 출판 또한 남다른 공을 들여
세조 7년인 1461년에는 간경도감(刊經都監)이라 하

(위) 《능엄경 언해》. 한글로 번역하여 출판한 불경이다. 국립중앙박물관. (아래) 《능엄경 언해》를 찍을 때 사용된 한글 금속활자. 국립중앙박물관.

여 아예 불경을 인쇄 출판하는 국가 기관마저 설치했을 정도였다.

간경도감은 11년간 운영되다 친 불교 기관이라는 비판 속에 성종 2년인 1471년에 문을 닫았는데, 짧은 기간 동안 한문, 한글 불경까지 합쳐 무려 47권 이상의 책을 인쇄 출판하였다. 지금까지 남아 있는 책이 47권이니 실제로는 이보다 훨씬 많은 책을 인쇄 출판했을 것이다. 동시대 기준으로 볼 때 실로 엄청난 인쇄 출판 사업이 아닐 수 없다.

> 왕이 명하기를,
> "정승 구치관이 일찍이 말하기를, '원각사의 큰 종은 인정(人定, 밤에 치는 종)과 파루(罷漏, 새벽에 치는 종)의 종소리와 구별이 없다.' 하였으니, 금후로는 치지 말되 불사(佛事) 때에는 미리 알리고 치라."
> 라 하였다.

《조선왕조실록》 성종 1년(1470) 9월 14일

그러나 세조 이후 조선 정부의 불교에 대한 분위기는 크게 바뀐다. 건국 때부터 유교 국가를 표방한 조선에서 세조가 펼친 불교 정책은 사실 좀 과한 면이 있었다. 이 정도로 불교 친화적인 군주는 불교가 국교였던 통일신라나 고려 정도에서나 찾아볼 수 있으니까. 이에 따라 유학자를 포함한 여러 신료들은 너도나도 세조 시절 크게 확장한 불교에 대해 압박할 필요성을 느끼고 있었다. 그렇게 압박을 위한 핑계를 찾던 그들은 우선 사찰의 종에 주목했다.

조선 시대에는 보통 종루에서 인정(人定)이라 하여 밤 10시경 종을 치면 성문을 닫고 통행 금지가 시작되었고, 파루(罷漏)라 하여 새벽 4시경 종을 치면 통행금지가 해제되었다. 치안을 위해 운영한 야간 통행 금지 제도라 하겠다.

그런데 이 당시 사찰에서도 종루와 함께 아침저녁으로 종을 쳤던 모양이다. 이를 문제 삼아 사찰에서 매일 울리는 종이 나라의 시간을 알리는 종소리와 겹쳐 혼란스럽다는 이유로 신하들이 반대하니, 성종은 사찰에서는 중요한 불교 행사를 할 때만 미리 알리고 종을 치도록 명하였다. 그렇게 새로 즉위한 왕이 자신들의 의도대로 움직여주자 이번 일을 시작으로 관료들은 서서히 불교에 대한 압박을 강화했다.

승정원에 명하기를,
"대간과 홍문관에서 원각사를 수리하는 일을 힘써 반대하니, 영역관(領役官, 공사를 감독하는 관원)

을 없애도록 하라."

라 하였다.

《조선왕조실록》 성종 20년(1489) 6월 27일

성종 시절에도 원각사는 가뭄에는 기우제, 왕실 기일에는 제사를 개최하였고, 외국인 사신이 자주 방문하는 등 여전히 국가를 대표하는 사찰로서 운영되었지만, 유학으로 무장한 관료들의 매서운 공격에 점차 방어가 힘겨워졌다. 유학자의 눈으로 볼 때 사대문 안을 대표하는 사찰인 원각사를 무너뜨리면 불교 세력을 크게 약화시킬 수 있다고 여겼기 때문. 오죽하면 왕이 사찰 수리마저 지원하지 못하도록 엄청난 반대 여론을 만들 정도였다. 결국 성종은 반대 여론에 따른 부담으로 수리를 잠시 포기했지만, 외국인 사신이 방문하는 곳을 허술하게 방치할 수 없다 하여 1494년 5월에 어찌어찌 수리를 하기는 했다.

하지만 성종에 이어 연산군이 왕이 되면서 원각사의 운명은 완전히 끝을 맺는다.

전교하기를,
"원각사의 부처는 세조께서 만드신 것이니 예조(禮曹)가 맡아 처리하여 옮기도록 하고, 성균관을 원각사에 옮겨 설치하라."

《조선왕조실록》 연산군 10년(1504) 7월 10일

연산군은 돌아가신 어머니, 즉 폐비 윤씨에 대한 보복을 한다며 1504년 갑자사화를 벌인 이후 완전히 통제 불가능한 인물이 되었다. 사람을 수없이 죽이고 향락에 빠졌으며 민생은 등한시한 채 사냥에 몰두하였다. 조선사 최고의 폭군 등장이랄까? 문제는 유흥을 일삼던 창덕궁 후원의 담장 너머에 성균관이 있었다는 점. 젊은 유생들이 많이 있는 성균관 위치가 왠지 불편하고 눈치가 보였던 연산군은 기발한 아이디어를 하나 생각해낸다. 원각사를 철폐하고 그 자리로 성균관을 이전한다는 놀라운 계획이 그것. 참으로 연산군 다운 생각이다.

왕이 종친들과 옛 성균관에서 활쏘기를 하며, 기생과 풍악을 베풀어 아주 즐겁게 놀았다.

《조선왕조실록》 연산군 10년(1504) 8월 17일

하나를 내주고 하나를 얻는다는 심보로 원각사 철폐라는 유학자의 소원을 들어주는 대신 자신은 더욱더 눈치 없이 유흥을 즐기겠다는 생각이었으나 그 의도가 너무 빤하니 의논 끝에 성균관의 원각사

이전은 흐지부지되었다. 그러자 연산군은 성균관을 원각사가 아닌 다른 장소로 옮기기로 한 채 우선 비워두도록 하고 성균관 시설을 그냥 왕의 놀이터로 만들어버렸다.

> 장악원(掌樂院, 음악과 무용을 담당하는 기관)을 원각사로 옮기고, 가흥청(假興淸, 어린 기생) 2백, 운평(運平, 기생) 1천, 악사 1천이 여기에 매일 근무하도록 하라.
>
> 《조선왕조실록》 연산군 11년(1505) 2월 21일

다음으로 연산군은 원각사 또한 유흥 장소로 운영하는 계획을 추진한다. 이에 따라 원각사에서 승려는 쫓겨나고 대신 기생 1200명과 악사 1000명이 기거하는 연산군의 놀이방이 되었다. 이렇듯 세조가 만든 원각사는 세조의 증손자인 연산군에 의해 황당하고 모욕적인 방법으로 폐사되었다.

얼마 뒤인 1506년 폭정을 거듭하던 연산군이 반정으로 쫓겨나자 수년 간 이사만 준비 중이던 성균관은 빠른 속도로 본래 자리에 복원되었지만, 원각사는 왕실에서 몇 차례 복원하려는 의도만 보였을 뿐 유학계의 반대 여론으로 인해 더 이상 일이 진행되지 않았다.

탑골공원에 있는 '원각사지 10층 석탑'. 미세 먼지와 도시 매연으로부터 보호하기 위해 유리벽 안에 보관 중이다. 사진 게티이미지

그 결과 10층 석탑과 과거 사찰의 영광을 알려주는 비석만 이곳에 덩그렇게 남은 채 조선 말까지 이어지다 앞서 이야기했듯 서울 최초의 근대식 공원이 되고 만다. 탑골공원이라는 명칭 자체부터 탑이 있는 공원이라는 의미다. 한편 일제강점기 시절 사진을 보면 탑 상층부 3층이 보이지 않는데, 이는 알 수 없는 어느 시기에 분리된 것이라 한다. 관련 기록이 없어 학자들은 연산군 시절 폐사되며 이루어진 일로 추정 중. 다행히도 미군이 대한민국 독립 직후 거중기를 동원하여 가볍게 3층을 다시 올려주어 현재의 모습이 되었다.

가까이 다가가 높다란 '원각사지 10층 석탑'을

일제강점기 시절
'원각사지 10층 석탑',
국립중앙박물관.
상층부 3개 층이
떨어져 있다.

1946년의
'원각사지 10층 석탑',
국립중앙박물관.
독립 후 미군이
거중기를 이용해
떨어진 상층부
3개 층을
원래 위치에
올려주었다.

바라본다. 아무리 보아도 현재 국립중앙박물관에 전시 중인 고려 시대의 '경천사지 10층 석탑'과 너무나 유사한 디자인이다. 이처럼 유사한 이유는 고려 탑을 모델로 삼아 세조 때 만들어졌기 때문이다. 다만 높이의 경우 경천사지 10층 석탑은 13.5m, 원각사지 10층 석탑은 12m로 조금 차이가 있다는 사실. 아쉽게도 탑을 둘러싼 유리벽으로 인해 탑의 세부적인 모습은 구경하기 힘들다. 부식과 오염을 방지하기 위해 만든 유리벽이 오히려 관람을 막고 있는 느낌이랄까?

계획에 따르면 탑 보호를 위해 2030년까지 '원각사지 10층 석탑'을 국립중앙박물관 내부 전시실로 옮긴다고 한다. 가까운 미래에 '경천사지 10층 석탑'과 '원각사지 10층 석탑'을 함께 박물관에서 볼 수 있다는 것. 상상만 해도 대단한 분위기가 느껴지는걸. 그런 만큼 탑 문양에 대한 자세한 설명은 2030년 이후에 이어가도록 하겠다. 하하. 핑계가 아니고 지금은 유리 비침으로 인해 제대로 보이질 않으니 원.

원각사종의 또 다른 운명

탑 구경은 끝났고 탑골공원을 더 돌아보며 이야기를 이어가자. 여기저기 바둑과 장기를 즐기는 사람들이 보이는구나. 나도 한때는 바둑과 장기를 참 잘했는데….

어쨌든 원각사가 창건된 지 불과 40년 만에 철폐되면서 원각사종의 운명은 바람 앞의 등불이 된다. 유교 사상으로 무장한 관료들이 하나같이 사찰의 종을 녹여서 화포로 만들자는 과격한 주장을 펼쳤기 때문이다. 이때 왕은 대중들에게 드라마 대장금에 등장하여 유명해진 중종으로 성종의 아들이자 연산군의 배다른 동생이었다. 무엇보다 반정으로 추대받아 왕이 된 만큼 한동안은 신하들의 눈치를 볼 수밖에 없었다. 왕권이 비교적 약해진 만큼 선왕이 만든 종을 제대로 지켜줄 수 있는 상황 또한 아니었다.

홍천사와 홍덕사 두 절의 대종(大鐘)을 공조(工曹)로 하여금 총통으로 주조하도록 명했으나, 지금

들으니 대비전(大妃殿)께서 그릇을 주조하기 위하
여 이미 내수사(內需司, 왕실 재정을 관리하는 관청)
로 옮겼다 하니, 이 뜻을 공조에 말하라.

《조선왕조실록》 중종 7년(1512) 6월 23일

한편 원각사와 마찬가지로 사대문 안에 위치한
사찰이었으나 연산군 때 유생의 테러로 불타 폐사
된 흥천사와 흥덕사의 경우 터에 종만 덩그러니 남
아 있었는데, 이들 종은 유학자들의 주장대로 화약
무기인 총통, 즉 화포로 만들어질 뻔했다. 그러나
소식을 들은 중종의 어머니인 대비(大妃), 즉 정현
왕후가 그릇을 만든다는 핑계로 급히 왕실 기관인
내수사로 가져가는 바람에 겨우 종을 보호하는 데
성공할 수 있었다. 남달리 불교를 숭상하던 정현왕
후의 행동이었으나, 유교에 따른 충, 효까지 생각해
야 하니 신하들마저 어쩔 도리가 없었다.

이렇게 정현왕후가 가져간 종 중 흥천사종은 놀
랍게도 지금까지 보물로 지정된 채 전해지고 있다
는 사실. 세조 시절인 1462년에 높이 282㎝로 만들
어진 꽤 커다란 크기의 종이다. 반면 높이 313㎝의
원각사종은 폐사된 원각사 터에 30여 년간 별다른
보호 없이 덩그러니 남아 있었는데, 아무래도 이 시
기 동안 젊은 유생들의 거센 공격과 테러로 종에 장

보물로 지정된 '흥천사명 동종'. 원각사종과 달리 종 위에 보살 장식과 같은 불교 문양이 여전히 잘 남아 있다.

식된 불교식 문양과 불교를 옹호하는 문장 등이 대거 깎여나간 듯하다.

> 지금 원각사는 이미 무너졌지만 비석(대원각사비)은 그대로 남아 있어, 우매한 백성이 본다면 반드시 현혹되는 사람이 있을 것이니, 비를 무너뜨려 영구히 뿌리가 끊어지도록 해야 합니다.
>
> 《조선왕조실록》 중종 14년(1519) 6월 21일

실제로도 중종 초반기에는 조광조를 비롯한 젊은 유학자들이 대거 중용된 데다 사대문 안 사찰 시설물이 젊은 유생들의 공격으로 불타고, 1516년에는 불교식 제사인 기신재(忌晨齋)가 폐지되는 등 한동안 성리학 근본주의가 광풍처럼 불어닥치고 있었다. 기신재란 조선 왕실이 건국 초부터 돌아가신 왕과 왕비를 위해 실시했던 불교식 제사를 말한다. 이때 조선 국왕을 보살계제자(菩薩戒弟子)라 표기하였는데 한마디로 조선왕 = 부처의 제자라는 의미. 하지만 불교에 대한 엄청난 비판 여론을 이기지 못하고 결국 중종은 오랜 왕실의 문화였던 기신재를 폐지하게 된다.

여기서 잠깐. 학창 시절 역사 공부를 하며 성리학이 왜 그리 불교를 비판하고 공격했는지 매번 의

문이 들었을 텐데, 이는 성리학이 본래 중국에서부터 불교를 비판하며 성장한 유교 이론이기 때문이다. 마치 유럽에서 가톨릭을 비판하며 신교가 등장한 것과 유사하다고나 할까? 지금도 가톨릭과 신교가 은근 서로 사이가 안 좋은 것도 이와 유사하다. 그런 만큼 성리학 근본주의에 빠지면 빠질수록 불교를 더욱 업신여기며 비판하곤 했다. 이와 달리 왕실, 특히 왕실 여성들의 불교에 대한 신앙은 계속 이어졌기에 왕의 입장에서는 난처한 경우가 종종 생겨났다. 결국 조선 전기에는 왕실 여성이 불교를 비호하는 분위기 속에 유교로 무장한 신하들이 불교를 공격하면 왕은 신료와 왕실 여성 중간에서 균형을 잡아주는 아슬아슬한 모습이 이어지게 된다.

이와 같은 광풍 속에서 홍천사종은 왕실에서 어찌어찌 보호하는 데 성공했으나, 원각사종은 여전히 폐사 터에 남아 있었으니, 유교 근본주의자들의 화풀이 대상이 되고 만 것이다. 오죽하면 왕 앞에서조차 세조의 업적이 담겨 있는 대원각사비까지 무너뜨리자는 말이 당당하게 나올 정도로 과격한 분위기였다. 그래서일까? 홍천사종은 지금도 불교장식과 문양이 잘 남아 있는 반면, 이와 대비되듯 원각사종은 불교 장식과 문양이 대부분 사라진 모습으로 전해지고 있다. 약 30여 년간 제대로 보호를

받느냐 못 받느냐의 차이가 만들어낸 상반된 결과
라 하겠다.

> 종루에 종을 달아놓은 것은 이를 쳐서 인정(人定,
> 저녁 종)과 파루(罷漏, 새벽 종)를 사람들에게 알리
> 려는 것입니다. 그런데 요즈음 종루의 종소리가 잘
> 들리지 않는 곳이 있습니다. 이에 흥인문(興仁門, 동
> 대문)과 숭례문(崇禮門, 남대문)에 각각 종 하나씩
> 을 달아 친다면 종소리가 들리지 않는 곳이 없을 것
> 입니다.
>
> 지금 새로 주조하여 매단다면 폐단이 있을 것이
> 니, 폐사한 흥천사와 원각사의 옛 종이 아직도 폐기
> 된 채 쓰이지 않고 있기에 이 종 두 개를 하나는 흥
> 인문(동대문)에 달고 하나는 숭례문(남대문)에 다는
> 것이 어떠하겠습니까?
>
> 《조선왕조실록》 중종 31년(1536) 4월 9일

어느덧 시간이 흘러 유교 근본주의적 행동에 질
려버린 중종에 의해 조광조는 1519년 사약을 받아
죽었고, 1530년에는 왕실 안에서 불교를 적극 보호
하던 대비인 정현왕후도 죽었다. 이 당시 중종은 왕
자리를 수십 년간 유지하면서 즉위 초반에 비해 나
름 강해진 왕권을 보여주고 있었다. 바로 이 시절

김안로가 종 사용법에 대해 새로운 제안을 하였으니, 홍천사종은 동대문에 원각사종은 남대문에 각각 달아 종루와 함께 시간을 알리자는 아이디어였다. 왕이 찬성하면서 그렇게 원각사종은 남대문에 걸렸는데, 이게 웬걸? 김안로가 권력을 누리며 함부로 행동하다가 얼마 뒤인 1537년 10월 왕의 명으로 죽임을 당한 것이 아닌가?

김안로가 의견을 올려 동대문과 남대문 근처에 종각을 짓고 그곳에 큰 종(鐘)을 달았었는데, 그 뒤에 종각을 헐어버렸으나 종은 아직도 그곳에 버려두고 군사가 지키고 있다고 한다. 군사에게 바람과 눈보라를 무릅쓰고 항상 숙직하게 하는 것은 부당한 일이다.

그리고 남대문의 종은 만약 중국 사신이 한양에 왔을 때 보고 묻는다면 그에 대해 대답하기가 참으로 곤란할 것이다. 옮겨 놓을 곳이 없으면 남대문의 종은 군자감(軍資監) 안에 옮겨 두면 된다. 그렇게 하면 군사가 지키는 폐단도 없을 것이니 그 일을 병조와 공조에 말하라. 동대문의 종도 둘 만한 곳이 없으니 훈련원(訓鍊院)에다 옮겨놓는 것이 마땅할 듯하다.

《조선왕조실록》 중종 36년(1541) 6월 1일

중종은 이번에는 김안로가 만든 제도를 혁파한다면서 원각사종과 홍천사종을 성문 근처로 끌어내린 채 방치시키더니, 군수품을 관리하는 군자감과 군사훈련을 하는 훈련원으로 옮기도록 하였다. 그러나 해당 명령은 제대로 실행되지 않았는지 세월이 흐르고 흘러 아래의 기록이 등장한다.

비변사가 아뢰기를,

"큰 종을 총통으로 만들자고 한 일은 참으로 지당합니다. 저자에서 동을 사들이면 시끄럽게 될 것이며 비록 더러 사들인다 하더라도 또한 정철(正鐵, 순도가 높은 구리)이 아니어서 무기를 주조해도 견고하고 예리하지 못할 듯합니다. 큰 종은 본래부터 버려둔 쓸데없는 것이어서 부수어 총통을 만든다면 매우 편리하겠으니, 바라건대 먼저 남대문 성 위의 큰 종(원각사종)을 부수어서 만드는 것이 어떻겠습니까?"

하니, 답하기를,

"오래된 물건을 부술 수 없다. 내수사(內需司)에 저장한 동철(銅鐵)로 만들면 될 것이다. 윤허하지 않는다."

《조선왕조실록》 명종 10년(1555) 5월 23일

중종의 아들 명종은 12세라는 어린 나이에 왕에 오른지라 어머니인 문정왕후가 왕을 대신하여 약 9년 간 수렴청정을 하였다. 이때 국방의 일을 처리하는 비변사에서 원각사종을 화포무기로 만들자는 제안을 하였는데, 수렴청정 중인 문정왕후가 왕실이 보관하고 있던 질 좋은 구리를 내놓는 조건으로 반대 의견을 보이는 것이 아닌가? 문정왕후는 다름아닌 불교를 엄청나게 숭상하는 인물이었던 것이다.

이후에도 종을 화포 무기로 만들려는 주장이 수차례 등장했지만, 문정왕후의 수렴청정이 끝난 뒤로도 명종은 어머니 눈치를 보아 해당 의견을 철저히 묵살하였다. 덕분에 원각사종은 은근슬쩍 왕실의 보호 아래 임진왜란까지 살아남을 수 있었다.

남대문 안에 큰 종(원각사종)이 있는데, 종을 매다는 도구를 만들어 새벽과 밤의 인정(人定) 및 파루(罷漏)에 쓰거나 혹 경보할 때에 쓴다면, 조금은 나라의 수도다워 질 것이다. 아울러 의논하도록 하라.

《조선왕조실록》 선조 27년(1594) 9월 18일

1592년 임진왜란이 터지면서 수도 한양까지 일본군이 침입하는 참담한 상황이 벌어졌다. 이 과정에서 앞서 이야기했듯 나라의 시간을 알려주던 종이 파손되었는데, 북쪽으로 피난을 갔다가 1593년 한양으로 돌아온 선조는 수도를 복구하면서 전쟁전의 도시 품격을 갖추기 위해 종으로 다시금 시간을 알리고자 했다. 이때 마침 남대문 근처에 방치되어 있던 원각사종이 눈에 띄었다. 사찰이 폐사된 지 오랜 시간이 지나 부처의 종으로서의 쓰임은 이미 끝난 데다 나라의 종으로 사용하기에 충분히 크고 아름다웠으니까.

> 종루(鐘樓)를 옛터에 지을 것이니, 병조에서 상세히 의논해보라.
>
> 《조선왕조실록》 광해군 11년(1619) 4월 25일

그렇게 선조 시절 남대문 근처에서 시간을 알리는 종으로 되살아난 원각사종은 정유재란이 발발하자 1000명 이상의 사람이 동원되어 명동으로 옮겨졌다. 조선을 지원하고자 파병된 명나라 군대가 종의 위치를 남대문이 아닌 자국 병력이 주둔한 명동의 언덕으로 옮겨달라 요청했기 때문이다. 정확한 위치는 현재 명동성당이 자리 잡은 장소다. 그러다가 광해군 때 옛 종루 터에 종루를 짓고 종을 다시 옮겨왔으니, 앞서 보신각에서 이야기했듯 이때부터 사실상 보신각종이 된다.

휴~ 보신각종 하나만 하더라도 참으로 많은 역사 굴곡이 담겨 있구나. 덕분에 한때 원각사의 영광마저 슬쩍 그려볼 수 있었다. 그런데 이야기 중간에 등장했던 흥천사종은 동대문에 방치된 이후 어떻게 되었을까? 여기에 대한 답은 탑골공원을 나와 광통교를 감상하고 난 후 이어가야겠다.

탑골공원에서 과거의 영광을 충분히 즐긴 후 슬슬 청계천으로 이동한다. 가까이 가면 갈수록 청계천 주위로 높다란 오피스 건물이 거대한 장벽처럼 등장하는 게 무척 인상적이다. 덕분에 물이 흐르고 식물이 자라는 청계천은 마치 도심 속 허파이자 휴식처 같은 느낌이 든다. 조금 허풍을 더해서 지구의 허파가 아마존이라면 청계천은 종로의 허파 느낌?

천을 따라 걷기 좋도록 조성되어 있기에 운동하러 나온 사람들, 관광객, 휴식 시간에 잠시 나온 회사원 등이 함께 어울려 청계천은 사람들로 붐빈다. 청계천을 따라 끝까지 이동하면 한강이 나온다는데, 나는 한강까지 걸어가본 적이 한 번도 없다. 일단 거리가 너무 멀어서. 하하. 물론 이쯤부터 시작하여 동대문 주변까지 약 2km 정도는 나름 조선 역사가 담긴 거리인지라 여러 번 걸어봤다.

그럼 오랜만에 청계천에 왔으니, 조선 시대 만들어진 다리인 광통교를 가봐야겠군. 룰루랄라.

2. 불교를 좋아하는 임금과
   석가모니

광통교와 연등회

한참을 걸어 광통교에 도착하니 역시 회사원 차림의 사람들이 다리를 건너거나 서서 대화를 나누는 모습이 많이 보인다. 주변 거대한 오피스 건물들이 만들어낸 자연스러운 풍경. 그런데 이곳 난간의 다리 장식이 참으로 묘하다. 마치 임플란트를 한 것처럼 옛 돌 일부에 새 돌이 대거 들어와 있다. 대략 옛돌과 새 돌 비중이 3 : 7이라는 것은 한때 다리 상태가 꽤 아팠다는 의미가 아닐까?

사실 광통교는 일제강점기 시절부터 점차 훼손되다 청계천을 덮고 그 위로 도로를 만들면서 아예 도로 밑에 묻혀 한동안 잊히게 된다. 이 과정에서 다리 위를 장식하던 난간들은 뽑혀 창경궁, 창덕궁, 탑골공원 등으로 옮겨졌다. 그러다 2005년 청계천 복원 공사 때 광통교도 복원되면서 사라지거나 파손된 부분에는 새 돌이 대거 투입되어 현재의 임플란트 모습이 된 것이다.

사실 광통교가 처음부터 돌다리는 아니었다. 조선 건국 직후만 하더라도 지금과 달리 흙과 나무로

'상원야회도', 오계주, 19세기 초. 정월 대보름날 다리를 밟는 풍속인 답교(踏橋)를 묘사하고 있다. 이때 청계천에 위치한 광통교가 답교를 위한 다리로 이용되었다.

만든 다리였다고 한다. 그러다 홍수로 다리가 무너지자 태종 시절인 1410년에 돌다리로 만든 것이 현재 돌다리의 시작이다.

> 임금이 대보름에 민간의 답교(踏橋)를 위해 의금부에 명하여 밤에 통행금지를 해제하게 하였으니, 백성들과 태평을 같이 즐기는 뜻을 보인 것이다.
>
> 《조선왕조실록》 영조 46년(1770) 1월 14일

그렇게 조선 역사와 함께 쭉 이어지면서 음력 1월 15일인 정월 대보름에는 다리를 밟는 풍속인 답

교(踏橋)가 광통교에서 인기리에 펼쳐졌다. 답교란 정월 보름날 밤에 다리를 밟으면 일 년간 다릿병을 앓지 않고, 열두 다리를 건너면 일 년 열두 달 동안의 액을 면한다고 하여 벌인 행사다. 이날은 특별히 나라에서 통행금지마저 해제해주었기에 밤새도록 놀이가 계속되었다.

> 4월 8일에 도성 사람들이 다투어 연등을 일삼으니, 비용이 매우 많이 들고 남녀가 모여서 술을 마시며 밤새도록 그치지 아니하며 희롱하는 데에 이르렀으니, 실로 이는 폐풍(弊風)입니다. 빌건대 엄히 금하소서.
>
> 《조선왕조실록》 성종 9년(1478) 4월 5일

아~ 그리고 보니 조선 시대에는 나라의 허락 또는 용인 아래 백성들이 모여 밤새 노는 문화가 하나 더 있었으니, 연등회가 그것이다. 연등회란 현대인도 잘 알고 있듯 등을 달고 부처에게 복을 비는 행사로서 저 옛날 신라 때부터 시작하여 고려를 거쳐 조선, 현대까지 이어지고 있는 행사다. 물론 기본적으로 불교 행사이기에 조선 시대에는 유교 사상으로 무장한 관료들의 공격 대상이 되기도 했으나 그럼에도 불구하고 조선 말까지 꾸준히 그 인기가 이어졌다. 일반 등뿐만 아니라 마치 지금의 연등 축제처럼 새나 짐승, 물고기나 용의 형상으로 만든 등이 조선 시대 연등회에도 등장했을 정도였다.

> 궐 안에서 연등(燃燈)을 하였다.
>
> 《조선왕조실록》 태종 10년(1410) 1월 15일

> 중국에서는 정월 보름날에 연등을 하고 우리나라에서는 4월 초파일(初八日)에 연등을 하여 풍속이 서로 다르다.
>
> 《조선왕조실록》 중종 34년(1539) 4월 4일

이러한 연등회는 놀랍게도 조선 초만 하더라도 부처님 탄신일뿐만 아니라 정월 대보름날인 음력 1월 15일에도 궁궐 내에서 개최하였으니, 이는 곧 새해를 맞이해 연등을 달며 올해의 복을 비는 행사였다. 하지만 정월 대보름날 연등 행사는 관료들의 계속된 비판으로 중도에 폐지되었고, 부처님 탄신일인 사월 초파일을 기념한 연등회만 살아남아 지금까지 이어지고 있다.

이처럼 사월 초파일 연등회가 끝까지 살아남은 이유는 사찰뿐만 아니라 민간에서도 오랜 세월 동안 적극적으로 연등을 만들어 참여하는 등 그 생명

부처님오신날을 기념하여 청계천을 따라 장식한 연등.
사진 게티이미지

력이 무척 길고 질겼기 때문이다. 이에 따라 궁과 관청을 중심으로 운영되다 왕의 명령으로 인해 사라진 정월 대보름 연등회와 달리 사월 초파일의 연등회는 민중의 사랑을 업고 쉽게 사그라지지 않았던 것이다. 이는 조선 시대에도 여전히 정서적으로 불교를 가깝게 여기는 사람들이 저변에 많이 있었음을 보여주는 증거가 아닐까?

결국 유교 사상으로 무장한 조선 지배자들이 아무리 불교를 비판하더라도 성리학은 병들고 늙고 죽는 인생에 대해 명확한 해답을 주지 못했으므로 백성들이 쉽게 다가가기에는 분명한 한계가 있었다. 이와 달리 생로병사의 원인과 해결책을 제안하는 데다 죽은 이의 극락왕생까지 축원해주는 불교는 백성들에게 마음의 위안처로 자리 잡을 수 있었다. 그런 만큼 부처의 생일을 기념하는 연등회 또한 숭유억불 시대임에도 민간 행사로서 굳건한 자리를 지켰다. 이렇듯 종교는 낮은 자리에서 많은 사람들과 함께할 때 그 가치가 빛나는 것이 아닐까. 지금의 불교계 위기도 이런 자세가 있다면 충분히 이겨낼 수 있을 것이다.

광통교에서 벌어진 정월대보름 행사를 이야기하다보니, 어찌어찌 조선 시대 연등회까지 언급하게 되었다. 게다가 요즘은 청계천에서도 부처님오신날을 기념하여 연등을 장식한다. 이제 다리 아래로 내려가서 본격적인 광통교 이야기를 이어가보기로 하자. 나름 흥미로운 이야기로 가득하니까.

태종과 신덕왕후

　다리 아래로 슬쩍 내려와 광통교 아랫부분을 향해 걸어간다. 현재 광통교 위치는 2005년 청계천 복원 사업을 하면서 본래 위치에서 150m 정도 서쪽으로 옮겨온 자리다. 이때 청계천 바로 위에 다리를 새롭게 만든 후 기존의 광통교는 청계천 바로 옆에 위치한 인도에다 복원하여 새 다리와 이어 붙였다. 덕분에 조선 시대와 달리 광통교 아래로는 더 이상 청계천이 흐르지 않으며 대신 누구든 쉽게 인도를 통해 걸으면서 다리 내부를 구경할 수가 있다. 울퉁불퉁한 돌바닥을 따라 가까이 걸어가자 세월의 흔적이 그대로 느껴지는 오래된 다리 기둥과 벽이 보이는구나.

　무척 흥미로운 점은 다리 위보다 다리 아래에 화려한 문양을 한 돌 조각이 훨씬 많이 보인다는 것. 묘한 분위기의 구름 문양과 십이지신상 그리고 금강저, 금강령 등 불교 용구를 묘사한 모습 등이 그것이다. 한 가지 의문이 드는 건 지금과 달리 조선 시대에는 다리 아래로 청계천이 흐르고 있어 일반

광통교 아래에서 만날 수 있는 금강령과 금강저. ©Park Jongmoo

인들은 다리 밑을 갈 일이 무척 드물었을 텐데, 왜
이리 화려한 장식을 한 것일까?

　사실 문양으로 장식된 돌들은 다리를 위해 만들
어진 것이 아니었다. 다름 아닌 능의 봉분을 둘러싼
병풍석이 원래 용도였으니까. 예를 들어 태조 이성
계가 묻힌 건원릉의 병풍석과 비교하면 그 용도를
한눈에 알 수 있다. 거의 동일한 디자인이기 때문이
다. 조선 초에는 의외로 왕릉 디자인을 이처럼 불교
식으로 장식했다. 가만 보니, 조선 왕을 위해 기신

태조 이성계의 건원릉 봉분 주변을 둘러싼 병풍석, 국립중앙박물관.

재(忌晨齋)라 하여 불교식 제사를 한 데다 능에 불
교 디자인을 장식한 것으로 볼 때 조선 초만 하더라
도 왕실 내 불교의 영향력이 상당했던 모양이다. 사
실 이러한 조선 초 무덤 디자인은 불교가 국교였던
시절 조성된 고려 공민왕의 능을 모범으로 조성된
것으로 세종 시대를 기점으로 유교 의례가 강조됨
에 따라 불교식 디자인은 점차 사라지게 된다.

　이제 궁금증을 풀기 위해 구체적으로 어느 능에
서 옮겨온 돌인지 알아봐야 할 차례로군.

정릉에서 옮겨온 돌로 광통교 아래 부분을 만들었다. ©Park Jongmoo

큰 비가 내려 물이 넘쳐서, 백성 가운데 빠져 죽
은 자가 있었다. 의정부에서 아뢰기를,
  "광통교의 흙다리가 비만 오면 곧 무너지니, 청
컨대 정릉(貞陵) 옛 터의 돌로 돌다리를 만드소서."
하니, 그대로 따랐다.

《조선왕조실록》 태종 10년(1410) 8월 8일

해당 기록은 태종 시절 기록이다. 마침 청계천

의 흙다리가 홍수로 무너지자 의정부에서 정릉 터에 남아 있는 돌로 돌다리를 만들자고 주장하는 대목이다. 이로써 정릉에서 옮겨온 돌로 광통교 아랫부분을 만들었음을 알 수 있다. 한데 정릉의 주인이 누구냐 하면 태조 이성계의 두 번째 부인인 신덕왕후라는 사실.

신덕왕후는 이성계의 첫째 부인인 신의왕후가 조선 건국 바로 직전인 1391년에 죽으면서 조선 최초의 왕비가 된 인물이다. 특히 이성계와는 나이 차가 무려 21살이나 났음에도 금슬이 남달랐는데, 그래서일까? 이성계는 첫째 부인인 신의왕후 사이의 아들이 아닌 둘째 부인인 신덕왕후 사이의 아들에게 왕위를 물려주려 하는 것이 아닌가. 당연하게도 조선 개국 때 아버지를 도와 큰 공을 세운 이방원을 비롯한 신의왕후 아들들은 큰 불만이 생길 수밖에 없었다.

결국 1396년 신덕왕후가 죽고 얼마 지나지 않아 이방원의 주도로 1차 왕자의 난이 일어났고 이때 신덕왕후 아들들은 모두 제거되었다. 다음으로 2차 왕자의 난을 통해 첫째 부인 신의왕후 아들 중에서도 주도권을 완전히 장악한 이방원은 1400년에 즉위하면서 꿈에 그리던 왕이 된다. 바로 태종이다. 여기까지의 스토리는 1990년대 '용의 눈물' 방영 이후 워낙 사극으로 많이 만들어져 대중들에게 굉장히 잘 알려진 이야기이기도 하다.

> 의정부에 명하여 정릉(貞陵)을 도성 밖으로 옮기는 문제를 의논하게 하니, 의정부에서 의견을 올리기를,
> "옛 제왕(帝王)의 능묘가 모두 도성 밖에 있는데, 지금 정릉이 성안에 있는 것은 적당하지 못하고, 또 사신(使臣)이 묵는 관사에 가까우니, 밖으로 옮기도록 하소서."
> 하였으므로, 그대로 따랐다.
>
> 《조선왕조실록》 태종 9년(1409) 2월 23일

고생 끝에 왕이 된 태종 이방원은 신덕왕후에 대한 개인적인 원한을 풀고자 했다. 살아 있는 동안 자신의 야심을 꾸준히 방해한 존재였으니까.

특히 아버지 태조 이성계가 1408년 세상을 떠나자마자 기다렸다는 듯이 노골적으로 박한 대우를 하였는데, 1. 본래 사대문 안에 있던 정릉을 현재의 서울시 성북구로 옮겼으며, 2. 정릉의 정자각을 헐어 명나라 사신이 머물 관사를 수리하는 재료로 쓴데다, 3. 봉분을 완전히 깎아 무덤의 흔적을 없애버렸다. 조선 역사상 최초로 만들어진 능은 이렇듯 엄

청난 수난을 당하고 말았다. 그렇게 본래 정릉이 있던 장소는 한때 병풍석으로 사용한 돌 장식만 이리저리 흩어진 채 남아 있다가 이마저 4. 1410년 광통교 재료로 사용하면서 무덤은 흔적조차 찾아볼 수 없게 된다.

그렇게 능의 병풍석으로 다리를 만들어 일반 백성들마저 정릉의 흔적을 밟고 지나갈 수 있도록 하였으니, 이로써 이방원의 신덕왕후에 대한 복수는 충분히 만족스럽게 마무리된 듯하다. 당연하게도 옮겨진 정릉 역시 국왕의 눈치가 보여 능의 격식을 전혀 갖추지 못한 채 만들어졌으나, 조선 후기인 1669년에 이르러서 다시금 왕릉 대우를 해주면서 새로 조성한 모습이 현재의 정릉이다.

광통교 구경을 마무리하고 청계천을 더 걸어봐야지. 이곳은 확실히 걷는 재미가 있거든.

사대문 안에 있었던 정릉과 흥천사

청계천을 따라 쭉 걸어본다. 오랜만에 온 만큼 오늘도 동대문 근처까지 슬슬 걸어봐야겠군. 그렇게 열심히 걷다보니 한때 대한민국에서 가장 높은 건물이었던 31빌딩을 기점으로 청계천 주변 건물의 높이가 조금씩 낮아지고 있다. 어느덧 거대한 오피스로 가득한 종로 중심 업무 지구에서 서서히 벗어나는 느낌.

지금도 마찬가지지만 조선 시대에도 종로는 궁궐인 경복궁과 창덕궁, 행정 중심인 육조거리, 점포가 모여 있는 운종가, 최고 교육 시설인 성균관 등이 모여 있어 정치, 경제, 교육, 문화 중심지였다. 무엇보다 높이 5~8m 전체 둘레 18.7㎞인 한양 도성이 주위를 둘러싸고 있어 그 의미가 각별했다. 물론 한양 도성의 범위를 정확히 따지자면 현재의 종로구 + 중구 + 동대문구 일부 + 서대문구 일부가 해당된다.

조선 시대만 하더라도 한양 도성은 한양 그 자체였다. 한양 도성에는 남대문과 동대문을 포함한 4

개의 큰 문이 있었으며 이들 4대문은 앞서 이야기 했듯 도성 중심에 위치하여 밤과 새벽을 알리는 종루의 종소리와 함께 문을 닫고 열곤 했다. 한마디로 한양이란 조선 국왕의 완벽한 통제와 관리를 상징적으로 보여주는 공간이랄까?

한양 도성은 조선 건국 이후 여러 의논 끝에 한양이 수도로 최종 결정되면서 1396년에 이르러 완성되었다. 당시 19만 7400여 명의 백성을 동원하여 빠른 속도로 공사를 진행했는데, 한양 도성이 완성된 시점으로 가보면 1395년 만들어진 경복궁, 종묘가 이미 자리 잡고 있었고, 얼마 뒤인 1397년이 되면 흥천사라는 사찰이 성 안에 만들어진다. 이는 곧 4대문 안에 궁궐과 거의 동시에 사찰이 배치되었다는 의미. 유교를 국가 통치 기반으로 삼은 조선임에도 수도에 사찰이 이처럼 이른 시점에 만들어졌다니. 기분이 묘한걸.

그렇다면 이성계는 왜 한양을 수도로 삼으면서 흥천사라는 사찰을 함께 지은 것일까?

태조 5년(1396) 가을 8월 13일에, 현비 강씨(顯妃康氏)가 세상을 떠났다. 상(上, 태조)이 마음속 깊이 슬퍼하여 관리에게 명하여 존호(尊號)를 추후로 올려 신덕왕태후(神德王太后) 라 하고 장지를 택하여

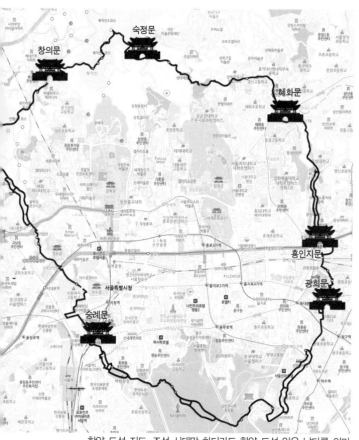

한양 도성 지도. 조선 시대만 하더라도 한양 도성 안은 남다른 의미를 지니고 있었다.

왕궁 서남쪽 수리 되는 가까운 곳에 얻으니, 언덕과 봉우리가 감싸고 풍수가 길하게 응하였다. 정릉에 장사지내고, 묘역 동쪽에 절을 열어 홍천(興天)이라 이름하였으니, 명복을 빌기 위해서였다.

정릉원당(貞陵願堂) 조계종본사(曹溪宗本寺)

홍천사(興天寺) 조성기(造成記), 권근

오호라~ 기록에 따르면 태조 이성계는 자신이 사랑하던 신덕왕후가 1396년에 죽자 부인을 위해 능을 조성하고, 그 옆에 홍천사라는 사찰을 만들었구나. 한편 홍천사 조성기에 따르면 능의 위치가 "왕궁 서남쪽 수리 되는 가까운 곳"이라 표현하는데, 이곳은 경복궁 아래 1㎞ 서남쪽에 위치한 현재 경향신문사 자리로 추정하고 있다. 경향신문사 하면 위치가 단번에 떠오르지 않을 수도 있으니, 좀 더 포괄적으로 덕수궁 주변으로 생각하면 좋을 듯. 그렇다면 능 동쪽에 위치했다는 홍천사는 지금의 서울특별시의회 근처에 위치하지 않았을까?

이렇듯 태조 이성계는 본인이 자주 방문하기 위해 아예 궁과 매우 가까운 위치에다 능과 사찰을 두었으니, 얼마나 신덕왕후를 사랑했는지 알 수 있는 대목이기도 하다.

임금이 흥천사(興天寺)에 가서 사리전(舍利殿) 3층을 흥천사의 북쪽에 건축하도록 명하였다.

《조선왕조실록》 태조 7년(1398) 5월 1일

태조께서, 속설로서 전하는 석가여래가 세상에 살아 있을 때에 이(齒)에서 나온 사리(舍利) 네 개와 머리뼈(頭骨), 그리고 패엽경(貝葉經, 오래된 경전)과 가사(袈裟, 승려 옷) 등을 흥천사 석탑 속에 두게 하였는데, 내시 김용기에게 명하여 밤에 석탑에서 옮겨다가 내불당에 두게 하고, 그 대신 석가여래 머리뼈에서 나온 사리 네 개를 탑 속에 두게 하였다.

《조선왕조실록》 세종 1년(1419) 8월 23일

창건된 흥천사에는 이후 태조의 명으로 사리전이 추가로 더해졌다. 그런데 태조는 놀랍게도 사리전에다 석가모니 사리를 모셔두고 당시 사람들이 석가모니가 활동할 때 쓰였다고 믿은 오래된 경전과 석가모니가 입었다고 믿은 오래된 승려 옷인 가사를 함께 보관해둔 것이 아닌가?

무엇보다 사리에 대한 내용이 무척 구체적이라 인상적인데, 부처님 치아와 머리뼈가 바로 그것이다. 뿐만 아니라 사리탑은 직접 사람이 올라가 사리를 감상할 수 있어 지금 기준으로 보아도 매우 참신

한 설계가 아닐 수 없다. 마침 명나라 사신으로 조선에 온 황엄이 흥천사 사리각에서 사리를 열어 보았다는 기록으로 이를 알 수 있다.

> 황엄이 흥천사에 가는데, 이명덕, 원숙 등이 따라 갔다. 황엄이 부처에게 공양드리고 승려에게 잿밥을 먹였다. 사리각(舍利閣)에 들어가서 석탑에 올라 사리를 열어 보고 친히 손수 봉해두고 돌아왔다.
>
> 《조선왕조실록》 세종 1년(1419) 9월 1일

참고로 당시 기록을 바탕으로 흥천사의 사리 보관소를 묘사해본다면 사리전(舍利殿) 또는 사리각(舍利閣)이라 부르던 3층 건물 안에 석탑이 있었으며, 해당 석탑 윗부분에는 석가모니 사리가 보관되어 있어 직접 올라가서 이를 볼 수 있는 건축 디자인이었다. 이는 1. 언제든 원할 때 직접 사리를 볼 수 있고, 2. 필요할 때마다 사리를 꺼내어 공양을 올릴 수 있는 디자인으로, 과거 중국이나 고려에서도 사리를 보관하던 방식 중 하나였다.

오늘날에도 사찰에서 부처님이나 고승의 사리를 이런 방식으로 보여준다면 어떨까? 얼마 전 불국사에서 '황룡사 9층 목탑' 터에서 출토된 석가모니 사리를 비록 한시적이지만 공개적으로 보여주어 큰 호응을 얻은 바 있다. 여기서 더 나아가 흥천사 사리각처럼 언제든 방문하여 볼 수 있다면 반응이 꽤 좋을 듯하다. 아~ 그렇지. 강원도 고성의 건봉사에 가면 석가모니 치아 사리를 언제든 볼 수 있게 전각 안에 전시하고 있다. 하하. 갑자기 생각나네.

홍천사의 부처님 사리

태상왕이 홍천사에 가서 계성전(啓聖殿, 환조의 사당)에 친히 제사를 하고, 관리에게 명하여 정릉(貞陵)에 제사를 하도록 하였다. 사리전(舍利殿)에 들어가 향에 불을 피우고 부처에게 절을 하고서 능을 돌아보면서 그칠 줄 모르고 눈물을 줄줄 흘렸다. 그때 삼정승 이하가 정릉(貞陵)에서 1백 보(步) 밖에 집터를 다투어 얻으며 소나무를 베어서 집을 짓고 있었다.

《조선왕조실록》 태종 6년(1406) 5월 2일

태조 이성계는 홍천사에다 불교 세계관에 있어 최고봉이라 할 수 있는 석가모니 사리를 보관한 데다, 자신의 아버지 환조(桓祖, 이자춘)의 초상화까지 이곳 사찰에 걸어두는 등 남다른 권위를 부여하고자 부단히 노력하였다. 이를 통해 사찰 서쪽에 묻힌 신덕왕후의 영혼을 위로하면서 더 나아가 나중에 자신도 죽으면 근처에 함께 묻혀 홍천사가 영원토록 왕실의 중요 사찰이자 자신과 부인의 명복을 함께 빌어주는 장소가 되기를 바란 것이다.

그러나 아들 이방원의 쿠데타로 인해 권력을 뺏긴 이성계는 허울뿐인 태상왕으로 지내다가 쓸쓸한 죽음을 맞이하였다. 이후 자신의 꿈과 달리 지금의 구리 동구릉에 묻혔으며 얼마 뒤 신덕왕후 능마저 사대문 밖으로 옮겨졌다. 죽어서도 부인과 함께하고자 한 이성계의 계획은 그렇게 실패로 끝났다.

그럼에도 불구하고 태조 이성계가 세운 흥천사의 권위는 여전했으니, 신덕왕후의 능을 수호하는 임무는 사라졌지만, 외국 사신이 종종 방문하고 왕실불사, 기우제 등을 개최하는 장소로서 상당한 위상을 자랑했다. 무엇보다 이곳 사찰의 권위를 유지하는 데 석가모니 사리가 매우 중요한 역할을 했기에 지금부터는 석가모니 사리 이야기를 해볼까 한다.

사례감 태감(司禮監 太監) 황엄과 상보사 상보(尙寶司 尙寶) 기원이 황제의 칙서(勅書)를 받들고 왔다. 칙서에 이르기를,

"들으니 왕의 아버지(태조 이성계)가 사리를 가지고 있는데, 천보산 등에 있다고 하므로, 지금 황엄 등을 시켜 그것을 맞아오게 하는 바이니, 하나하나 보내줄 수 있겠는가?"

라 하였다.

《조선왕조실록》 태종 7년(1407) 5월 18일

당시 명나라 황제였던 영락제는 불교를 크게 신봉하여 중국 전역에서 사리를 모으는 중이었다. 이에 조선까지 사신을 보내 사리를 명나라로 보내라며 독촉했다는 내용이다. 당시 황제는 태조 이성계가 사리를 꽤 많이 소장하고 있음을 이미 잘 알고 있었던 것으로 묘사되어 있다.

실제로 칙서에 언급된 천보산은 경기도 양주에 위치한 산으로 여기에는 이성계와 남다른 인연이 있는 회암사(檜岩寺)라는 사찰이 있었다. 태상왕이 된 이후에는 아예 회암사 근처에다 궁을 짓고 한동안 머물기도 했으니까. 한데 이곳에 보관 중인 사리를 콕 집어서 달라고 한 만큼 명나라 황제의 조선에 대한 정보통이 상당했던 모양이다.

뿐만 아니라 영락제는 바로 얼마 전 베트남을 정벌하여 속국을 만드는 등 남다른 정복 군주로 유명하여 조선 측에서 외교적으로 상당한 압박을 느끼고 있었던 차였다. 1407년 5월 1일 조선에 도착한 명나라 사신은 영락제가 80만 대군을 파견하여 베트남을 토벌했다면서 정복 과정을 상세히 알려주기까지 했으니까. 물론 80만 운운은 어느 정도 허풍이

들어간 것 같지만, 어쨌든 조선도 행동을 조심하라는 살벌한 의도가 내포되어 있었다. 그후 약 보름이 지나 명나라로 사리를 보내라는 사신이 또다시 도착한 것이다.

영락제의 압박이 상당한 만큼 이성계는 자신이 보관하던 사리 중 무려 303개를 명나라 사신에게 넘겨주게 된다. 보통 사리 5~10개만 나와도 엄청난 고승이라 불리는데, 300여 개가 넘는 사리를 소장하고 있었다니 참으로 어마어마한 숫자다. 이를 미루어 볼 때 이성계 역시 그동안 사리를 참 열심히 수집했음을 알 수 있다. 다만 조선, 명나라 모두 불교는 왕 개인의 취미처럼 인식된 채 국가적인 행사로서의 의미는 이전에 비해 크게 축소된 형태였다는 점은 알아두자.

영락(永樂) 17년 8월 17일 흠차 내관(欽差內官)인 사례감 태감(司禮監太監) 황엄이 조선에 와서 성지를 전했는데, 이르기를,

"조선국의 석탑과 절 탑 속의 사리는 그 수효가 몇 개임을 묻지 말고 얼마가 되든지 다 보낼지어다. 그리고 다른 절 안에 있는 사리도 보낼지어다." 라하여,

이 뜻을 받들어 신의 아비(태종 이방원)와 신(세

종)은, 선조 강헌왕(康獻王, 태조 이성계)이 공양하고 가지고 있던 석가의 사리와 정골(頂骨, 머리뼈) 및 국내에 두루 다니며 받아 가지고 온 보살과 이름난 승려의 사리를 진상하였으니, 사리의 수효는 총 5백 58개 입니다.

《조선왕조실록》 세종 1년(1419) 9월 18일

그렇게 누구보다도 열정적으로 사리를 수집하던 영락제로 인해 한반도의 여러 절과 탑에 보관되어 있던 사리들이 대거 명나라로 옮겨졌다. 영락제가 통치하던 20여 년 동안 삼국 시대부터 통일신라, 고려까지 이 땅에 존재했던 고승의 사리 중 상당수가 중국으로 건너간 것이 아닐까 싶을 정도. 명나라 황제는 한반도 고승의 사리를 넘어 석가모니 사리까지 원했기에 결국 흥천사에서 보관하던 석가모니 사리도 명나라로 건너가는 운명을 맞이한다.

참고로 석가모니 사리는 진짜(眞) + 부처의 몸(身)에서 나온 + 사리(舍利)라 하여 '진신사리(眞身舍利)'라 부른다. 인도, 중국을 거쳐 한반도로 온 진신사리는 그 숫자가 매우 적었던 만큼 더욱 소중하게 여겨졌기에 보관할 불단을 따로 만들거나 규모 있는 탑이나 건물을 세워 그 안에 모시곤 했었다. 반면 고승(僧)의 몸에서 나온 + 사리(舍利)는 승사

경주 황룡사지 9층 목탑 터에서 출토된 석가모니 사리.

리(僧舍利)라 부르며 주로 부도 탑에 보관하였다.
한편 사리의 개수는 과(顆), 매(枚), 립(粒) 등의 단
위로 표기하는데, 사리 10개를 사리 10과, 사리 10
매, 사리 10립 등으로 표현한다. 이번 기회에 용어
를 알아두면 좋을 듯해서 설명해봄.

　이쯤 되어 궁금한 점은 흥천사가 보관하고 있던
석가모니 사리들은 과연 언제, 어떻게 구한 것일까?

　　부처의 머리뼈 사리(頭骨舍利)와 보리수엽경(菩
　　提樹葉經)은 이전에 통도사에 있던 것인데, 왜구로
　　인하여 유후사 송림사(松林寺)에 갖다 놓았다. 이를
　　사람을 보내어 궁으로 가져오게 하였다.

　　　　　　　　　《조선왕조실록》 태조 5년(1396) 2월 22일

　사실 석가모니 머리뼈 및 치아 등에서 나온 사리
는 본래 통도사에 있었던 보물이었다. 신라 선덕여

왕 시절인 643년에 자장법사가 당나라에서 부처님 머리뼈, 어금니 등의 사리 및 부처님이 입었다고 전해지던 가사 등을 가져왔다. 그러자 선덕여왕은 가져온 사리를 나누어 경주 황룡사, 울산 태화사, 그리고 양산 통도사에서 보관토록 했는데, 이 중 황룡사와 태화사는 중간에 폐사된 반면 통도사는 고려, 조선 시대를 지나 지금까지도 이름난 사찰로 유지되고 있다.

한편 통도사는 석가모니 사리 덕분에 원나라 사신마저 방문하여 참배할 정도로 그 유명세가 이미 고려 시대에도 남달랐다고 전한다. 그러나 고려 말 왜구가 바다를 통해 침입하는 일이 갈수록 심해지니, 혹시나 일본에 귀중한 보물을 뺏길까봐 개성에 있는 송림사로 통도사의 석가모니 사리를 옮겨두었다. 이를 조선을 개국한 이성계가 경복궁이 완성되자마자 궁궐로 가져왔다가 흥천사 사리각에 보관해 둔 것이다.

이렇듯 한반도에서 800년 가까이 보관한 석가모니 사리를 명나라 황제의 고압적인 압박으로 인해 중국으로 보낸 것이라 참 안타깝다.

왕이 명하여 궁궐 내에 있던 부처의 뼈와 사리(舍利) 및 불상을 흥천사로 도로 내보냈다.

《조선왕조실록》 세종 20년(1438) 7월 11일

　그럼에도 불구하고 궁궐과 흥천사 등에는 석가 모니 사리가 여전히 남아 있었나보다. 세월이 지나 세종대왕은 사리각을 더 크게 건설한 후 다시금 석 가모니의 뼈와 사리를 흥천사에서 보관하도록 명했 다. 마침 이때는 영락제가 죽은 지 어느덧 10여 년 이상의 시간이 지난 때라 다행히도 명나라에서 사 리를 달라는 요청이 멈춘 시점이었다.

　　각도 절의 승려들이 계속해서 부처의 뼈와 사리 를 헌상하여 오므로, 허조가 돈화문 안에까지 들어 오는 것은 허락하지 말 것을 청하여, 임금이 그 말을 좇아 문소전(文昭殿) 불당에 모아두게 하였다.

《조선왕조실록》 세종 1년(1419) 8월 27일

　다만 당시 세종대왕이 흥천사로 보낸 석가모니 사리는 기존 통도사의 사리가 아닌 1419년 여러 지 역의 승려들이 석가모니 뼈와 사리를 모아 보냈을 때 궁에 보관해둔 사리 중 일부로 여겨진다.

　　송나라의 휘종 때 와서 도교를 받드니 그때 나라 사람들이 예언을 퍼뜨려 말하기를, "금인(金人)이

나라를 멸망시킨다."라고 하였다. 이들은 천문을 관측하는 관료를 움직여 아뢰기를, "금인이란 불교를 말하는 것이니 장차 국가에 이로움이 없을 것입니다."라고 하였다. 그러자 나라에서 의논하기를 장차 불교를 파멸시키고 모든 승려를 묻어 죽이고, 경전을 불사르고, 별도로 작은 배를 만들어 부처님 어금니를 실어 바다에 띄워 어디든지 인연을 따라서 흘러가게 하였다.

이때 마침 고려의 사신이 송나라에 가 있다가 그 사실을 듣고 천화용(天花茸) 50벌과 저포(紵布) 3백 필로써 배를 호송하는 관원에게 뇌물을 주어 몰래 부처님의 어금니를 받고 다만 빈 배만 띄워 보냈다. 사신들은 이미 부처님의 어금니를 얻어 가지고 와서 위에 아뢰었다. 이에 예종(睿宗)은 크게 기뻐하고 궁궐 십원전(十員殿) 왼쪽 소전(小殿)에 모시고 항상 전각문은 자물쇠로 걸고 밖에는 향을 피우고 등불을 밝혔는데, 친히 행차하는 날에는 매번 전각문을 열고 공손히 예배하였다.

《삼국유사》 탑상(塔像) 전후소장사리(前後所將舍利)

예를 들어 《삼국유사》에 따르면 한때 고려 왕실이 보관하던 석가모니 어금니 사리가 있었다. 송나라 황제 휘종이 불교를 탄압하며 당나라 시절부터 궁궐 내 보관 중이던 석가모니 사리를 없애려 하자, 마침 송나라에 있던 고려 사신이 엄청난 뇌물을 주고 고려로 가져온 것이다. 귀한 보물인 만큼 고려에서는 몽골 침입으로 강화도로 천도하고 다시 개경으로 환도할 때마다 송나라에서 가져온 석가모니 사리를 챙길 정도였다. 이후 1284년이 되자 충렬왕이 개성 근처에 위치한 국청사(國淸寺)에서 불사를 한 후 사찰의 금탑에 석가모니 사리를 보관하였는데, 일연 또한 해당 불사에 참여하여 어금니를 직접 보았다고 한다.

> 궁궐 안에서 부처의 유골[佛骨]을 맞아들였다. 사신으로 파견된 왕자지(王字之)가 송나라에서 돌아올 때, 송 황제가 금으로 된 상자에 부처의 어금니[佛牙]와 머리뼈[頭骨]를 담아 하사하였다.
>
> 《고려사절요》 예종 15년(1120) 5월

다만 《고려사절요》에서는 《삼국유사》와 동일한 사리를 언급하고 있건만 송 황제 휘종이 고려 사신에게 석가모니 사리를 선물로 주었다고 되어 있다. 어쨌든 송나라로부터 받아온 것은 동일한데, 표현과 뉘앙스가 조금 다르다고나 할까?

흥미로운 점은 송나라에서 넘어온 사리는 하나

의 대표적인 예시에 불과하며, 이와 유사하게 한반도 여러 사찰에는 중국 또는 다른 국가로부터 전달받은 석가모니 사리에 대한 수많은 이야기가 전해지고 있다. 이처럼 오랜 세월 한반도로 들어와 아끼고 아끼며 보관하던 전국의 석가모니 사리 중 일부가 영락제가 한창 사리를 구할 때 탑 등에서 꺼내져 조선 궁궐로 모였으니, 이 가운데 세종대왕이 시일이 지나 명나라로 미처 보내지 않은 사리들을 모아 흥천사에서 보관토록 한 것이다.

세종대왕과 불교

열심히 걷다보니 어느덧 동대문에 가까워지고 있다. 저기 청계천 위로 거대한 규모의 동대문종합시장과 쇼핑몰 건물이 보이는구나. 조금만 더 이동하다 계단 따라 위로 올라가면 될 듯하다. 오랜만에 청계천을 걸어보니 기분이 좋네. 그럼 마저 걸어가며 이야기를 더 이어가보자.

태상왕이 된 후 더욱더 불교에 의지한 태조 이성계와 달리 태종은 강력한 억불 정책을 진행하였다. 이 과정에서 1406년에는 여러 불교 종파를 11개로 정리하고 국가에서 공인하는 사찰 역시 242곳으로 줄이면서 기존에 여러 사찰이 보유하던 토지와 노비를 적극 환수해버렸다. 그동안 사찰이 보유하던 토지 3~4만 결(結)과 노비 8만 명이 이 시기 국가에 몰수되었을 정도. 태종은 여기서 만족하지 않고 얼마 뒤 불교 종파를 7개로 더 축소시켜버렸다. 그렇게 국가 지원이 끊기자 자급자족이 힘든 사찰은 차례로 폐사의 길로 갈 수밖에 없었다.

태종에 이어 왕이 된 세종대왕 역시 한동안 억불

정책을 유지했는데, 1424년 7개 종파를 선종(禪宗)과 교종(教宗), 이렇게 단 2개 종파로 정리하고 각 종파 당 18개씩 총 36개의 사찰만 국가 공인 사찰로 인정하였다. 이에 따라 승려 숫자와 토지 등은 더 축소되고 만다. 그리고 정리된 2개 종파 중 선종은 홍천사에서 행정을 총관리하고, 교종은 홍덕사(興德寺)에서 행정을 총관리하도록 하였다. 이 중 선종 행정 사찰인 홍천사는 앞서 설명했듯 이성계가 신덕왕후를 위해 만든 사찰인 반면, 교종 행정사찰인 홍덕사는 태상왕이 된 이성계가 머물던 연희방 궁전을 나중에 사찰로 만든 것이다.

> 태상왕(태조 이성계)이 새로 누각을 연희방(燕喜坊) 궁전 남쪽에 세우고 불사를 행하니, 임금이 황희를 보내어,
>
> "불사 비용에 부족함이 없습니까?"
>
> 라 물었다. 태상왕이 말하기를,
>
> "없다. 내가 이곳을 회사하여 절을 만들고자 하니, 네가 국왕에게 고하여 사찰에 이름을 부여하고 땅과 노비를 주고 주지를 임명하게 하라.
>
> 《조선왕조실록》 태종 7년(1407) 1월 22일

지금은 사라진 홍덕사는 올림픽기념국민생활관

서쪽에 위치했다고 한다. 올림픽기념국민생활관 하면 잘 모를 수도 있는데, 성균관대학교에서 400m 정도 동북쪽으로 이동하면 흥덕사 터 표석이 세워져 있어 과거의 사찰 위치를 알려주고 있다.

세종대왕은 이렇듯 사찰 숫자를 크게 정비했으나 실제로는 불교에 상당히 관심 많은 인물이었다는 사실을 아시는지? 세종대왕은 즉위 후 조선의 유교 제도를 정립하는 등 유교 군주로서 역할에 충실하였으나, 개인적인 신앙은 점차 불교에 심취하고 있었다.

> 임금이 근년에 조금씩 불교를 믿으시니
>
> 《조선왕조실록》 세종 20년(1438) 10월 21일

> 임금이 말하기를,
> "내가 불사 때문에 그동안 상소를 많이 받았으니, 이미 나는 양(梁) 무제(武帝)가 되었다. - 중략 - 대저 임금의 허물을 나열하는 것은 속 좁은 선비들의 짓이다. 그들의 부모들은 집에서 염불하고 경을 읽어도 간하여 그치게 못하면서, 조정에 와서는 남이 상소한다 하여 임금을 허물하는 것이 옳은가?'
>
> 《조선왕조실록》 세종 23년(1441) 12월 9일

그렇게 불교에 대한 우호적인 태도는 집권 중 ·

후반기부터 더욱 도드라졌는데, 오죽하면 자신을 양 무제라 칭할 정도였다. 언급된 양 무제는 달마대사와의 인연으로 유명한 데다 적극적인 숭불 정책을 펼친 황제로 유명했다.

그대들은 고금(古今)의 사리를 통달하여 불교를 배척하니 현명한 신하라 할 수 있고, 나는 의리를 알지 못하여 불법만을 존중해 믿으니 무식한 임금이라 할 수 있겠다. 그대들이 비록 번거롭게 굳이 청하지만 현명한 신하의 말이 반드시 무식한 임금에게는 부합하지 않을 것이며, 무식한 임금의 말이 현명한 신하의 귀에는 들어가지 않을 것이다. 하물며 내가 근년에 병이 많아서, 궁중(宮中)에 앉아 있으면서 다만 죽을 날만 기다릴 뿐인데, 그대들은 나를 섬긴 지가 오래되었으니, 내가 불교를 믿는가 안 믿는가를 알 것이다.

《조선왕조실록》 세종 28년(1446) 3월 28일

내가 일찍이 당 태종이 부인 장손황후를 위하여 아들 고종으로 하여금 절을 창건하게 하였던 옛일을 인용하여, 대군(大君)으로 하여금 왕비를 위한 불경을 만들려는 의향을 보이니, 대신들이 모두 옳다고 하였는데, 임금과 의논해놓고 물러간 후 서로 비난하면서 이를 알지 못한 척 나에게 허물을 돌리다니, 어찌 대신의 도리이겠는가. - 중략 - 내가 이미 불교를 좋아하는 임금인데, 경(卿) 등이 이런 일을 모두 잊어버렸는지 모르겠으나 나는 이단(불교)의 일로 경을 허물하지 아니하니 그리 알 것이다.

《조선왕조실록》 세종 28년(1446) 10월 4일

그러더니 시간이 조금 더 지나자 신하 앞에서 아예 대놓고 자신을 불법을 존중하는 무식한 임금, 더 나아가 아예 불교를 좋아하는 임금이라 언급하기에 이른다.

물론 세종대왕이 이와 같은 표현을 한 이유는 왕실 불사에 대한 신하들의 반대가 갈수록 심해지니 자조하여 비꼬듯이 "그래, 내가 너희들이 그리 싫어하던 양 무제가 되었구나.", "그래, 너희들의 표현대로 나는 불교를 좋아하는 임금이다."라는 뉘앙스였다.

안평대군 이용(李瑢)에게 명하여 부처의 뼈를 흥천사의 사리각에 간직하게 하였다. 부처의 뼈는 본디 사리각에 있었는데 일찍이 대궐 안에서 들여왔던 것이었다. 궁 밖 사람들은 이를 알지 못하였었는데 이번에 돌려준 것이었다.

세종대왕은 뚜렷한 신앙심을 보이면서 불사 또한 가면 갈수록 더 적극적으로 진행하였다. 예를 들면 1. 신하들의 반대를 무릅쓰고 흥천사의 사리각을 더 크게 짓도록 한 후 2. 이성계의 물건을 이곳에 함께 보관하여 사실상 태조의 원찰로 삼았으며, 3. 꾸준히 불사도 후원하였다. 뿐만 아니라 4. 사리각에서 보관 중이던 석가모니 사리를 궁 안으로 몰래 가져와 신앙의 대상으로 삼다가 신하들에게 그 소식이 어찌어찌 알려지면 사리를 흥천사로 돌려보내는 일을 반복하였다.

그러던 중 세종대왕은 1448년 7월 17일 들어와 2년 전 세상을 뜬 자신의 부인, 즉 소헌왕후를 위해 경복궁 북쪽에다 즉위 초 폐지했던 내불당(內佛堂)을 다시 만들겠다고 선포했는데, 이를 두고 신하들과 큰 대립이 벌어진다. 약 보름간 대간에서 7차례, 집현전에서 3차례, 영의정 황희가 1차례, 의정부와 육조 당상이 1차례, 생원 등이 1차례 반대 상소를 올릴 정도였다. 그러자 세종대왕은 노골적으로 불쾌감을 보이더니 세자에게 왕위를 물려주겠다고 하곤, 궁궐을 나와 넷째아들 임영대군 집으로 가서 한동안 지내는 것이 아닌가?

국왕이 이렇게까지 버티자 결국 내불당은 원하는 대로 만들어졌고, 세종대왕은 불당이 만들어진 것을 기념하여 5일간 불사를 하도록 명했다. 이때 내불당에 안치할 불상은 세종의 셋째아들 안평대군의 감독 아래 만들어졌으며, 둘째아들 수양대군은 불사 행사 과정을 그림으로 그린 후 이를 참여한 사람들에게 나누어주었으니, 사실상 왕실 사람들의 주도로 일이 진행되었음을 알 수 있다. 게다가 이때 수양대군은 승정원 관료인 성임을 만나 이런 대화까지 나누는데….

수양대군이 말하기를,

"자네는 공자의 도(道)와 석가 중 누가 낫다고 생각하는가."

하니, 성임이 대답하기를,

"공자의 도는 제가 일찍이 그 글을 읽어서 대강 그 뜻을 알거니와, 석씨(釋氏)에 대해서는 제가 일찍이 그 글을 보지 못하였으니, 감히 알지 못합니다."

하매, 대군이 말하기를,

"석씨의 도가 공자보다 나은 것은 마치 하늘과 땅 사이와 같은 엄청난 차이다."

《조선왕조실록》 세종 30년(1448) 12월 5일

이는 당시 왕실 사람들이 불교에 대해 어떤 생각을 가지고 있었는지 잘 알려주는 일화라 하겠다. 이제 슬슬 흥천사종 이야기를 할 때가 온 듯하구나.

3. 명맥을 잇는 흥천사

동대문과 홍천사종

길로 올라와 동대문역 방향으로 이동하자 남쪽으로는 DDP가 북쪽으로는 동대문이 보인다. 갑자기 DDP가 개관했던 2014년 시점이 기억나는군. DDP 오픈과 함께 간송미술관 전시가 몇 년간 쭉 개최되었다. 간송 소장품은 그때 정말 열심히 보았다. 이제는 간송미술관이 대구로 옮겨 새로운 도전을 한다고 한다.

DDP가 만들어지기 전에는 저 자리에 동대문운동장이 있었다. 운동장이 재개발되어 DDP가 된 것이니까. 그리고 보니 대학 시절 불교 동아리를 다니며 연등회 축제마다 동대문운동장을 찾았던 추억이 새록새록 떠오르네. 당시에는 매년 펼쳐지는 연등 행렬이 다름 아닌 동대문운동장에서 시작했었다. 동대문운동장이 사라진 이후에는 여기서 가까운 동국대학교에서 연등 행렬이 시작되어 이전과 마찬가지로 종로를 따라 쭉 이동하다가 조계사에서 마무리된다고 한다. 동국대학교에서 출발하는 연등 행렬도 언젠가 기회가 되면 처음부터 참가해보고 싶다.

동대문. 사진 게티이미지

　　다시 동대문을 향해 조금 더 걸어가본다. 마침 홍천사종이 동대문에 방치된 이후의 이야기를 이어 갈 차례인데 여행 장소가 이처럼 딱딱 맞아떨어지니 우연치고 놀랍구나.

　　이제 동대문에 도착했으니 잠시 문을 감상해본다. 동대문은 흥인지문(興仁之門)이라는 이름으로도 유명하며 나름 조선 시대에 만들어진 모습을 그대로 유지하고 있어 남다른 의미가 있다. 한양 도성이 적극적으로 파괴되던 일제강점기 시절에도 그 상징성 덕분에 남대문과 더불어 훼손되지 않은 데다, 남대문은 2008년의 방화로 인해 목조의 상당 부분이 불탄 경력이 있는 반면 동대문은 2018년에 비슷한 방화가 일어났으나 다행히 불이 건물로 번지지는 않았다.

홍천사에 불이 났다. 전년에 불난 홍덕사와 홍천
사가 모두 도성 안에 있어 양종(兩宗)이라 칭하였는
데, 1년이 못 되어 모두 불탔다.

《조선왕조실록》 연산군 10년(1504) 12월 9일

방화로 인하여 큰 피해를 입은 남대문과 어찌어
찌 운이 좋아 피해를 입지 않은 동대문 이야기를 하
다보니, 조선 시대 방화 사건이 떠오른다. 연산군
시절 유생들의 방화로 인해 홍천사, 홍덕사 모두 불
타고 말았으니까. 그나마 남아 있던 홍천사 사리각
마저 중종 시절 유생들의 방화로 불타 무너졌으며,
그곳에서 보관 중이던 석가모니 사리 역시 더 이상
《조선왕조실록》에 등장하지 않는다. 태조 이성계의
혼이 담긴 사찰들이 그렇게 한순간 사라져버렸다.

방화로부터 90여 년 정도 시간이 지나 통도사에
보관 중이던 석가모니 사리를 임진왜란 때 일본이
빼앗아간 일이 벌어졌다. 불행 중 다행으로 사명대
사가 임진왜란이 끝난 후 1604년에 일본으로 가서
도쿠가와 이에야스와 외교 교섭을 통해 빼앗긴 사
리와 조선인 포로 3000여 명을 되찾아온다. 그리곤
통도사에 사리를 보내면서 또다시 전란이 벌어질
것에 대비해 강원도 고성의 건봉사에도 사리를 나
누어 보관토록 하였다. 현재 건봉사가 보관하고 있

(왼쪽) 건봉사 치아사리. (오른쪽) 건봉사 치아 사리탑.

는 석가모니 치아 사리가 바로 이때 온 것이다. 너무나 궁금하여 건봉사에 들러 직접 본 적이 있는데, 사진은 절대 찍지 못하게 하여 눈으로만 담아 왔다. 그래도 건봉사 종무소에 들러 책에 넣을 사진을 요청하니, 치아 사리 사진을 보내주어 감사드린다.

응? 가만 생각해보니, 통도사의 석가모니 사리는 이성계가 한양으로 가져와 흥천사 사리각에서 보관하던 중 명나라로 옮겨졌는데, 어찌하여 또다시 통도사에 있던 석가모니 사리를 일본에게 빼앗긴 것일까?

아무래도 연산군과 중종 시절 흥천사와 사리각에 화재가 나자 그곳에 보관 중이던 석가모니 사리마저 유생들의 공격으로 피해를 입을까봐 걱정이 되었나보다. 이에 따라 왕실의 용인 아래 그동안 흥천사가 보관해온 사리들을 통도사로 옮긴 것이 아닐까 싶다. 그렇다면 임진왜란 시점 통도사가 보관하던 석가모니 사리는 과거 명나라로 보낸 사리가 아닌 한동안 왕실에서 보관하다 세종대왕이 1438년에 흥천사로 보낸 또 다른 석가모니 사리였던 것이다. 덕분에 통도사는 임진왜란 때 잠시 위기가 있었지만 다시금 석가모니 사리를 보관하는 사찰로서 그 명성을 이어갈 수 있었다.

생각하건데 우리 승천(承天) 체도(體道) 열문(烈文) 영무(英武) 전하께서 태어나면서 하늘의 명을 받아 운세를 여시니 강역이 편안하고 비바람이 때에 맞아 화평했다. 이에 단정히 지내며 맑고 화목하고 삼가 조용히 도를 생각하여 지극한 성인의 덕이 큰 상서로움을 응하였다.

흥천사 신주종명병서(新鑄鐘銘并序)

한편 흥천사종 몸통에는 글이 새겨져 있는데, 위의 문장으로 시작한다. 여기서 승천체도열문영무전하(承天體道烈文英武殿下) = 세조를 의미한다. 이를 소위 봉호(封號)라고도 부르는데, 당연한 말이지만 왕의 봉호는 간이 밖으로 튀어나오지 않는 이상 그 누구든 함부로 훼손할 수 없다. 덕분에 연산군 후반기부터 중종 초중반까지 엄청난 수준으로 폭발해버린 유생들의 광기가 어느 정도 잦아든 시점부터는 동대문에 오랜 기간 홍천사종이 그냥 방치되어 있었음에도 큰 피해 없이 지낼 수 있었다.

이를 미루어 볼 때 연산군 말기부터 중종 초반까지 조선의 분위기는 1960~1970년대 중국에서 벌어진 문화대혁명과 유사했던 모양이다. 특히 국가의 역사와 문화를 마음에 안 든다는 이유만으로 무분별하게 파괴하는 반달리즘이라는 부분이 동일하다. 음, 그러니까 중종 통치 후반기 이후부터 바로 이 주변에 홍천사종이 방치되어 있었구나. 왠지 처연한 느낌이 드는걸. 그러다 영조 시대 들어와 이런 일이 있었으니.

임금이 말하기를,

"앞서 어가를 타고 지나갈 때 보니 동대문 안과 광화문 밖(광화문 서쪽에 위치했다는 세조가 만든 종)에 종이 있었는데, 종 표면에 단지 그때 종을 만들 때 감독한 신하들의 이름만 새겨진 것으로 생각

되었다. 그런데 이제야 그 명문을 보니 광묘(光廟,
세조)의 휘호(徽號), 내전(內殿, 왕비)의 휘호가 아
울러 새겨져 있었고, 또 어휘(御諱)·어제(御製)도
있었다.

　동대문의 종명(鍾銘)에 이르러서는 모두가 부처
를 송축하는 말들이니, 이는 틀림없이 고려 말의 풍
습일 것이다. - 중략 - 친제(親製)·친필(親筆)은 얼
마나 존경해야 할 것인데 수백 년 동안 방치하면서
비바람에 씻기게 내버려두었으니, 매우 송구스런
일이다."

　하고, 호조(戶曹)에 명하여 각각 한 칸 누각을 지
어 비바람을 피하게 하였다.

<조선왕조실록> 영조 24년(1748) 5월 8일

　영조는 어느 날 4대문 안에 버려져 있던 종을 직
접 제대로 확인해보았다. 오랜 세월이 지나 종에 대
한 구체적 정보가 잊혀졌는지 영조는 단순히 감독
자 이름만 적혀 있는 줄 알았는데, 이게 웬걸 세조
의 봉호(封號)가 담긴 글이 새겨져 있는 것이 아닌
가. 그러자 후손된 입장에서 참으로 송구했는지 종
위에다 누각을 지어 보호하도록 명했다. 이때 영조
가 언급한 1. 광화문 동종은 과거 세조가 광화문 서
쪽에 설치했던 종이나 임진왜란 때 훼손되어 이미

종 기능은 할 수 없는 상황이었으며 시일이 더 지나 홍선대원군에 의해 동전 재료가 되어 사라졌다. 2. 다음으로 언급된 동대문 종은 다름 아닌 홍천사종이었다.

그렇게 얼추 비바람까지 피할 수 있게 된 홍천사종은 1865년에는 홍선대원군의 경복궁 중건과 함께 광화문 문루에 매달려 잠시 시간을 알리는 종이 되었다가 1910년부터는 이왕가박물관 소장품이 되었다. 그런데 1910년은 일본에 의해 조선의 500년 역사가 마감된 시점이었으니, 뭐 따로 할 말이 없군. 이후 1938년 들어와 이왕가박물관이 덕수궁으로 옮겨지면서 자격루와 함께 덕수궁 뜰에 전시된 채 최근까지 그리 지내다가 2019년 복원, 수리를 위해 경복궁으로 이동한 상황이다.

아! 맞다. 나는 홍천사종이 덕수궁에서 자격루와 함께 전시되어 있을 때 국립현대미술관 덕수궁 분관을 다니며 여러 번 만난 적이 있었는데, 보물에 지정된 물건임에도 떡하니 바깥에 방치되듯 있어 기분이 묘했던 기억이 난다. 실제로도 최근 조사 결과 허술한 관리로 인해 종 표면에 온갖 낙서가 있었다고 한다. 현대 관람객들이 한글로 낙서한 흔적이 바로 그것.

앞서 잠시 이야기했듯 홍천사종은 중종 시절 유

생들의 불교 시설물에 대한 테러 광풍에서 운 좋게 살아남아 종의 문양 및 종에 새겨진 글 등이 그나마 잘 남아 있는 편이다. 한데 현대 들어와 제대로 관리를 하지 않아 관람객의 낙서장이 되었다니, 참으로 어이없네.

이로써 보신각종에 이어 흥천사종의 운명까지 따라가보았다.

신흥사와 안동 김씨

동대문 구경도 끝났으니 이제 흥천사로 가봐야겠군. 응? 방금 전에 흥천사가 연산군과 중종 시절 화재로 인해 완전히 사라졌다고 하더니, 흥천사를 어떻게 가냐고? 하하. 4호선을 타고 한성대입구에 도착하고 나서 이야기를 이어가야겠다. 마침 동대문 근처에 동대문역 7번 출구가 있으니 굿.

지하철을 타자 혜화역 지나 벌써 한성대입구역 도착이다. 한성대입구역 근처에는 혜화문이 있는데, 이는 조선 시대 한양 도성의 문 중 하나다. 사실 한양 도성에는 남대문, 동대문을 포함한 대문(大門) 4개, 혜화문을 포함한 소문(小門) 4개, 이렇게 총 8개의 문이 있었다. 다만 혜화문의 경우 일제강점기 시절 허물어졌으나 1994년 본래 위치보다 13m 정도 옮겨져서 복원한 상태다. 즉 조선 시대만 하더라도 동대문부터 혜화문까지 성곽이 쭉 이어져 있었고, 한성대입구역은 성문 바로 바깥에 해당하였다는 사실.

한성대입구역 3번 출구로 나와서 마을버스를 타

면 금방 흥천사에 도착한다. 오~ 때마침 마을버스가 오는구나. 사라진 흥천사가 왜 한성대입구역 근처에 있는지에 대한 설명은 마을버스를 타고 이어가자. 마을버스답게 큰 길보다 동네 좁은 길을 굽이굽이 다니며 이동하니 이참에 동네 분위기를 한껏 느끼며 창밖을 구경해본다.

> 승려 60여 명을 정릉(貞陵) 재궁(齋宮)에서 음식을 먹이었으니, 현비(顯妃, 신덕왕후)의 제삿날이기 때문이었다.
>
> 《조선왕조실록》 태종 11년(1411) 8월 12일

그럼 바깥 구경을 하며 하던 이야기를 계속 이어가볼까? 이성계가 자신의 부인 신덕왕후를 위해 능 옆에 만든 흥천사는 정릉을 4대문 밖으로 옮긴 후에도 한동안 왕실이 무척 아끼던 사찰로 유지되었다.

하지만 신덕왕후의 정릉이 옮겨졌으니 어쨌든 그 근처에도 왕릉을 수호하기 위한 사찰이 필요했다. 이를 소위 능침사(陵寢寺)라고 부르며 왕릉 옆에 위치하여 정기적으로 돌아가신 왕과 왕비의 명복을 비는 사찰이다. 물론 태종의 눈치가 보여 능마저 제대로 격을 맞추지 못한 만큼 능침사 역시 큰

규모는 아니었으니, 대략 재궁(齋宮)이라는 명칭으로 명목상 암자(庵子), 그러니까 작은 사찰을 하나 만들어둔 모양이다.

그러다 현종 시절인 1669년 들어와 송시열의 건의로 정릉을 정비하면서 능침사 역할을 하던 사찰을 조금 이동시켜 새롭게 짓고 신흥사(新興寺)라는 이름을 부여하였다. 새로운(新) + 흥천사(興)라는 의미. 태조 이성계가 만든 흥천사는 아까 동대문에서 언급한 유생들의 화재 사건으로 인해 이미 사라진 상황이라서(동대문에서 언급한 화재 사건) 새로운 신흥사라는 이름이 가능했나봄. 그럼에도 불구하고 사찰 규모는 여전히 그리 크지는 않았다.

> 절은 낡고 승려는 거의 사라졌다. 고쳐서라도 볼 만한 게 없을 정도인 상태로 4백 년, 즉 국가와 함께 고락을 나눈 지 4백 년이다. 절 주위는 점차 쇠퇴하고 한양의 떠돌아다니는 이들이 머리 깎고 출가하겠다고 오가는 곳이 되었다. 그러나 아침에 모였다가 저녁에 흩어지는 이합집산(離合集散) 모양이어서 한 집단을 이루지 못하였고 거의 허물어져 빈터에 가까웠다.
>
> 능양거사(菱洋居士)의 중건신흥방장기(重建新興方丈記)

능양거사 박종선은 실학자이자 《열하일기》로 유명한 연암 박지원의 조카뻘 되는 인물이다. 더 정확히는 박지원 팔촌형의 아들이었는데, 서자다. 신분의 한계로 규장각 검서관(檢書官), 지방의 목장 업무를 담당하던 감목관(監牧官) 등 말직에 종사하였으나 문장이 매우 뛰어났다고 한다. 또한 자신의 호인 능양(菱洋)에다가 거사(居士)를 붙여 '능양거사'라 할 정도로 친 불교적 성향을 지닌 인물이기도 했다. 그런 그가 18세기 말쯤에 쓴 글에 따르면 신흥사는 한양 도성 근처에 위치한 사찰로서 승려가 되고자 하는 이들이 머리 깎고 출가한 후 오래지 않아 다른 곳으로 떠나는 등 그냥 그런 장소로 있었나 보다.

신흥사(홍천사)는 한양 도성 10리 밖에 위치하고 있으며 귀한 집안의 젊은이들이 학업을 위해 모여 들었다.

《강좌선생문집(江左先生文集)》 중 1716년 기록, 권만

혜화문 근처 소나무 그늘에서 잠깐 쉬었다가 신흥사(홍천사) 골짜기 입구에 도착하니 벌써부터 진달래 천지였다. 꽃길을 따라가다 오미자 화채와 제호탕(청량음료)으로 목을 축였다. 정릉 골짜기가 좋

은 이유는 계곡을 따라 만발한 꽃들이 물에 비쳐 아름다운 데다 사람이 덜 붐벼 한갓지기 때문이다. - 중략 -

길을 가다가 비구니 한 명을 만났더니 사찰의 불구 조성을 모금하는 중이었다. 목탁을 두드리며 입으로는 염불을 외우고 보시하라 청했다. 지나가는 행인들이 던져준 동전이 종이 위에 가득했다. 신흥사로 들어가 밥을 먹었다. 곧바로 일어나 절을 나섰다. 승려에게 자리 잡기에 좋은 곳이 어디 있는지를 물었다. 모두들 절을 돌아가면 계곡물이 너럭바위 위로 흐르고, 꽃들이 여기저기 피어나 햇살에 끝없이 반짝인다고 했다. 승려 영환(暎幻)더러 앞장서서 길을 안내하도록 했다. 진달래꽃이 눈에 환하게 들어와 너럭바위에 이르기까지 끊어지지 않았다.

〈서어유고(西漁遺稿〉 중 1784년 기록인 '정릉유록(貞陵遊錄)', 권상신

이렇듯 사찰로서 명성은 잘 모르겠으나 한양 도성 사람들은 날이 좋으면 신흥사로 가서 자연을 즐기기도 했으며, 귀한 집안의 자제들의 경우 공부를 위해 방문하기도 한 나름 한양 도성 근처에 공기 맑고 조용한 장소로 유명했던 모양이다. 요즘 도시 근교로 놀러가는 모습과 그리 다르지 않네. 듣기로 1990년대만 하더라도 사찰에서 고시 공부를 하는

김조순 초상화, 개인 소장.

사람들이 그리 많았다고 하던데, 그 전통의 연원은
조선 시대부터였구나.

이곳이 비록 성 밖이지만 나름 한양 도성과 가까
운 거리에 있는 사찰인 만큼 그 위치를 남달리 주목
한 인물이 있었다. 그는 다름 아닌 김조순. 19세기
에 안동 김씨가 세도 가문으로 올라서는 데 큰 역할
을 한 인물이다. 무엇보다 1802년 김조순의 딸이 정
조의 아들인 순조와 결혼하면서 그의 가문은 엄청
난 권세를 누린다. 여기까지 이야기는 어느 정도 잘
알려져 있지만, 그가 친불교적 모습을 보인 부분은

대중들에게 의외로 잘 알려져 있지 않다.

산 중턱에 한 암자를 새로 얽었지만(山半孤菴結糾新)

한가롭게 올라가지만 멀리서 놀러온 사람은 드무네(登臨閒殺遠遊人)

장엄한 풍경, 하늘을 향해 드러나고(莊嚴迴露諸天相)

소쇄함은 속진을 뛰어넘었네(蕭灑超離下界塵)

나란히 늘어선 잣나무 뜰, 다시 견성하고(栢樹參庭還見性)

포단에 앉아 신과 통할 만하네(蒲團一坐可通神)

어떻게 많은 업을 탈각하는가 하면(云何脫却多生業)

이곳에서 명을 피하고 또 참을 기르라 하겠네(此地逃名又養眞)

영원암의 치감스님과 아울러 선을 드러내다(贈靈源菴致鑑上人 兼示諸禪), 김조순

사실 김조순은 이천 영원암, 금강산 불지암 등에 시주하여 낡은 건물을 새롭게 짓도록 한 데다, 승려와 자주 편지를 주고받았으며, 불교 가치관이 담긴 시를 쓰는 등 불교를 무척 잘 이해하고 있었다. 무

엇보다 1794년 들어와 신흥사에 시주를 크게 하여 법당을 새로 고쳐 짓게 함으로써 남다른 인연을 시작했는데, 왕의 장인이 된 이후에도 1832년 들어와 순조의 부인이자 자신의 딸인 순원왕후와 순조의 여동생, 순조의 딸 등과 함께 신흥사에 대대적인 시주를 하여 '비로자나불 삼신괘불도'를 그리는 일을 후원하였다. 해당 삼신괘불도는 현재 보물로 지정되었으며 순조와 순원왕후 그리고 효명세자비(신정왕후)와 세손인 헌종 등 왕실 가족의 만수무강을 기원하여 제작한 작품이다.

그런 만큼 김조순의 아들인 김좌근 역시 1853년 신흥사 극락보전 중창에 시주하며 대를 이어 인연을 이어갔다. 이렇듯 김조순과 그의 일가는 도성 가까운 사찰에다 가문을 위한 불사를 하였으니, 사실상 겉으로 대놓고 드러내지 않았을 뿐 남다른 불심을 상징하는 일이었다. 마침 김조순이 사는 삼청동과 사찰까지 거리도 꽤 가까운 편이었다.

이런 광경이 그리 놀랄 일이 아닌 것은 정조가 아버지 사도세자를 위해 1790년에 용주사를 창건하자 좌의정 채제공이 직접 용주사 상량문을 썼고, 추사 김정희의 아버지인 김노경은 1817년 해인사가 화재로 피해를 입자 새롭게 건물을 짓는 데 후원한데다, 김정희 또한 불교에 크게 심취한 인물이었다.

1832년에 그려진 흥천사 '비로자나불 삼신괘불도,' 세로 575.5cm, 가로 378cm의 커다란 크기를 자랑한다. 불교신문.

이렇듯 18세기 후반부터 사대부들의 불교에 대한 관점은 조선 전기에 비해 상당히 우호적이었다는 사실. 구체적으로 살펴본다면 김조순은 1793년 9월에 자신의 아버지가 사망하자 이를 애도하고자 흥천사에 불사를 시작했다. 이를 미루어 볼 때 성리학으로 무장한 사대부들임에도 조선이 세워지고 오랜 세월이 지나자 불교를 단순히 배척할 대상이 아닌 함께할 대상으로 서서히 관점이 바뀐 듯하다.

어쨌든 신흥사는 이후 상당한 기간 동안 안동 김 씨가 후원하는 사찰로서 자리 매김하였으며, 김조순의 딸인 순원왕후를 포함한 왕실 후원이 이루어지며 규모 또한 점차 커져갔다. 그러던 중 1865년 신흥사에 엄청난 규모로 시주한 인물이 등장하였으니, 이 시기 전후로 사찰에 시주된 금전 총 9373냥 중에서 무려 3500냥을 담당한 흥선대원군이 바로 그 주인공.

자~ 이제 사찰과 가까운 정류장에 도착했으니 마을버스에서 내리자. 여기서부터 거대한 아파트 단지 사이로 난 길을 따라 언덕을 올라가면 되는데, 이때 흥천사가 새겨진 표지석 오른편으로 나무가 우거진 언덕을 향해 올라가는 계단이 보일 것이다. 현종 때부터 신흥사라 명명했다고 하는데, 현재 표지석은 '흥천사'로 되어 있다. 이 이야기는 차차 하기로 하고, 홍천사 표지를 따라 올라가보자. 바로 이 계단을 따라 조성된 덱 로드로 이동하면 뜨거운 햇빛도 피할 수 있는 데다 높은 위치에서 전체적인 사찰 분위기를 더욱 잘 감상할 수 있거든. 그러니 이곳에서는 찻길이 아닌 언덕 계단을 따라 이동해 보자.

그렇게 나무 그늘을 따라 이동하자 보이는 사찰의 모습. 도심에 있다가 한순간 무릉도원에 온 느낌이랄까? 나름 사진 찍기에 무척 좋은 만큼 휴대폰을 꺼내 이리저리 찍어봐야지.

흥천사와 흥선대원군

조선 초 태조 이성계에 의해 만들어진 흥천사와 비교하면 어떠한지 알 수 없으나, 현재 흥천사도 의외로 큰 규모의 사찰이다. 사찰 북쪽에는 2020년에 준공된 흥천사 전법회관이 언덕 위로 거대한 위용을 보이고 있으며, 남쪽으로는 사찰이라기보다 왠지 사대부 집처럼 느껴지는 대방(大房)이라는 건물이 높다란 계단 위로 당당하게 서 있다. 걷다보니 어느새 전법회관 입구에 도착. 여기서 옛 사찰 건물이 있는 방향으로 평지를 따라 이동하면 금세 대방이다.

그렇게 대방(大房)에 도착하였으니 해당 건물에 대해 간단히 설명을 해볼까? 본래 궁궐, 관청, 사찰 등에서는 하나의 건물에 고유한 단일 기능을 부여하여 각각의 전각 명칭과 사용에 제한을 두곤 했었다. 즉 부여된 기능에 따라 여러 건물이 필요했다는 의미. 그런데 19세기 들어오면서 하나의 건물 안에 다양한 기능을 함께 수용하는 효율적 건축 디자인이 등장하기 시작한다.

이런 분위기에 따라 서울과 경기 지역의 사찰에

(위) 흥천사 대방 전경. ©Park Jongmoo (아래) 흥천사 대방 평면도.

대방이라는 명칭의 건축물이 여럿 만들어졌다. 예를 들면 방금 도착한 흥천사 대방을 포함하여 비슷한 시점에 지어진 서울 성북구에 위치한 화계사의 대방, 파주에 위치한 보광사의 대방, 남양주에 위치한 흥국사의 대방 등이 대표적.

본래 불교 건축에서 '대방'은 대중방(大衆房)의 줄임말로 사찰 내에서 승려들이 한데 모여 수행, 식사 등을 하는 규모가 큰 건물을 지칭한다. 여기에다 아궁이가 있는 부엌과 숙식을 할 수 있는 온돌방을 추가로 더하여 왕실과 권문세가의 시주자(施主者, 사찰에 재물을 지원한 사람)가 방문할 때 이들을 잘 대접할 수 있도록 디자인한 것이다. 물론 모인 신도들과 함께 염불을 외우며 수행하는 공간과 절 사무를 보는 공간까지 대방 내부에 함께하고 있기에 한마디로 불당 + 승방 + 부엌 + 휴식 + 접객의 기능이 복합된 건물이라 할 수 있다.

무엇보다 흥천사 대방의 경우 모양이 특이한데, 앞뒤로 양팔처럼 건물이 튀어나와 전체적으로 H 형태의 디자인을 하고 있어 묘한 매력을 지녔다. 그럼 건물을 한 바퀴 돌아보자. 아참~ 건물을 한 바퀴 도는 김에 건물 여기저기 걸려 있는 편액도 주목해볼까?

흥천사 대방에는 만세루(萬歲樓), 서선실(西禪室), 흥천사 2개, 옥정루(玉井樓) 이렇게 5개의 현판

흥천사 대방 전면에 보이는 흥천사 현판. 왼쪽은 흥선대원군 작품이나 오른쪽은 흥선대원군 작품이다, 아니다로 의견이 분분하다. ©Park Jongmoo

이 걸려 있다. 이 중 3개의 현판이 흥선대원군의 글씨라고 한다. 서선실, 옥정루 그리고 흥천사 대방 전면에 보이는 흥천사 현판 중 왼쪽 작품이 그것. 참고로 오른쪽 흥천사 현판은 흥선대원군 작품이 맞다, 아니다로 의견이 분분하다. 만일 맞으면 흥천사 대방 현판 중 무려 4개가 흥선대원군 작품이라는 의미.

그렇다면 흥선대원군은 왜 1865년 들어와 흥천

사에 엄청난 시주를 한 데다 현판도 직접 써서 준 것일까?

앞서 대방 이야기를 하면서 흥천사뿐만 아니라 서울 성북구에 위치한 화계사, 파주에 위치한 보광사, 남양주에 위치한 흥국사 등에도 대방이 있다고 했는데, 이 중 화계사와 보광사는 점차 세가 쇠퇴하던 중 흥선대원군의 시주로 대방이 만들어지면서 다시금 세를 얻게 된다. 덕분에 해당 지역을 대표하는 사찰로서 지금까지 그 명성이 이어지고 있다. 물론 이곳 흥천사의 대방 역시 1865년에 흥선대원군의 시주로 기존의 승려가 거처하는 요사채를 크게 확장시켜 완성된 건물이다. 반면 흥국사 대방의 경우 신정왕후의 시주로 만들어졌는데, 참고로 신정왕후는 조선 24대 임금인 헌종의 어머니라는 사실.

게다가 신정왕후와 흥선대원군은 남다른 인연이 있으니, 신정왕후는 조선 25대 임금인 철종이 후사 없이 죽자 이 당시 왕실 최고 어른으로서 차기 국왕을 선정할 권한을 갖게 된 인물이다. 결과적으로 신정왕후는 12살이 된 흥선대원군의 둘째 아들인 이명복을 왕으로 삼았으니, 그가 바로 1863년 즉위한 고종이다. 다만 왕이 아직 어렸기에 실제 통치는 한동안 신정왕후와 흥선대원군이 함께 의논하여 행사하였다. 예를 들면 1. 임진왜란 때 불타 사라진 경복

이하응 초상, 와룡관학창의본(臥龍冠鶴氅衣本), 서울역사박물관. 흥선 대원군이 일상적으로 소지한 물건을 함께 배치하고 있는데, 이 중 염 주가 보인다.

궁의 중건과 2. 세도가인 안동 김씨 세력을 견제하기 위해 왕실 종친들에게 힘을 실어주는 정책 등이 그것. 바로 이 시점에 집중적으로 서울, 경기 지역의 사찰에다 흥선대원군과 신정왕후가 시주하면서 대방이라는 건물이 여럿 등장한 것이다.

그렇게 흥선대원군이 대방을 만든 후 흥천사라는 이름을 주면서 신흥사에서 흥천사로 사찰 이름이 다시 바뀐다. 이를 미루어 볼 때 흥선대원군은 본래 왕실의 사찰, 즉 정릉의 능침사에서 시작한 이곳이 어느 순간부터 마치 안동 김씨 가문의 원찰처럼 운영되던 사실에 큰 불만이 있었던 것으로 보인다. 이에 따라 과거 이름을 되찾아주면서 다시금 정릉의 능침사 역할을 맡도록 하여 왕실의 권위를 바로 세운다. 여기서 북쪽으로 불과 400m 정도 위가 정릉이니까.

물론 흥선대원군 역시 불교에 무척 호의적인 인물로, "불교를 즐겨 좋았다"든지 "술이 있으면 신선을 배우고, 술이 없으면 부처를 배우리라" 등의 글귀가 새겨져 있는 인장(印章)을 사용했을 정도였다. 뿐만 아니라 아들이 왕이 되기 이전에도 영종도에 위치한 구담사에 시주하여 낡은 건물을 새로 짓도록 한 후 사찰 이름을 용궁사라 새로 지어주기도 했다. 오죽하면 여기서 흥선대원군이 기도를 하여 그의 아들이 왕이 될 수 있었다는 전설적인 이야기가 지금까지도 전해질 정도. 얼마 뒤 신정왕후 또한 홍선대원군이 아직 대원군이 되기 이전임에도 그를 지지하는 표시로 여러 왕실 여인들과 함께 용궁사에 시주를 했다고 한다.

여기서 대원군이란? 임금의 아버지이나 본인은 왕이 아니었던 인물에게 주는 호칭으로서 조선 역사상 4명만이 받았다. 이 중 살아있는 상황에서 대원군을 받은 이는 조선 500년 역사 중 오직 홍선대원군뿐이었다. 대원군 이전에는 홍선군이 그의 작호였다.

그래서일까? 그는 개인적인 불교 호감을 넘어 정치적으로도 불교를 적극 활용하였다.

1. 사찰에 시주할 경우 직접 자신이 쓴 편액을 내려 해당 사찰의 권위와 위상을 높여주었고 2. 이때 대방을 사찰 내에 만들어 불교 신자들의 결집이 이곳에서 이루어지도록 하였으며, 3. 이렇게 조성된 대방을 중심으로 신정왕후를 포함한 다수의 왕실 여성, 그러니까 정치적으로 영향력이 높은 여성 불자들과 돈독한 유대 관계를 형성하였다.

이러한 노력을 통해 방계 왕족으로서 왕위에 올랐던 고종의 한계 및 대원군이라는 입지를 통해 왕을 대신하여 섭정을 하고자 했던 자신의 빈약한 정치적 상황을 극복하고자 한 것이다.

극락을 묘사한 장소

　대방 뒤로 있는 계단을 따라 더 올라가면 사찰 가장 높은 곳에 위치한 극락보전을 만날 수 있다. 나름 흥천사의 중심 법당이라 할 수 있다. 과거 김조순이 시주한 건물이 바로 이곳이며 현재 건물은 김조순의 아들인 김좌근 등이 시주하여 1853년에 다시 지어 완성된 모습이다. 그렇다면 극락보전은 어떤 의미를 지닌 건물일까?

　극락은 표현 그대로 고통은 없고 즐거움으로 가득 찬 장소이자 서쪽으로 십만 억 국토를 지나서 있다는 아미타불의 세계를 지칭하기에, 불교에서는 소위 서방극락세계라 부르기도 한다. 물론 실제로 십만 억 국토를 지나면 도착할 수 있다는 뜻이 아닌 아주 멀고 멀다는 묘사를 매우 큰 숫자를 통해 표현한 것. 숫자가 발달한 인도에서 등장한 종교라 그런지 불교는 유독 숫자를 통한 묘사가 무척 많다. 그렇게 극락에 도착하면 다름 아닌 아미타불을 만날 수 있다. 다른 말로 아미타 부처.

　설명을 하나 더 덧붙인다면 불교 세계관에서 부

처는 오직 한 분이 아닌 각각의 시간과 공간마다 여러 부처님이 있으며 이 중 1. 석가모니는 현생의 부처이고 2. 아마타불은 극락의 부처이다. 이외에도 3. 미래의 부처인 미륵불, 4. 불교의 진리를 상징하는 비로자나불 등 부처님들이 더 있지만 설명이 복잡해지니 다음에 좋은 기회가 있다면 설명을 더 이어가기로 하자.

한편 〈아미타경〉이라는 불경에 의하면 극락은 일곱 겹으로 된 난간과 구슬로 장식된 그물이 일곱 겹의 가로수와 함께 금, 은, 청옥, 수정 등의 보석으로 눈부시게 장식되어 있으며, 칠보로 된 연못이 있고 못 밑바닥에는 금모래가 깔려 있다. 그리고 못 둘레로 금, 은, 청옥 등으로 된 층계가 있는데, 그 위에는 일곱 개의 보석으로 장식된 누각이 찬란하게 지어져 있다. 이곳이 다름 아닌 아마타불이 법문을 펼치는 장소라 하겠다.

이에 따라 상당수의 사찰에서는 극락전이나 극락보전이라는 건물을 통해 불경 속 극락을 묘사하고 있다. 물론 현실 세계에서 극락을 완벽하게 재현하기란 사실상 불가능하겠지만. 이처럼 현실 세계에서 묘사한 극락이라 여기고 바라보니, 오늘 따라 계단 위 높게 위치한 화려한 단청의 극락보전이 더욱 아름답게 다가온다.

극락보전 외에도 아미타불을 모신 전각을 무량수전(無量壽殿)이라고도 부르는데, 이는 아미타불이 무한한 광명과 영원한 생명을 지니고 있다 하여 붙여진 이름이다. 예들 들면 최순우가 쓴 《무량수전 배흘림기둥에 기대서서》라는 책 덕분에 엄청나게 유명해진 부석사 무량수전이 있다. 이곳 또한 아미타불이 모셔진 장소다. 이렇듯 아미타불이 모셔진 장소는 극락전, 극락보전, 무량수전 등으로 불린다는 사실을 기억해두면 사찰 여행 때 큰 도움이 될 듯하다. 아는 만큼 보인다고 하니까. 하하.

추가로 석가모니가 모셔진 장소는 뭐라고 부를까? 정답은 대웅전(大雄殿). 위대한 영웅이라는 의미를 지닌 '대웅(大雄) = 석가모니'라 하여 붙여진 전각 이름이다. 아무래도 현생의 부처인 만큼 한반도 사찰의 중심 법당 중 가장 많은 숫자를 대웅전이 차지하고 있다. 한편 이곳 홍천사는 대웅전 대신 극락보전이 중심 건물인 만큼 사후 세계에 대한 염원이 더 담긴 사찰로 볼 수 있겠다. 재미있는 점은 여러 기록과 문서를 바탕으로 조사한 결과, 처음 이곳은 대웅전으로 만들어졌으나 19세기 중반 들어와 극락보전으로 바뀌었다고 한다. 그렇다면 한때 석가모니가 주인공으로 모셔진 전각이었던 것.

안으로 들어서자 불단 위로 가운데에는 아미타

불이 위치하고 있고, 양옆으로 관세음보살과 대세지보살이 함께하고 있다. 이처럼 부처 옆에 있는 보살을 협시 보살이라 하며 아미타불은 보통 관세음보살과 대세지보살이 함께 있는 모습으로 묘사된다. 아무래도 협시 보살 = 부처를 보좌하는 역할이라 이해하면 좋을 듯.

이 중 아미타불이야 앞서 설명했으니, 이번에는 양옆의 보살에 대해 알아보자.

우선 왼쪽으로 보이는 대세지보살은 지혜와 힘을 상징하며, 〈관무량수경〉에 따르면 "이 보살의 몸 크기는 관음보살과 같으며 원광(圓光)을 지닌 채 온 세상을 폭넓게 비추고 있다. 머리 꼭대기에는 한 개의 보배 병(寶瓶)을 이고 있다."라 묘사하고 있다. 이에 따라 대세지보살의 경우 여러 보살과 구별을 주기 위해 머리에 쓴 보관에다 호리병을 장식하곤 한다.

다음으로 오른쪽으로 보이는 관세음보살은 불교를 잘 모르는 사람조차 어디선가 들어본 적이 있을 정도로 유명한 보살로 자비를 상징한다. 오죽하면 여러 사찰을 방문하다보면 부처가 아님에도 원통보전이나 관음전이라는 건물에 관세음보살만 따로 모실 정도로 그 인기가 남다르다. 그렇게 자비를 상징하는 관세음보살과 지혜를 상징하는 대세지보살은

흥천사 극락보전 아미타불. 가운데 있는 부처가 아미타불이며 왼쪽은
대세지보살, 오른쪽은 관세음보살이다. ⓒPark Jongmoo

자비와 지혜로 극락으로 인도하는 아미타불의 힘을
상징한다. 참, 관세음보살은 보통 아미타불이 작게
장식된 보관을 쓰고 있는 모습으로 묘사된다.

특히 남다른 인기를 지닌 관세음보살은 극락에
서 아미타불을 보좌하면서 현세에도 종종 모습을
보이며, 이때마다 고통에 힘겨워하는 사람을 도와
준다고 한다. 그래서일까? 힘겨워하는 중생을 찾아
도와주기 위해 손 1천 개와 눈 1천 개를 지녔다하여

'천수천안(千手千眼) 관자재보살'이라고 부른다. 이를 묘사한 불상이 현재 홍천사 극락보전에서 만날 수 있는 '천수천안관세음보살'이다. 다만 손 1천 개를 다 묘사하기란 현실적으로 쉽지 않으니 42개로 생략하여 표현하고 있다.

조금 이상한 부분이 있다면 이곳 극락보전의 주인공이 아미타불임에도 양 옆의 보살보다도 훨씬 크기가 작다는 점이다. 솔직히 말해 크기나 디자인이 통일되지 않은 3점의 조각이 함께하고 있는지라 전체적으로 그다지 균형이 맞지 않은 모습이다.

뿐만 아니라 대세지보살은 화려한 보관은 쓰고 있지만 호리병 묘사는 보이지 않으니, 이는 곧 처음 조각할 때만 하더라도 대세지보살을 모델로 삼은 것이 아닐지도 모르겠다. 게다가 가장 왼쪽에 위치하고 있음에도 연꽃을 반대방향으로 쥐고 있다는 점이다. 본래 연꽃의 경우 줄기를 잡고 있는 손이 아미타불 쪽이어야 하고, 꽃을 잡고 있는 손은 바깥 방향으로 나와야 한다. 이로써 미루어 볼 때 처음에는 부처의 오른편에 위치하도록 만든 보살상인 듯하다.

마찬가지로 관세음보살 또한 아미타불 옆에 등장하는 경우에는 '천수천안관세음보살'로 표현하는 경우가 거의 없다. 아무래도 관세음보살이 지닌

보물로 지정된 완주 정수사 목조아미타여래삼존상, 1652년, 한국민
족문화대백과사전. 연꽃을 쥔 보살의 손을 주목하자.

권능을 특별히 강조한 표현이므로, 가능하다면 단
독 전각의 주인공으로서 '천수천안관세음보살'을
두는 것이 더 자연스럽다. 그래서인지 몰라도 홍천
사에서는 새로운 불사를 통해 가까운 시일 내 '천수
천안관세음보살'을 단독 전각에 따로 모실 예정이
라 한다.

　문경 오정사가 폐사되면서 오정사의 불상을 서

울의 신흥사(新興寺, 흥천사)에 이운 봉안하여 지금
까지 받들었다.

경상우도각사승도상서(慶尙右道各寺僧徒上書), 1869년

이처럼 3점의 조각이 서로 균형이 맞지 않는 이
유는 모종의 이유로 본래 다른 사찰에 있던 조각들
이 하나둘 흥천사로 모였기 때문이다. 이와 관련하
여 운 좋게도 경상도에 위치한 폐사된 사찰에서 흥
천사로 불상을 옮겨온 기록이 일부 남아 있기도 하
다. 이렇듯 사찰의 성쇠에 따라 조각상의 이동이 있
기도 한 만큼 조각상의 조성 시기를 한 번 살펴볼
필요가 있는데, 학계에서는 이곳 아미타불은 17세
기 초반, 대세지보살은 17세기 중반, 관세음보살은
15세기 중반에 만든 것으로 추정하고 있다. 즉 이들
조각상이 처음부터 흥천사 극락보전을 위해 함께
조각된 것이 아님을 의미한다.

결국 이런 저런 인연으로 대세지보살처럼 처음
만들어진 의도와 다른 명칭으로 불리거나, '천수천
안관세음보살'처럼 단독으로 배치되어야 할 작품
이 아미타불 옆을 보좌하는 상황이 되었으니, 달리
해석하면 불교의 끈질긴 생명력을 잘 보여주는 느
낌이랄까? 어떻게든 적응하여 버티는 모습이 말이
다. 엉? 가만 생각해보니 이곳 흥천사도 수많은 위

전법회관 꼭대기에서 바라보니 흥천사 대방과 조금 높은 지대에 위
치한 극락보전이 무척 잘 어울려 보인다. ⓒHwang Yoon

기를 극복하여 현재까지 명맥을 잇고 있는 사찰인 만큼 불교의 끈질긴 생명력을 제대로 보여주는 사찰이라는 생각이 든다. 오호라~ 오히려 사찰 역사에 걸 맞는 중심 법당이었네. 하하.

그럼 오늘 역사 여행은 이쯤에서 마치고 나는 새로 지은 전법회관까지 마저 방문한 후 집으로 떠나야겠다. 아! 맞다. 전법회관 꼭대기에는 차와 커피를 무료로 제공하는 분위기 좋은 카페가 있는데, 나름 높은 지대인 만큼 사찰 주변을 감상하기에도 좋으니 꼭 방문하면 좋겠다. 그럼 우린 여기서 헤어져요~

4. 팔상도, 불화로 보는 조선 불교

호암미술관

용인에 위치한 호암미술관에서 한중일 동아시아 불교미술을 전시한다고 하여 서울 한남동에 위치한 리움미술관에 왔다. 무엇보다 임진왜란으로 인해 한반도 궁궐과 사찰 상당수가 큰 피해를 입으면서 조선 전기 시절 그려진 불화가 대부분 사라져버린 와중에 그나마 남아 있던 조선 전기 불화가 이번 전시에 많이 출품되었다고 한다. 고려 불화만큼 희귀한 작품이 조선 전기 불화이므로 흔치 않은 전시인 셈이다.

응? 그런데 왜 호암미술관이 있는 용인으로 가지 않고 서울로 왔냐 하면…, 2023년 리움미술관에서 "조선의 백자, 군자지향"이라는 전시를 했었다. 이때 리움의 제안으로 내가 해당 전시의 투어 프로그램을 맡았으니, 약 20~30여 명 정도의 관람객과 함께 돌며 전시된 백자를 설명하는 프로그램이었다. 당시 전시장 입구에는 이번 전시에 등장하는 백자에 대해 설명해주는 작은 책자가 있었는데, 이 또한 리움 내 전문가의 감수 아래 내가 쓴 것이다. 나름 재미있는 경험이었음. 이 당시 경험을 바탕으로 쓴 책이 다름 아닌 《일상이 고고학: 나 혼자 백자 여행》이라는 사실.

이후로 리움과 호암미술관이 새로운 전시를 할 때마다 개최하는 프리뷰 행사에 고맙게도 나를 초청해주고 있다. 그렇게 프리뷰 행사를 가보니 《나의 문화유산 답사기》로 유명한 유홍준 교수를 TV가 아닌 직접 눈으로 보는 놀라운 경험에다, 간단히 먹을 것도 주는 등 흥미로운 일로 가득했다. 이번에도 불교 고미술 전시에 앞서 프리뷰가 있다 하여 리움에서 호암미술관으로 이동하는 셔틀버스를 타러 온 것이다.

개인적으로 집이 안양이다 보니, 리움미술관은 대중교통으로 1시간 15분 정도의 거리라 정말 자주 방문했지만, 호암미술관은 글쎄, 생각보다 자주 가지 않았다. 경기도는 이상하게도 서울로 오가는 대중교통 시스템은 잘 구비되어 있는 반면 경기도 내 주요 도시끼리는 대중교통이 좀 별로라서 말이지. 어느 정도냐면 안양에서 호암미술관으로 직접 가는 것보다 리움미술관으로 가서 셔틀버스를 타는 것이 시간적으로 훨씬 이득일 정도니까.

아, 맞다. 간단히 설명을 더 하자면 리움미술관이나 호암미술관, 모두 삼성에서 운영하는 사립 박

물관인 만큼 사실상 형제 사이라 하겠다. 호암미술
관은 삼성 창업자인 이병철 회장에 의해 1982년 개
관하였고, 리움미술관은 이건희 회장에 의해 2004
년 개관했다. 그렇다면 형이 호암미술관이고 동생
이 리움미술관? 어쨌든 대한민국을 대표하는 최고
의 사립 박물관으로 남다른 명성이 있기에 예술을
좋아하는 사람이라면 방문을 적극 추천한다. 무엇
보다 한국 고미술 분야의 특별전에서는 최고 수준
의 질과 내용을 보여주니까.

　서틀버스를 타고 얼마 뒤 버스는 용인으로 출발~
의외로 버스 안에 외국인도 많아 놀랍네. 분위기상
외교관 직원 같구나. 그렇게 버스 안에서 잠시 서울
의 한강과 빌딩 풍경을 구경하다 피곤했는지 나도
모르게 푹 잠이 들었다.

진흙에 물들지 않는 연꽃처럼

소란스러워 눈을 뜨니, 호암미술관 도착이다. 오늘 따라 비가 꽤 오는 관계로 호암미술관이 자랑하는 정원은 제대로 구경하기 힘들겠다. 부지 안에 한국 전통 조경을 조성해놓았는데 분위기가 꽤 근사하거든. 뭐, 전시를 보는 것이 오늘의 주된 목적인 만큼 어쩔 수 없지.

> 홀로 행하고 게으르지 말며
> 비난과 칭찬에도 흔들리지 말라
> 소리에 놀라지 않는 사자처럼
> 그물에 걸리지 않는 바람처럼
> 진흙에 물들지 않는 연꽃처럼
> 무소의 뿔처럼 혼자서 가라

《숫타니파타》

이번 전시 제목은 "진흙에 물들지 않는 연꽃처럼"이다. 이는 불교 경전 중에서도 가장 오래된 초기 경전인 《숫타니파타》에 등장하는 문구로 우리에게는 90년대 소설과 영화의 제목으로 차용되었던 문장인 "무소의 뿔처럼 혼자서 가라"로 더욱 잘 알려져 있다.

미술관 안으로 들어서니 초청받은 사람들로 가득하구나. 한반도를 중심으로 중국, 일본의 불화가 중심이 되는 전시라 그런지 스님도 중간 중간 보인다. 전체적인 분위기를 보아하니, 조금 있으면 중앙 로비에서 이번 전시에 대한 소개 및 인사말 등이 이루어질 모양이다. 그러나 한시라도 작품을 보고 싶은 마음에 나는 전시관으로 서둘러 이동한다. 사람들이 로비에 모여 있어 전시관이 비어 있을 때 미리 작품을 감상하고 싶어서.

무엇보다 이번 전시를 기회로 반드시 봐야 할 작품이 있거든. 룰루랄라.

석가탄생도와 석가출가도

오~ 저기 보인다. 1층 전시실에 전시 중인 큰 크기의 2점으로 이루어진 작품. 한눈에 딱 보아도 대략 가로 1m, 세로 1.5m 정도 되는 듯하다. 이번 전시에 출품된다고 하여 무척 기대하고 있었다. 그동안 사진으로만 접했을 뿐 진품을 직접 보는 건 인생처음이라…. 그래서일까? 벌써부터 가슴이 벅차오르듯 감동이 밀려오는걸. 두근두근.

소개를 하자면 첫 번째 작품은 '석가탄생도'로 후쿠오카에 위치한 혼가쿠지(本岳寺)라는 사찰의 소장품이며, 그 옆에 위치한 작품은 '석가출가도'로 독일 쾰른동아시아미술관 소장품이다. 이 중 '석가탄생도'는 말 그대로 석가모니 탄생 장면을 그린 그림이고, '석가출가도'는 석가모니 출가 장면을 그린 그림이다. 석가모니 인생에 있어 무척 중요한 장면이라 하겠다.

무엇보다 두 작품은 거의 같은 크기와 동일한 화풍을 지니고 있어 함께 그려진 작품으로 추정된다. 한때 사찰 내부에 같이 걸려 있지 않았을까? 하지만

'석가탄생도', 후쿠오카 혼가쿠지(本岳寺) 소장. ⓒPark Jongmoo

'석가출가도', 쾰른동아시아미술관 소장. ⓒPark Jongmoo

어떤 일이 벌어졌는지 몰라도 현재 한 점은 일본에, 다른 한 점은 독일에 있는 상황이다. 두 작품 역시 상당한 기간 동안 서로 이산가족처럼 떨어져 있다가 이번 전시를 기회로 만난 것이구나.

학계에서는 이 두 작품이 회화 격이 꽤나 높은 만큼 조선 전기 시절 궁궐 화원에 의해 그려진 것으로 보고 있다. 임진왜란으로 인해 조선 전기 때 그려진 왕실 후원 작품이 상당수 사라진 터라 비교 대상이 거의 없는 상황에서 어떻게 해당 작품이 조선 것임을 알 수 있을까? 우선 '석가탄생도'부터 살펴보자.

'석가탄생도' 중앙을 보면 화려한 비단 옷을 입은 여성이 나무 아래 앉아 쉬고 있다. 왼편으로 신생아를 안고 있는 보모가 보이는 것으로 보아 방금 전 출산하고 휴식을 취하는 듯하다. 무엇보다 그림 옆으로 마야부인이라는 노란색 글씨가 조그맣게 써 있는 만큼 이 여성은 석가모니의 어머니인 마야부인임을 알 수 있다.

다음으로 그림 오른편을 보면, 동일한 옷을 입은 여성이 이번에는 나뭇가지를 잡고 있으며 팔 아래로는 금색의 아이가 보인다. 여성 옆에는 또 다시 마야부인이라는 글씨가 조그맣게 있다. 아무래도 마야부인의 겨드랑이에서 석가모니가 태어났다는

흥미롭게도 한 폭의 그림 안에서 마야부인이
반복해서 등장하고 있다.

일화를 묘사한 것 같다.

아이가 탄생하는 장면 바로 아래에는 한 손으로
는 하늘을 가리키고 한 손으로는 땅을 가리키는 아
이의 모습이 보인다. 이는 석가모니가 태어나자마
자 일곱 걸음을 걷고 "천상천하 유아독존(天上天下
唯我獨尊)"을 외치는 장면이다. 이 세상에서 내가
가장 높고 존귀하다는 의미로 미래에 진리를 깨우
치는 부처가 될 운명임을 알려주고 있다. 그리고 마
야부인이 나무 아래 휴식을 취하는 장면 왼편으로
는 용 9마리가 물을 뿜어 방금 태어난 석가모니를
씻겨 주니 몸에서 빛이 나는 모습이다.

그렇다면 순서상 석가모니 탄생 → 천상천하 유
아독존 → 9마리의 용에 의해 씻고 있는 석가모니
→ 마야부인이 나무 아래 휴식을 취한 채 보모가 안
고 있는 석가모니를 보는 장면으로 이어지겠구나.

이렇듯 하나의 그림 안에 동일한 사람이 여러 번
등장하고 있으니, 이는 시간 순서에 따라 이어지던
여러 사건을 하나의 그림 안으로 묶어 표현한 스토
리텔링으로 보인다. 즉 해당 그림은 석가모니 탄생
때 벌어지던 여러 일을 묶어 한 폭으로 그려낸 작품
임을 알 수 있다.

그런데 2006년 들어와 '석가탄생도'와 거의 유
사한 구도를 지닌 그림이 《월인석보(月印釋譜)》라

는 책에 있음을 주목하는 연구가 등장하였다. 《월
인석보》는 세조 시절인 1459년에 목판으로 찍은 불
교 서적으로 이 책이 만들어진 과정은 다음과 같다.

1446년 사랑하던 소헌왕후가 세상을 뜬 후 세종대
왕은 부인의 넋을 위로하고자 둘째 아들인 수양대군
에게 명하여 석가모니 일대기가 담긴 중국 서적 《석
가보(釋迦譜)》와 《석가씨보(釋迦氏譜)》 등을 바탕으
로 석가모니 일대기가 담긴 책을 만들도록 하였다.
그렇게 등장한 책이 《석보상절(釋譜詳節)》이다. 한
글로 쓴 최초의 산문 문헌으로 한글 역사에 있어서
남다른 의미가 있으며, 현재 보물로 지정되어 있다.

세종대왕은 수양대군이 바친 《석보상절》을 읽고
크게 감동하여 각 구절마다 직접 한글 찬불가를 지
어 총 580여 곡을 완성하였다. 자작 찬불가가 무려
500곡이 넘다니, 엄청난 불심이 절로 느껴진다. 이
를 모아 책으로 편찬한 것이 바로 《월인천강지곡(月
印千江之曲)》이다. 이때 월인천강이란? "부처가 시
간과 공간을 넘어 수많은 세계에 등장하여 교화하는
모습은 마치 달이 천 개의 강에 비치는 것과 같다."
라는 의미다. 이 또한 현재 국보로 지정되어 있다.

시간이 흘러 쿠데타로 왕이 된 수양대군은 역사
에 세조로 기록되는데, 자신이 만든 《석보상절》과
아버지 세종대왕이 쓴 《월인천강지곡》을 합쳐 내용

《월인석보》'팔상도(八相圖)'중'비람강생(毘藍降生)'.

昆藍降生

을 일부 수정한 후 《월인석보》라는 책을 출판하였다. 당시 세조는 장남 의경세자가 1457년에 불과 20세의 나이로 죽어 매우 상심한 상황이었다. 그래서 불사를 통해 위안을 얻고자 《월인석보》를 만든 것이다. 현재 보물로 지정.

그렇게 《석보상절》과 《월인석보》를 만들면서 석가모니 일대기를 8장면으로 압축한 그림을 판화로 제작하여 함께 넣었으니, 이를 '팔상도(八相圖)' 라고 부른다. 이 중 '비람강생(毘藍降生)' 의 마야 부인과 석가모니 탄생에 대한 묘사가 다름 아닌 혼가쿠지(本岳寺) 소장의 '석가탄생도' 와 너무나 유사한 것이 아닌가? 아 아니 유사를 넘어 거의 동일함. 물론 그림의 경우 위아래로 면적이 더 넓은 만큼 판화에 비해 더 많은 이야기가 추가로 등장하였지만 말이다.

반면 '팔상도' 중 '유성출가(逾城出家)' 와 독일 쾰른 동아시아미술관이 소장한 '석가출가도' 를 비교해 보면 서로 다른 장면이 묘사되어 있음을 알 수 있다.

구체적으로 살펴보면 판화인 '유성출가' 는 석가모니가 한밤중에 성을 넘어 출가할 때 성 안 사람들이 잠들어 있던 상황을 묘사하고 있는 반면, '석가출가도' 는 태자였던 석가모니가 출가한 소식을 듣고 혼절하는 석가모니의 부인인 태자비와 슬퍼하는 석가모니의 아버지인 정반왕을 묘사하고 있다. 한

(위) 석가모니가 출가한 소식을 듣고 혼절하는 석가모니의 부인인 태자비.
(아래) 석가모니가 출가한 소식을 듣고 슬퍼하는 석가모니의 아버지 정반왕.

《월인석보》 '팔상도(八相圖)' 중 '유성출가(逾城出家)'. 석가모니가 한
밤중에 성을 넘어 출가할 때 성 안 사람들이 잠들어 있는 상황이 묘
사되어 있다.

마디로 판화 '유성출가'의 성 안 사람들이 잠들어 있을 때 여러 신들의 도움을 받아 성을 넘어 출가하는 석가모니 → 다음 장면이 '석가출가도'의 태자 출가 소식을 듣고 큰 소동이 일어난 궁전인 것이다. 그러나 두 작품을 좀더 면밀히 살펴보면 궁궐 사람들의 옷과 말, 건축물 등의 묘사가 거의 동일하다는 것을 알 수 있다.

주목할 점은 동시대 명나라에서는 석가모니의 일대기를 100여 폭, 200여 폭, 400여 폭 등으로 다양한 사건을 폭넓게 담은 반면, 이처럼 8폭으로 간략히 정리한 형식은 조선만의 독특한 모습이라고 한다. 《월인석보》'팔상도'의 도상(圖像), 그러니까 표현 장면과 묘사법 또한 동시대 명나라의 석가모니 일대기와 많이 다르다.

이참에 명나라에서 만들어진 석가모니 일대기인 《석씨원류》와도 한 번 비교해볼까? 《석씨원류》는 영락제 시절인 1425년에 처음 판화로 제작된 후 여러 버전이 꾸준히 나왔는데, 이 중 1486년 버전은 조선에서도 거의 똑같이 목판에 새겨 불암사에서 1673년에 출판되기도 하였다. 그런 만큼 불암사 《석씨원류》의 판화 중 석가모니 탄생을 다룬 '수하탄생(樹下誕生)'과 석가모니 출가를 다룬 '야반유성(夜半踰城)'을 가져오면 명나라 버전의 그림을 이해할 수 있다.

《석씨원류응화사적(釋氏源流應化事蹟)》 중 '수하탄생(樹下誕生)'. 명나라에서 1486년 제작된 《석씨원류》를 바탕으로 1673년 불암사에서 새로 판각한 목판 작품이다.

오호라~ 확실히 《월인석보》 및 호암미술관에 출품된 석가모니 일대기 그림은 명나라 작품과 비교할 때 구도 및 표현이 많이 다르구나. 이렇듯 《월인석보》에 등장하는 판화는 세종과 세조 시절 석가모니 일대기를 정리하면서 조선만의 독창적인 양식으로 그려진 작품이자 이와 거의 동일한 화법을 보이는 '석가탄생

《석씨원류응화사적(釋氏源流應化事蹟)》 중 '야반유성(夜半踰城)'.

도'와 '석가출가도' 역시 조선 작품, 더 나아가 조선 전기에 그려진 작품으로 판단할 수 있겠다.

당시는 이런 형식의 불화가 법당 내부를 장식하였겠구나. 참 아쉽네. 해당 작품들이 국내에 계속 남아 있었다면, 근현대 들어 국보 대우를 받으며 남다른 주목을 받았을 텐데. 하긴 한반도 작품 중 해외로 빠져나간 작품이 어디 한둘이던가.

팔상도에 대한 기록

소헌왕후가 승하한 후 왕후를 위해 '팔상성도(八相成道)'를 완성했는데, 지금 다시 이 그림을 그릴 수 없다. 안평대군이 금으로 글을 써 〈화엄경〉을 만들고자 하여 종이를 만든 것이 절반 이상이고, 사경에 필요한 황금이 40냥쭝인데, 지금 이미 13냥쭝은 준비되었으니, 부족한 부분만 보조하여 이 경을 만드는 것이 어떻겠는가? 또한 대자암(大慈庵)의 무량수전은 2간(間)에 불과하니, 부왕(父王, 세종대왕)을 위하여 1간(間)을 더 짓고 석가와 관음보살의 두 불상을 만들어서 봉안시키는 것이 어떻겠는가?

《조선왕조실록》 문종 즉위년(1450) 2월 18일

세종대왕이 돌아가시고 문종은 지금의 고양시에 위치했던 대자암을 증축하도록 명한다. 당시 대자암은 왕실을 위해 운영되던 사찰이었다. 그런 만큼 세종 시절에는 소헌왕후를 위한 천도불사가 개최되었고, 세종대왕의 천도불사 역시 문종 시절 이곳에서 이루어졌다.

한편 중심 법당을 갖추기 위해서는 1. 부처 조각상, 2. 법당 안에 배치될 불화 3. 부처님 말씀이 담긴 경전 등이 기본적으로 있어야 하건만 문종은 어머니 소헌황후를 위해 그린 '팔상성도(八相成道)'라는 불화가 이미 대자암에 있는 만큼 아버지 세종을 위해 불상과 경전은 새로 만들되 '팔상성도'는 굳이 그리지 않아도 된다고 생각한 모양이다. 이때 언급된 '팔상성도'가 다름 아닌 '팔상도'라는 사실.

> 대자암의 극락전이 완성되니 극도로 사치하고 화려하여 금벽(金碧, 화려한 단청)이 햇빛에 번쩍거렸다. 이때에 와서 법회를 크게 베푸니 수양 이하 대군(大君)들과 여러 군(君)들이 그곳에 갔다.
>
> 《조선왕조실록》 문종 즉위년(1450) 9월 17일

신하들의 반대에도 불구하고 문종의 결단으로 대자암에는 극락전이 완성되었다. '극락전 = 극락보전 = 무량수전'이니, 돌아가신 아버지가 극락에서 편안하게 계시기를 바라며 아미타불을 모신 극락전을 중축했음을 알 수 있다.

더하여 수양대군이 어머니인 소헌왕후를 위해 만든 《석보상절》의 서문에는 다음과 같은 문장이 등장한다.

부처님이 한평생 겪었던 일의 시작과 끝을 아는 사람이 드무니, 비록 알고자 하는 사람이라도 팔상 (八相) 정도에 그치느니라. 이제 여러 경전에서 가려내어 이름을 붙여《석보상절》이라 하고, 세존(석가모니)이 도를 이룬 그림을 그리고 또 훈민정음으로 번역하여 새기노니, 사람마다 쉽게 알아 삼보에 나아가 의지되기를 바라노라. 정통 12년(1447) 7월 25일 수양군(휘) 서(序)하노라.

《석보상절》 서문, 수양대군

마침《석보상절》에도 세존, 즉 석가모니가 도를 이룬 그림을 그렸다는 내용이 나온다. 이때 언급된 석가모니 그림은 다름 아닌《석보상절》에 판화로 등장하는 '팔상도'다. 이로 미루어 볼 때 1446년 소헌왕후가 세상을 뜨고 얼마 지나지 않아《석보상절》과 대자암에 각각 '팔상도'가 그려졌음을 알 수 있다. 그렇다면 이때 완성된 조선 특유의 '팔상도' 도상은 이 일의 책임자인 수양대군의 지도 아래 그려진 것으로 추정할 수밖에 없겠군. 아버지 세종대왕에게 보여주고자 얼마나 공을 들였을지 굳이 설명하지 않아도 절로 상상이 된다.

혹시 현재 호암미술관에 전시 중인 '석가탄생도'와 '석가출가도'가 다름 아닌 과거 대자암에 배치된 '팔상도' 중 일부일까? 의문을 품어본다. 작품에 제작 시기까지 적혀있다면 참 좋겠지만 그렇지 않기에 이 또한 나름 조사해볼 수밖에 없겠군. 이를 위해 그림을 좀 더 자세히 살펴보자.

그림에 숨어 있는 힌트

　'석가탄생도'와 '석가출가도'는 궁궐과 옷 등이
무척 세밀하게 표현되어서 인상적이다. 왠지 당시
모습을 그대로 묘사한 느낌이랄까?

　우선 궁궐 지붕과 지붕이 연결된 삼각형 부분 그
러니까 지붕 옆 부분을 살펴보면 화살표 모양(↑)을
한 붉은 나무로 된 장식을 볼 수 있다. 이를 현어(懸
魚)라고 부르며 통일신라, 고려를 거쳐 조선 전기만
하더라도 궁궐, 사찰 등에서 쉽게 볼 수 있는 장식
이었다고 한다.

　하지만 임진왜란을 기점으로 조선 후기 들어와
큰 피해를 입은 궁궐과 사찰 건물들을 대거 새로 지
으면서 한반도에서는 현어 장식이 거의 다 사라져
버렸는데, 바로 그 현어가 그림 속 지붕 이곳저곳에
보인다. 옆으로 보이는 묘사, 정면으로 보이는 묘사
등 2점의 그림에서 총 5개의 현어가 발견되고 있다.

　이를 통해 조선 전기 궁궐 디자인을 바탕으로
'석가탄생도'와 '석가출가도'의 궁궐이 그려졌음
을 알 수 있으나, 임진왜란이 발생하기 전인 1577

'궁중계회도', 1577년. 조선 전기 시절 종친부 전각을 묘사하고 있는데, 지붕과 지붕이 연결된 삼각형 부분에 ↑모양을 한 붉은 나무로 된 장식인 현어가 보인다.

년, 즉 선조가 왕이 된 시점에 그려진 그림에서도 현어 장식이 등장하고 있어 안타깝게도 시기를 더 정확히 결정하는 근거로는 볼 수 없을 듯하다. 결과적으로 조선 전기 내내 사용된 장식이니 말이다.

　다음으로 지붕의 가장 높은 곳을 보면 끝 부분마다 금색으로 빛나는 장식이 높게 올라가 있다. 이를 취두(鷲頭)라고 부르는데, 한자 의미는 독수리(鷲) + 머리(頭)를 뜻하지만 실제로는 묘하게도 용 얼굴을 더 닮았다. 무엇보다 근래 운 좋게도 태안 갯벌에서 조선 전기에 만든 완전한 형태의 취두가 발견되었는데, 놀랍게도 그림 속 취두와 거의 동일한 디자인이 아닌가? 임진왜란을 겪으며 궁궐이 거의 다

취두

기둥

현어

병풍

태안 갯벌에서 발견된 취두, 2019년. 무게가 120kg라고 한다.

불에 타 무너지는 바람에 완전한 형태로 남아 있는 조선 전기 취두는 단지 숭례문 취두뿐이었다.

실제로 취두는 궁궐의 주요 건물과 한양 도성의 정문인 남대문 등에나 올릴 수 있는 최고급 장식 기와였으며, 조선 후기로 들어오면 디자인과 장식이 좀 더 간략하게 변한다. 그런 만큼 조선 전기 디자인을 쏙 빼닮은 그림 속 취두는 그림이 그려진 시기를 알려주는 증거가 될 수 있다. 그러나 이 역시 조선 전기라는 시기만 알려줄 뿐 더 세밀한 시기를 특정하는 재료로 사용하긴 어려울 듯하다.

마지막으로 건축 단청을 보면 기둥에도 금색으로 용이나 둥근 모양의 그림 장식이 있어 흥미롭다. 게다가 기와는 노란색, 푸른색, 초록색 등으로 무척 다양하다. 다만 이 부분에 대해서는 관련 자료가 너무나 부족하여 뭐라고 언급하기 쉽지 않다. 조선 전기에는 궁궐에 노란색 기와를 장식하고 기둥까지 그림을 장식했는지 한편으로 궁금해진다. 무엇보다 노란색은 황제를 뜻하는 색이라 글쎄.

여기까지 그림 속 건축물 표현을 대략 살펴보았는데, 특정 시기를 정확히 알 수는 없어도 최소한 조선 전기 궁궐을 바탕으로 그려진 것은 분명해 보인다.

이제 주제를 바꾸어 그림 속 그림, 그러니까 부처님 아버지인 정반왕 뒤로 보이는 그림을 살펴보고자 한다. 마침 1. '석가탄생도' 오른편의 정반왕과 2. '석가출가도' 왼쪽 아래 정반왕 바로 뒤로 산수화가 일부 보이는데, 이와 유사한 그림이 국립진주박물관에 있다. 보물로 지정된 '소상팔경도'가 바로 그것.

이러한 형식의 산수도는 15~16세기 동안 매우

'소상팔경도(瀟湘八景圖)' 중 '동정추월(洞庭秋月)', 16세기 초반 추정, 국립진주박물관.

인기리에 그려졌으며, 특히 안평대군이 좋아했다고
한다. 다만 이 또한 조선 전기 내내 유행하던 그림
양식인지라 해당 작품이 조선 전기에 그려졌음을
증명할 뿐 특정 시기를 알려주는 재료로 활용하기
에는 한계가 있다.

의복 표현

'석가탄생도'와 '석가출가도'에는 정말 수많은 사람들이 등장한다. 이 중 여성의 복장은 15세기 여성 초상화에 묘사된 옷과 무척 닮아 있어 눈길을 끈다. 비교 대상으로는 태조 이성계 시절 활동한 조반 (1341~1401)의 부인 초상화와 함께 세종 시절 활동한 하연(1376~1453)의 부인 초상화 등이 있다. 이런 옷은 고려 말부터 15세기 중후반 무렵까지 유행하던 스타일이라 한다. 그렇다면 여성들의 복식을 볼 때 16세기보다 15세기를 배경으로 그림이 그려졌을 가능성이 높다고 볼 수 있다.

공복(公服)의 경우 1품은 홍포(紅袍)·서각대(犀角帶)·상아홀이며, 2품 이하 정3품 이상은 홍포·여지금대(荔枝金帶)·상아홀이며, 종3품 이하는 청포(青袍)·흑각대(黑角帶)·상하홀이며, 5·6품은 청포·흑각대·나무홀이며, 7·8·9품은 녹포(綠袍)·흑각대·나무홀이다. 각 품의 경우 검정색 신과 복두는 동일하다.

(왼쪽) 조반 부인 초상, 국립중앙박물관. 조선 전기에 그려진 그림을 후대에 이모한 작품이다. (오른쪽) 하연 부인 초상, 백산서원. 조선 전기에 그려진 그림을 후대에 이모한 작품이다.

(왼쪽) 상아 홀(笏), 국립중앙박물관. (오른쪽) 복두를 쓰고 상아홀을 들고 있는 고려 시대 명장인 강민첨 초상화, 국립중앙박물관.

《조선왕조실록》 세종 8년(1426) 2월 26일

다음으로 남성 복장을 살펴보자. '석가탄생도'를 보면 석가모니 탄생 장면 바로 아래로 신하들이 도열하고 있다. 이 중 붉은 옷을 입은 이들은 높은 지위에 있는 관료들이니, 공복이라는 복식에 따라 머리에는 복두라는 모자를 쓰고 몸에는 홍포를 입은 채 상아홀을 들고 있다. 그런데 이 또한 우리 눈에는 조금 익숙하지 않은 스타일인 듯하다. 특히 막대기처럼 직선으로 기다란 장식이 부착된 모자인 복두의 경우 고려 시대 사극에서나 보았을 뿐 조선 시대 사극에서는 거의 본 적이 없으니 말이지.

'석가탄생도' 윗부분의 여성 복장은 15세기 여성 초상화에 묘사된 옷과 무척 닮았다. 아랫부분의 붉은 옷을 입은 이들은 높은 지위에 있는 관료들이니, 공복이라는 복식에 따라 머리에는 복두라는 모자를 쓰고 몸에는 홍포를 입은 채 상아홀을 들고 있다.

임금을 알현(謁見)하거나 은혜를 감사하며 인사할 때 또는 부임 전에 배사하러 뵈올 때에는 공복(公服)을 착용하며 - 중략 - 왕세자에게 하례를 올릴 때에는 공복(公服)을 착용하며, 중궁과 왕세자에게 은혜를 감사하며 인사할 때 또한 공복을 착용하게 하소서.

《조선왕조실록》 세종 8년(1426) 2월 26일

조하할 때에는 의당 공복(公服)을 입어야 합니다. 그러나 지금은 백관들의 관복도 겨우 갖추는 형편이어서 복두(幞頭)나 도포(道袍)·홀(笏)은 열에 한둘밖에 없습니다. 만일 모두 갖추어지기를 기다린 뒤에 비로소 조정의 대례(大禮)를 행한다면 체면이 말이 아닙니다. 우선 상시의 관복으로 입참하도록 하는 것이 무방할 듯합니다.

《조선왕조실록》 선조 34년(1601) 3월 18일

하지만 공복은 분명히 《조선왕조실록》에도 여러 차례 등장하니, 예를 들면 신하들이 왕세자에게 인사할 때 입는 나름 격식 있는 옷이었다. 즉 왕자인 석가모니가 태어난 만큼 신하들이 격식에 맞추어 인사하고자 공복을 입은 것으로 표현한 것. 이처럼 중요한 행사마다 종종 사용되던 공복은 임진왜란과 병자호란으로 물자가 부족해지자 점차 사용 빈도가 줄어든

'석가탄생도'에서 나무를 붙잡고 아이를 낳는 마야부인 오른쪽으로 노란색 양산과 봉황이 그려진 붉은색 부채를 들고 있는 내시들.

다. 전란으로 인해 관료들이 여러 종류의 관복을 다 갖추기 힘든 상황이 되었기 때문이다. 그러더니 점차 자연스럽게 공복은 잘 안 입는 옷으로 인식되면서 조선 후기 들어와 사용 빈도가 크게 줄어들었다.

뿐만 아니라 조선 시대 그림 중 내시가 등장하는 경우가 별로 없건만 여기에는 내시가 여럿 묘사되어 있어 흥미롭다. 우선 석가탄생도에서 나무를 붙잡고 아이를 낳는 마야부인 오른쪽으로 노란색 양산과 봉황이 그려진 붉은색 부채를 들고 있는 이들

'석가출가도'에서 석가모니와 함께 밖으로 나섰던 마부가 궁궐로 돌아와 왕자가 탔던 말을 데리고 와 출가 소식을 알리는 장면. 슬퍼하는 정반왕 옆으로 궁녀와 함께 내시가 보인다.

이 있는데, 이들이 바로 내시들이다.

다음으로 석가출가도를 살펴보면 석가모니가 출가했다는 소식을 듣고 태자비가 쓰러져 울고 있는 장면에서 해당 전각 아래로 무릎을 꿇고 있는 이들도 다름 아닌 내시들이다. 그리고 같은 그림에서 왼편으로 성 밖으로 말을 타고 손에는 횃불을 든 채 사람들이 여러 방향으로 이동하고 있는데, 이는 성을 넘어 사라진 석가모니의 행방을 찾는 내시들의

(위) '석가출가도'에서 석가모니가 출가했다는 소식을 듣고 쓰러져 울고 있는 태자비. 전각 아래로 무릎을 꿇고 있는 내시들 모습. (아래) 성 밖으로 말을 타고 손에는 횃불을 든 채 석가모니의 행방을 찾는 내시들.

모습을 그린 것이다. 마찬가지로 그림의 아래 중간 부분에 등장하는 정반왕의 모습에서도 내시를 발견할 수 있다. 석가모니와 함께 밖으로 나섰던 마부가 궁궐로 돌아와 왕자가 탔던 말을 데리고 와 태자비와 함께 출가 소식을 알리는 장면이 그것으로, 슬퍼하는 정반왕 옆으로 궁녀와 함께 내시가 보인다. 태자비는 말 바로 옆에 우는 표정으로 서 있음.

조선 시대 내시 복장은 의외로 기록이 부실하여 알려진 바가 많지 않은데, 여기 등장하는 복장으로 어느 정도 유추할 수 있지 않을까? 다만 내시 옷을 보면 일부 내시의 경우 공복을 입은 여러 관료들과 달리 가슴에 그림이 그려져 있기에 더욱 주목하여 봐야겠다. 이는 흉배라 부르며 관복 가슴에 관직의 높낮이에 따라 구분되는 그림을 넣어 품계를 표시하는 제도다. 조선에서는 단종 시대인 1454년부터 도입되어 문관 1품은 공작, 2품은 구름과 학, 3품은 하얀 꿩 등을 자수로 옷에 그려 넣었다. 이에 따라 내시 또한 품계에 따라 등장 동물을 구분하여 흉배로 사용하였다. 이는 곧 1454년 이후에 해당 그림이 그려졌다는 증거가 될 수 있으려나?

한편 '석가출가도' 가장 윗부분의 왼편을 보면 자신의 손으로 머리를 깎는 붉은 색 옷을 입은 인물이 보인다. 그 옆으로는 말과 마부가 무릎을 꿇고

'석가출가도' 윗부분 왼편에 자신의 손으로 머리를 깎는 붉은 색 옷을 입은 석가모니.

있는데, 마부의 손에 모자가 하나 보인다. 이는 석가모니가 성 밖을 나와 태자의 신분을 버리고 수행자가 되는 장면으로 붉은 옷을 입은 인물이 바로 석가모니다. 즉 마부의 손에 있는 모자는 태자를 상징하는 물건임을 알 수 있다.

다음으로 내시들이 말을 타고 태자를 찾으러 사방으로 돌아다니는 장면에 마부가 말과 태자를 상징하는 모자를 지닌 채 등장하는 모습이 보이고 → 마

수행자가 된 석가모니가 자신이 입던 붉은색의 비단 옷을 지나가던 사람에게 주고 대신 허름한 수행자의 옷을 받는 모습.

지막으로는 정반왕 앞에서 말과 함께 마부가 태자를 상징하는 모자를 바치는 모습으로 마무리된다.

저 모자의 정체는 원유관(遠遊冠)으로 조선 시대에 오직 왕과 세자만 사용할 수 있었다. 다만 왕은 태조 이성계 때부터 이미 사용했다면 세자의 경우는 그보다 훨씬 늦은 16세기, 즉 중종 시절에야 사용하기 시작했다. 이때 붉은색의 강사포라는 옷을 입고 머리에는 원유관을 썼으니 그림 속 머리를 깎

원유관을 쓴 고종 초상화, 국립고궁박물관.

는 석가모니가 붉은 옷을 입은 것도 이 때문이다.

　머리를 깎은 석가모니 오른편으로는 두 사람이 옷을 교환하는 장면이 나온다. 이는 수행자가 된 석가모니가 자신이 입던 붉은색의 비단 옷을 지나가던 사람에게 주고 대신 허름한 수행자의 옷을 받는 모습이라 하겠다. 왕자 신분을 버리는 상징으로 궁궐에서 사용하던 원유관과 비단 옷을 버린 것이다.

　그런데 세자의 경우 원유관을 16세기나 되어서야 사용하였기에 이는 곧 해당 그림이 16세기에 그려졌다는 의미일까? 음, 글쎄.

십이장복과 구장복

정반왕은 석가모니의 아버지이자 카필라국의 왕이었다. 그래서인지 그림에서도 왕의 복장인 면복(冕服)을 입고 있다. 면류관(冕旒冠)이라 하여 모자 위에 직사각형 판이 있고 판 앞뒤로 구슬을 꿴 줄을 단 형태 + 곤복(袞服)이라 하여 여러 상징적인 무늬가 새겨진 옷 = 면복. 이렇듯 면류관과 곤복을 입으면 국왕이 입는 옷 중 최고의 예복인 면복이 되는 것이다.

이때 면류관의 경우 구슬을 꿴 줄이 12가닥이면 황제, 9가닥이면 왕을 뜻하며, 곤복의 경우 황제는 12개의 문양이 있는 십이장복, 왕은 9개 문양이 있는 구장복을 입었다. 즉 신분에 따라 입는 옷의 디자인이 다르다는 의미다. 그런데 그림 속 정반왕은 다름 아닌 십이장복을 입은 것이 아닌가? 면류관 또한 대충 보아도 9가닥이 훨씬 넘어 보인다.

아, 맞다. 옷의 정면뿐만 아니라 뒷면에도 문양이 각기 배치되므로 일일이 이를 세지 말고, 어깨 위에 둥근 해와 달 장식이 있으면 12장복이고 없으면 9장복으로 구별하면 편하다. 가만히 살펴보면

'석가탄생도'에서 정반왕의 복장은 십이장복으로 어깨 위에 둥근 해
와 달 장식이 있다. 왼쪽 어깨 위에 해 장식이 보인다.

정반왕은 어깨에 '붉은 색 동그라미 = 해', '하얀
색 동그라미 = 달'이 보인다. 이는 곧 정반왕을 12
장복을 입혀 마치 황제처럼 묘사했음을 의미한다.

> 다만 지금 면복(冕服)은 황제가 보내준 1벌과 대
> 행왕(大行王, 세종)께서 이를 본떠서 명하여 제조한
> 1벌만 있을 뿐입니다.
>
> 《조선왕조실록》 문종 즉위년(1450) 3월 3일

정반왕의 십이장복 오른쪽 어깨 위로 달 장식이 보인다. 그리고 면류관의 구슬을 꿴 줄 또한 대충 보아도 9가닥이 훨씬 넘어 보인다.

당시 조선은 명나라로부터 9가닥 면류관과 9장복으로 이루어진 면복을 받아와 이를 본떠서 사용하고 있었건만, 조선을 배경으로 그린 '석가탄생도'에는 왜 황제 복식을 한 정반왕이 등장하는 것일까? 이는 아무래도 석가모니를 높이고자 아버지인 정반왕 또한 황제처럼 묘사한 것이 아닐까 싶다. 그 결과 일국의 왕자가 아닌 마치 황제국의 왕자처럼 석가모니를 표현한 것이다.

삼가 《두씨통전(杜氏通典)》·《문헌통고(文獻通考)》·《산당고색(山堂考索)》을 조사하온 즉, 당나라 제도에는, '황태자가 원일(元日, 정월 초하룻날)과 동지에 황제와 황후에게 조하(朝賀)를 드릴 때에는 원유관과 강사포를 사용하고 - 중략 - 송나라 제도에는, 황태자는 조회(朝會)에서 원유관과 주명복(朱明服)을 사용하며

《조선왕조실록》 세종 8년(1426) 2월 26일

이렇게 해석한다면 '석가출가도'에서 원유관을 통해 석가모니의 태자 신분을 표현한 것도 얼추 이해가 된다. 당시 조선에서는 명나라 의복 제도를 포함하여 명나라 이전인 당, 송 의복 제도까지 연구하여 자국의 의복 제도를 정비하고 있었는데, 덕분에 중국의 황태자가 여러 중요한 행사에서 원유관을 쓰는 경우가 많다는 것을 이미 파악하고 있었다. 이에 따라 15세기에는 조선에 아직 원유관이 도입되지 않은 시기임에도 석가모니를 황태자처럼 묘사하고자 원유관을 등장시킨 것이다.

오~ 황제를 뜻하는 노란색 기와가 그림에서 단한 곳에서만 등장하는 이유도 이제야 알겠다. '석가출가도'에서 석가모니의 부인인 태자비가 건물

안에서 엎드려 울고 있는데, 유독 바로 그 건물만 노란색 기와다. 이 역시 위대한 석가모니가 태자 시절 지내던 장소이기에 가장 귀한 색을 지닌 기와 건물로 표현한 모양이다. 게다가 해당 건물은 무려 지붕이 2층으로 되어 있어 태자의 집임에도 오히려 정반왕이 있는 건물보다 훨씬 격이 높게 표현되었음을 알 수 있다. 반면 정반왕이 있는 건물은 기껏해야 1층 기와에 초록 또는 파란색 기와에 불과하거든. 왕자의 신분을 버린 석가모니가 이후 깨달음을 얻는 순간 국왕의 신분인 정반왕보다 오히려 위에 있는 존재가 될 것임을 상징하는 표현이라 하겠다.

여기까지 내용을 바탕으로 정리해보면, 그림 속 여러 의복 형식을 볼 때 15세기 중반 무렵 그려진 것으로 추정되나 해당 작품이 1446년 소헌왕후가 세상을 뜬 직후 제작된 대자암의 '팔상도'인지는 확실하지 않다. 다만 전체적으로 볼 때 대자암과 《석보상절》의 '팔상도'가 그려진 후 그리 멀지 않은 시점에 그려진 작품임이 분명해 보인다. 개인적으로는 과거 수양대군이 《석보상절》을 만들며 대자암의 '팔상도'를 함께 완성시킨 것처럼 비록 상세한 기록은 남아 있지 않으나 국왕이 된 수양대군, 그러니까 세조가 1459년 《월인석보》를 편찬하면서 '팔상도'를 새로 그리도록 하여 지금 감상하는 두 작품이 탄생한 것이

'석가출가도'에서 황제를 뜻하는 노란 색 기와 건물이 석가모니가 태자 시절 지내던 장소로, 정반왕이 있는 건물의 격보다 훨씬 높게 그려졌다.

아닐까 싶다.

단 2점만으로도 이처럼 이야깃거리가 많은데, 나머지 6점이 지금까지 이어왔다면 얼마나 좋았을까? 사라진 6점을 생각하자 또다시 아쉬움이 크게 밀려든다. 이번 기회에 '팔상도' 전체가 남아 있다면 과연 어떤 스토리텔링까지 보여줄 수 있는지 알아보는 시간을 잠시 가져보도록 하자.

팔상도

이번 전시에 송광사의 '팔상도'가 출품되었으나 8점이 아닌 4점만 전시 중이다. 따라서 비록 이번 전시에 출품되지 않았으나 국립중앙박물관이 소장하고 있는 8점의 '팔상도'를 통해 석가모니 일대기를 간략히 따라가보자.

국립중앙박물관 홈페이지로 가서 소장품 검색에 '팔상도'를 치면 소장품 번호가 '건희 3962'인 '팔상도'가 등장한다. 이는 삼성 이건희 회장이 기증한 작품을 의미한다. 국립중앙박물관에 기증된 2만 1600여 점의 작품들의 경우 건희 00 등으로 숫자를 매기기로 결정했으니까. 나름 기증자의 명예를 높여주는 방법이랄까? 앞으로도 많은 사람들의 기증이 이어지면 좋겠다.

그럼 총 8편의 이야기를 한 편씩 나누어 따라가보기로 하자.

1. 도솔래의상(兜率來儀相)

석가모니가 도솔천에서 내려오는 모습. 어느 날 카필라국의 왕비였던 마야부인은 꿈을 꾸는데, 흰 코끼리를 탄 한 보살이 여러 천신들의 호위를 받으며 하늘나라 도솔천에서 내려와 마야부인의 뱃속으로 들어오는 것이 아닌가? 마야부인이 정반왕에게 꿈 이야기를 하자 왕은 나라의 현명한 바라문에게 해몽을 부탁한다. 그러자 바라문은 마야부인이 성인(聖人)을 잉태했음을 알려준다. 그림은 왼쪽 아래에 위치한 마야부인의 꿈을 가장 중요한 주제로 보여주고 있으며, 왼쪽 위의 장면은 석가모니 전생, 오른쪽 위는 도솔천에서 내려오는 석가모니, 오른쪽 아래는 마야부인과 정반왕이 바라문에게 꿈 해몽을 듣는 모습이다.

'도솔래의상(兜率來儀相)'.

2. 비람강생상(毘藍降生相)

석가모니가 룸비니 동산에서 탄생하는 모습. 출산이 가까워지자 마야부인은 아이를 낳기 위해 친정으로 이동하였는데, 중간에 산통이 와서 왕비 일행은 룸비니 동산에서 멈췄다. 얼마 뒤 석가모니가 마야부인의 오른쪽 옆구리에서 태어났다. 아이는 태어나자마자 천상천하유아독존을 외쳤고 아홉 마리의 용이 내려와 몸을 씻겨주었다. 갓 태어난 왕자를 태운 가마가 왕궁에 도착하자 정반왕은 성대한 축제를 열었는데, 한 선인이 석가모니의 관상을 보고 장차 성장하여 세상을 정복하는 전륜성왕(轉輪聖王)이 되거나 아니면 출가하여 부처가 될 것이라고 예언하였다. 안타깝게도 마야부인은 석가모니 탄생 후 7일 만에 돌아가셨다. 오른쪽 위편에서 시계 반대 방향으로 돌며 이야기가 진행된다. 즉 오른쪽 위는 마야부인이 아이를 낳는 장면, 그림 중앙에는 태어난 아이가 천상천아유아독존을 외치는 장면, 왼쪽 위는 아홉 마리 용이 내려와 석가모니의 몸을 씻어주는 장면이다. 왼쪽 아래는 가마를 타고 왕궁으로 돌아오고 있으며 오른쪽 아래는 왕이 예언을 듣는 모습이 묘사되어 있다.

'비람강생상(毘藍降生相)'.

3. 사문유관상(四門遊觀相)

석가모니가 네 개의 문 밖을 나가 세상을 관찰하는 모습. 나라의 수도인 풍족하고 화려한 성 안에서 물질적인 걱정 없이 자라던 석가모니는 태자의 신분으로 어느 날 성 밖을 나섰는데, 동쪽 문에서는 손자와 함께 걸어가는 노인을, 남쪽 문에서는 병들어 누워있는 병자를, 서쪽 문에서는 죽은 사람이 상여를 타고 세상을 떠나는 모습을 만난다. 이로서 세상에 태어난 누구든 생로병사는 피할 수 없음을 깨닫는다. 그러다 북쪽 문에서 태자는 기품 넘치는 수행자를 만나면서 출가를 통해 근본적인 문제를 해결하기로 결심한다. 그림은 오른쪽 위편부터 시계 방향으로 돌며 이야기가 진행된다. 오른쪽 위는 노인, 오른쪽 아래는 병자, 왼쪽 아래는 죽은 이, 왼쪽 위는 수행자가 차례로 등장하고 있다.

'사문유관상(四門遊觀相)'.

4. 유성출가상(踰城出家相)

석가모니가 성을 넘어서 출가하는 모습. 태자가 출가를 결심하자 정반왕은 병사들로 하여금 성문을 닫고 엄히 지키도록 명한 후 더 화려한 축제와 아름다운 시녀를 배치하여 석가모니의 마음을 돌리려 하였다. 하지만 왼쪽 아래에 등장하듯 출가하던 날 밤 천신들이 태자의 출가를 위해 궁궐 안의 모든 사람들을 잠재워 버렸으며 오른쪽 위에 묘사되듯 태자가 탄 말의 네 발을 사천왕들이 떠받들고 궁궐의 높다란 담장을 뛰어넘었으니, 정반왕의 계획은 수포로 돌아간다. 얼마 뒤 석가모니의 출가 소식을 듣고 그림 오른쪽 중간에 등장한 정반왕과 태자비는 슬픔에 빠졌다. 그림은 전체적으로 석가모니 출가 때 벌어진 기묘한 사건을 중요한 주제로 보여주고 있다.

'유성출가상(踰城出家相)'.

5. 설산수도상(雪山修道相)

석가모니가 설산에서 수도하는 모습. 왼쪽 아래에서 28살인 석가모니는 직접 자기 손으로 머리카락을 깎은 후 눈 덮인 산에서 태자가 아닌 수행자로 지낸다. 같이 따라온 마부는 그림의 오른쪽 아래처럼 태자의 말과 의복을 들고 궁으로 돌아갔다. 그러자 그림 중간 왼쪽에 묘사되듯이 얼마 뒤 석가모니의 위치를 파악한 신하들이 찾아와 궁궐로 돌아올 것을 간청하려 했으나 신들의 방해로 만날 수 없었다.

그림 중간 오른쪽에서 머리 위에 새가 둥지를 틀 정도로 먹지도 움직이지도 않은 채 수행하는 석가모니. 그럼에도 불구하고 결국 원하는 깨달음은 얻을 수 없었고 출가 후 6년간의 고행으로 심신이 쇠약해진 석가모니는 어느 날 중도(中道)의 진리를 알게 된다. 이에 육체적 고통을 기반으로 한 고행을 멈춘 채 강에 들어가 몸을 씻은 후 한 여인이 바치는 우유죽을 받아먹으며 기운을 차렸다. 그림은 아래 왼쪽부터 이야기가 시작하여 지그재그로 스토리가 이어지다 왼쪽 위부분에 몸을 씻고 우유죽을 받는 석가모니로 마무리된다.

'설산수도상(雪山修道相)'.

6. 수하항마상(樹下降魔相)

석가모니가 보리수나무 아래에서 마귀의 항복을 받는 모습. 기운을 차리고 보리수나무 아래에 앉은 석가모니는 이번에야말로 깨달음을 얻지 못하면 이 자리에서 결코 일어나지 않겠다는 결심을 하였다. 그렇게 석가모니가 큰 깨달음을 얻기 직전에 다다르자 이것이 중생들의 번뇌와 음욕으로 만들어진 자신의 세계에 큰 위협이 될 것이라 여긴 마왕 파순이 수행을 방해하고자 나타났다.

우선 마군들을 보내 석가모니에게 앉아있는 자리로부터 내려가라고 위협하니, 석가모니는 옆에 있는 작은 병이 움직이면 너희 뜻대로 하겠다고 했다. 하지만 병을 움직이고자 마군들이 모여 아무리 힘을 써도 전혀 움직이지 않는 것이 아닌가(오른쪽 중간)? 다음으로 마왕은 엄청난 미인인 딸 세 명을 보내 유혹했으나 석가모니가 명상에서 깨어나 한번 웃으니 세 미녀가 갑자기 추한 노파로 변해버렸다.

마지막으로 마왕은 직접 흰 코끼리를 탄 채 어마어마한 병력을 이끌고 와서 석가모니를 제압하려고 했다. 그럼에도 불구하고 석가모니가 끄떡도 하지 않고 수행을 이어가니, 마왕은 마지막 설득을 시작한다. 이쯤에서 깨달음을 포기하면 전륜성왕으로

'수하항마상(樹下降魔相)'.

천하를 정복하고 인간이 느낄 수 있는 세상 모든 욕
망을 즐기도록 해주겠다는 약속과 함께 말이다.

그렇게 자신의 거듭된 제안에도 석가모니가 전
혀 유혹되지 않자 마왕은 크게 화를 내며 당신의 깨
달음을 이 세상 누가 증명하냐고 반문하는 것이 아
닌가? 이때 선정 중이던 석가모니가 가만히 오른손
으로 땅을 가리키자 땅이 흔들리고 구름 속 뇌신이
마군을 공격하더니, 과거 일곱 부처님이 나타나 석
가모니의 깨달음을 증명하였다. 그러자 마왕은 쫓
겨나듯 사라졌다. 그 유명한 항마촉지인이 바로 여
기서 등장한 포즈라는 사실.

그림에서는 왼쪽 가장 윗부분에 항마촉지인을
한 석가모니가 보이며 그 위로는 과거 일곱 부처가
표현되었다. 오른쪽 가장 아래에는 마왕의 딸이 추
녀로 변하는 장면, 그 바로 위에는 작은 병을 두고
석가모니와 내기를 펼치는 마군, 왼쪽 아래로는 마
왕이 병력을 이끌고 등장하는 모습이 그려져 있다.

참고로 석가모니를 공격한 마왕 파순은 인간의
육체적, 정신적 욕망을 상징하며, 결코 움직이지 않
은 작은 병은 이 자리에서 반드시 깨달음을 얻고자
하는 굳센 마음을, 세 명의 미녀는 나태함과 성적
쾌락을, 마왕의 군대와 솔깃한 제안은 마음속 여러
욕망과 권력, 집착을 의미하고 있다. 그렇게 모든

것을 극복하면서 석가모니는 드디어 깨달음의 세계에 들어섰다.

7. 녹원전법상(鹿苑轉法相)

석가모니가 녹야원에서 처음 포교하는 모습. 이번 그림은 깨달음을 얻은 석가모니가 녹야원에서 처음으로 설법하는 모습을 묘사하고 있다.

우선 오른쪽 윗부분에 항마촉지인을 한 석가모니 주변으로 5명의 수행자가 보이는데, 이들은 눈 덮인 산에서 한때 6년간 함께 고행을 했던 인물들이다. 석가모니가 고행을 포기하고 우유죽을 먹자 수행을 포기한 것으로 여겨 처음에는 무시하며 모르는 척하려 했으나, 몸에 광명이 가득한 모습을 보고 앞 다투어 경배하며 법문을 청하기에 이른다. 그러자 석가모니께서 다섯 수행자에게 첫 법문을 하였으니, 이를 초전법륜이라 한다.

그림 중간에는 깨달음을 얻은 석가모니가 좌우로 문수보살과 보현보살, 이외에 여러 보살과 군중에 둘러싸여 설법하는 모습이 가장 큰 주제로 묘사되어 있다. 이를 녹야원(鹿野苑) 즉 사슴동산에서 법문을 한다 하여 '녹원전법상'이라는 제목이 붙여졌다. 그 아래로는 하얀색의 초건계단이 솟아 오르

'녹원전법상(鹿苑轉法相)'.

고 있다. 이는 출가한 사람에게 계를 줄 때 사용하는 계단으로 이때부터 드디어 불교 교단이 성립했음을 보여준다.

아~ 맞다. 석가모니 양 옆에 위치한 문수보살은 최고의 지혜를 상징하며 보현보살은 실천을 상징한다. 한마디로 최고의 지혜를 깨닫고 이를 실천해야 함을 의미. 이에 따라 석가모니를 모신 대웅전에는 보통 석가모니의 오른편에는 문수보살을, 왼편에는 보현보살을 모신다. 아미타불 옆에 관세음보살과 대세지보살이 함께하는 것과 유사하다고나 할까? 이를 협시 보살이라 부른다.

한편 그림 중앙 높은 위치에서 여러 보살과 군중에 둘러싸인 석가모니의 모습이 조금 낯설어 보인다. 우리가 익숙히 아는 부처의 모습이 아닌 화려한 장신구를 한 채 손과 팔을 양쪽으로 펼쳐 보이고 있다. 이는 불교 세계관에 따르면 보신불(報身佛)을 묘사한 것이다.

보신불에 대해 간단히 설명하자면

1. 석가모니가 깨달은 진리와 법은 시간과 공간을 초월한 근본적인 원리다. 2. 당연하게도 눈으로는 보거나 만질 수 있는 대상이 아니지만 석가모니가 돌아가신 후 점차 진리와 법 그 자체가 신앙의 대상이 되었기에, 3. 시간이 흘러 진리와 법을 부처

의 모습으로 형상화한 비로자나불이 등장하기에 이른다. 4. 이를 법신(法身)이라 부르니, 여러 사람들의 신앙 대상으로 삼기 위해 부처 모습을 보일 뿐 사실상 진리와 법 그 자체를 의미한다.

다음으로 1. 석가모니가 돌아가셨지만 이후로도 수행을 통해 진리와 법을 깨닫는 자가 있다면 2. 누구든 부처가 될 수 있으니, 3. 그렇게 수행을 통해 깨달은 자, 그 자체를 상징적으로 형상화한 것이 노사나불이다. 4. 이를 보신(報身)이라 부르니, 보살에서 막 깨달음을 얻어 부처가 된 상황임을 알려주기 위해 화려한 장신구를 한 보살처럼 표현하였다. 이로서 녹원전법상에서 석가모니를 보살처럼 그린 이유를 알 수 있구나. 석가모니 역시 방금 전 수행을 통해 진리와 법을 깨달았기에 보신의 범주에 포함되기 때문.

마지막으로 석가모니는 이 세상을 구제해달라는 중생들의 고민에 응답하여 인간의 몸으로 나타난 부처라 하여 응신(應身)이라 부르기도 한다. 이렇게 법신, 응신, 보신을 합쳐 삼신(三身)이라 하며, 비로자나불을 모신 전각에는 보통 비로자나불, 석가모니, 노사나불 이렇게 세 분의 부처를 함께 모신다. 한편 비로자나불을 모신 전각은 비로전, 대적광전, 대광보전이라 부르기에 사찰에 갔는데, 해당 이름이 보이면 안에 비로자나불이 있다고 생각하면 좋을 듯하다.

그럼, 그림 이야기로 다시 돌아와서 그렇게 보신의 모습으로 설법하는 석가모니 아래로는 왼편으로 수달다장자라는 인물이 사슴동산에 부처님과 그의 제자들을 위하여 최초의 사원인 기원정사를 만드는 모습이 묘사되어 있다. 땅 위에 황금으로 바닥을 까는 장면이 그것. 여기에도 사실 스토리가 하나 숨어 있는데, 본래 기원정사를 만들려는 땅은 한 권력자의 것이었다. 그런데 땅 주인이 말하길 "수달다장자가 가진 보물과 돈을 그 땅에 빈틈없이 깔 수 있다면 기꺼이 수달다장자한테 땅을 팔겠다."라 하는 것이 아닌가? 이에 수달다장자는 자신의 부를 동원하여 금으로 바닥을 깔았고 덕분에 땅을 구입할 수 있었다고 한다.

아래 오른편으로는 흙장난을 하며 놀던 아이들 중 한 명이 흙을 쌀로 생각하여 공양하자 석가모니가 이를 탑으로 바꾸는 장면이다. 금을 바닥에 까는 장면과 흙을 공양하는 장면이 양쪽으로 비슷한 중요도를 보인 채 등장하는 만큼 수많은 돈을 기부하는 것에 비견될 만큼 마음의 가치가 중요함을 의미하고 있다. 이때 흙을 보시한 아이는 나중에 인도를 최초로 통일한 아소카 대왕으로 환생하였다고 한다.

8. 쌍림열반상(雙林涅槃相)

석가모니가 사라나무 아래에서 열반에 드는 모습. 35세에 깨달음을 얻은 석가모니는 80세까지 인도 곳곳을 다니며 설법을 하였다. 그리고 사라쌍수(娑羅雙樹) 아래에서 열반에 든다. 사라나무가 석가모니 주위로 네 쌍이 있다 하여 소위 사라쌍수라 한다. 즉 제목 쌍림열반상(雙林涅槃相)은 나무 아래에서 열반한 석가모니의 모습을 의미한다.

그림 오른쪽 아래에 석가모니가 북쪽으로 머리를 두고 누운 모습이 보이며 주위로는 보살, 사천왕, 제자, 신도 등이 모여 크게 슬퍼하고 있다. 마지막으로 석가모니는 제자들에게 다음과 같은 말을 남겼다.

그대들은 스스로를 섬으로 삼아 스스로에 의지하여 머물고 다른 것에 의지하며 머물지 말라.
진리를 섬으로 삼아 진리에 의지하며 살며 다른 것에 의지하며 머물지 말라.

〈대반열반경〉

다음으로 왼쪽 아래로 가면 스승의 열반 소식을 듣고 뒤늦게 도착한 제자 마하가섭이 관 옆에서 비

'쌍림열반상(雙林涅槃相)'.

통해 하자 석가모니가 관 밖으로 두 발을 내밀어 생사불이(生死不二)를 보이고 있다. 이는 곧 삶과 죽음은 둘이 아니요, 하나처럼 연결되어 있음을 의미. 이후 마하가섭은 비탄에 빠지거나 동요하는 제자들을 통솔하여 교단의 분열을 막고 석가모니 가르침을 정리해 제1차 불전 결집을 지휘하였다. 이후 제2차 결집은 석가모니 열반 후 100여 년 정도 뒤에, 제3차 결집은 인도를 통일한 마우리아 왕조의 아소카왕에 의하여, 제4차 결집은 쿠샨 왕조의 카니슈카왕에 의해 이루어진다.

한편 마야부인은 석가모니를 낳고 죽은 후 도리천에서 다시 태어났는데, 아들의 열반 소식을 듣고 도리천에서 내려왔다. 그러자 석가모니는 잠시 관 밖으로 나와 어머니께 "모든 것은 변화하며 생명 있는 존재는 죽을 수밖에 없다."는 가르침을 준 뒤 관으로 다시 들어갔다고 한다. 바로 그 장면이 마하가섭을 위해 석가모니가 관 밖으로 발을 내보이는 장면 바로 위에 묘사되어 있다. 결국 마하가섭과 마야부인의 일화는 불교의 죽음에 대한 관점을 표현한 장면이라 하겠다.

그림 가장 위 부분으로 이동하면 불타는 관이 보인다. 이는 석가모니 다비식이 이루어지는 모습이며, 불타는 관 아래로는 사리가 마치 비처럼 아래로

쏟아지고 있다. 마지막으로 오른쪽 윗부분은 각국의 국왕들이 석가모니 사리를 두고 다투자 마가다국의 대신 우바길이 중재를 하여 사리를 여덟 등분으로 나누는 장면이다. 이렇게 나뉜 사리는 이후 여러 지역으로 옮겨져 탑에 보관되었다. 시간이 흐르고 흘러 일부 사리는 한반도까지 왔고 말이지.

이로써 석가모니 일생은 마무리되었으나 이는 또 다른 출발의 기점이 되었으니, 석가모니 열반 후 불교는 더 크고 넓게 퍼져가게 되니까. 불교 가르침 그대로 죽음이 끝이 아닌 새로운 출발이자 시작점이 된 것이지.

여기까지 18세기에 그려진 '팔상도'를 통해 석가모니 일대기를 살펴보았다. 다만 15세기에 그려진 '팔상도'인 '석가탄생도'와 '석가출가도'와 달리 이번에 소개한 '팔상도'는 명나라에서 제작한 석가모니 일대기인 《석씨원류》의 영향이 많이 반영된 작품이라는 사실. 이는 임진왜란 이후 《석씨원류》가 한반도에 널리 퍼지면서 해당 책의 도상이 조선 불화에 많이 응용되었기 때문이다. 그런 만큼 15세기에 그려진 '팔상도'와는 내용과 그림 표현에 있어 조금 다를 수도 있음을 유념하고 바라보면 좋겠다.

5. 왕실 여성과 불교

내불당과 삼불삼세도

중앙 로비 행사가 끝났는지 어느새 사람들로 전시실 안이 가득하다. 발걸음을 재촉하여 1층에 이어 2층에 올라 전시된 작품을 하나하나 감상해본다. 정말로 호암미술관 전체를 불교 미술로 꽉꽉 채웠구나. 저기 고려 불화도 보이고, 중국과 일본 불화도 보이고.

구경하던 중 '궁중숭불도'라는 작품을 만났다. 오~ 이 작품 또한 그동안 사진으로만 보았을 뿐 진품 감상은 처음이다. 이건희 회장의 기증품 중 하나로 현재는 국립중앙박물관 소장품이다. 가만 보니 전체적 분위기가 19세기에 그려진 '동궐도'와 유사하지만 사람은 일체 묘사하지 않은 '동궐도'와 달리 여기 저기 사람들이 등장한다. 무엇보다 문 밖으로는 남성들이 일부 보이나 문 안으로 들어서는 순간 거의 대부분 여성들뿐이라 흥미롭다. 마치 이곳이 여성을 위한 공간처럼 다가올 정도.

그림 중간에서 가장 높이 위치한 건물에는 고급 기와인 청기와를 올렸으며, 건물 안에 금으로 만든 부처상이 작게 보인다. 바로 오른편 건물도 청기와로 장식한 데다 내부에 불단과 위패가 묘사되어 있다. 다만 그림이 오래돼 흐릿하여 가까이 다가가 아무리 눈을 크게 뜨고 보아도 여러 사람들이 모여 불공을 드린다는 것 외에는 내부 모습을 상세히 알기는 어렵다. 이렇듯 불당과 불공을 드리는 장면이 묘사되어 있기에 그림 제목이 '궁중숭불도(宮中崇佛圖)'인가보다.

그런데 궁중은 궁궐 안이라는 의미이므로 내불당이 가장 먼저 떠오르는구나. 내불당은 세종대왕이 경복궁 북쪽에 만든 것으로 잘 알려져 있지만, 시간이 흘러 성종 시절 유학을 신봉하는 신하들의 결사적인 반대로 궁궐 밖으로 이전하였으며, 연산군은 이를 흥천사로 다시 이전시켰다. 다만 흥천사 폐사 이후 내불당의 운명은 잘 알려져 있지 않다. 즉 해당 그림이 만일 세종 시대 만들어진 내불당이라면 15세기 작품일 가능성이 높다는 건데. 음, 여기 설명에 따르면 16세기 중반 작품이라 되어 있다. 아무래도 세종 시절 내불당은 아닌 듯하다.

예초에 태조강헌대왕(이성계)께서 황금으로 삼신여래를 주조하다 마치지 못하고 승하하시었는데, 지금에 이르러 주상(세종)께서 뛰어난 주철공을 거

(위) '궁중숭불도', 16세기로 추정, 국립중앙박물관. (왼쪽) 위의 왼쪽
건물 안에 금으로 만든 부처상이 작게 보인다. ⓒPark Jongmoo (오른쪽)
문 안으로 들어서는 순간 거의 대부분 여성들 뿐이다. ⓒPark Jongmoo

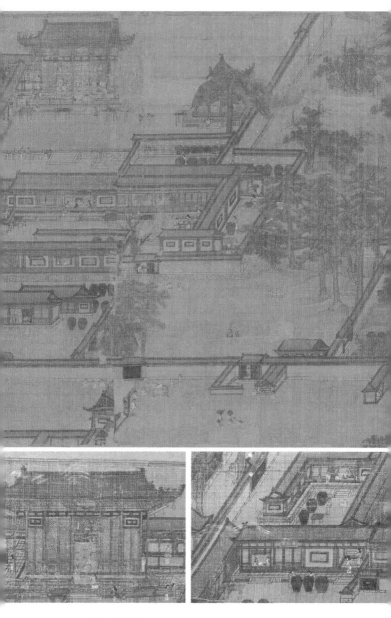

느리고 이어서 남은 작업을 완성하게 하고, 아울러
약사여래와 아미타불 및 보살, 나한상을 조성하라
하시었습니다. 안평대군 이용과 임영대군 이구에게
주관하게 하고 대자암 주지 신미와 김수온에게 명
하여 삼불 예찬문을 짓게 하시었습니다.

〈사리영응기〉, 김수온, 1448년

한편 세종 시절의 내불당에는 삼신 여래가 있었
고 추가로 약사 여래와 아미타불이 왕명에 의해 조
성되었다. 여래 = 부처라는 뜻이라, 이 시절 내불당
에 삼신불 + 약사불 + 아미타불이 있었음을 알 수
있다. 그렇다면 삼신불이란 과연 무엇일까? 앞서 팔
정도에서 법신, 응신, 보신을 합쳐 삼신(三身)이라
설명했는데, 바로 그 삼신불을 부처상으로 표현한
것이다. 법신 = 비로자나불, 응신 = 석가모니불, 보
신 = 노사나불.

삼신 다음으로 아미타불은 서방극락세계의 부처
이며, 약사불은 동방정유리세계라는 또 다른 공간
에 존재하는 부처다. 아미타불에 대해서는 이미 어
느 정도 알고 있을 테니 넘어가고, 이번에는 약사불
에 대한 설명을 조금 더 이어가보자.

불교 경전인 〈약사경〉에 따르면 약사불은 인간
의 번뇌, 질병, 재앙을 소멸시켜준다고 하며, 손에

'약사여래삼존십이신장도', 1477년, 리움미술관. 성종의 누나인 명숙공주가 남편과 함께
시주하여 그려진 작품으로, 약사불의 왼손에는 약통이 보이며 정면에서 오른편에는
태양, 왼편에는 달을 보관(寶冠)에 장식한 보살이 함께하고 있다. ©Park Jongmoo

약병을 들고 있는 디자인으로 표현되었다. 그런 만큼 만일 부처의 손에 약병이 보이면 약사불이라 이해하면 된다. 이는 곧 종교가 전파되면서 낮은 자세로 병자를 치료하는 임무까지 적극적으로 맡았던 사찰과 승려의 모습이 반영된 부처라 하겠다. 게다가 약사불이 있는 동방정유리세계는 동쪽으로 여러 세계를 지나 있는데, 땅은 유리로 되어 있으며, 사람들 역시 유리처럼 맑은 마음씨를 보이고 있다고 한다.

이렇듯 동방정유리라는 장소가 언급된 만큼 서방극락세계의 부처인 아미타불, 이 세계의 부처인 석가모니, 동방정유리세계의 부처인 약사불까지 더하여 삼세불(三世佛)이라 부르기도 한다. 이로써 부처는 하나가 아닌 서쪽, 이곳, 동쪽 등 여러 세상마다 존재한다는 사상을 표현하였으니, 간단히 말해서 어디에 있든 부처님을 만날 수 있다는 말이다.

약사불은 협시 보살과 함께 등장하는데, 보관에 붉은 태양이 있는 일광보살(日光菩薩)과 보관에 하얀 달이 있는 월광보살(月光菩薩)이 그것이다. 비추지 않는 곳이 없는 햇빛과 달빛처럼 아픈 중생을 어루만지고 보살피는 존재가 바로 약사불이라는 의미를 표현하고 있다.

결국 석가모니가 포함되어 삼신불 또는 삼세불

이 구성되는데, 이에 따라 사찰에서는 하나의 전각 안에 1. 석가모니, 비로자나불, 노사나불 = 삼신불을 모시기도 하고, 또는 2. 아미타불, 석가모니, 약사불 = 삼세불을 모시기도 한다.

여기서 의문이 하나 더 생기는걸. 세종 시대 내 불당처럼 다섯 분의 부처, 그러니까 비로자나불 + 노사나불 + 석가모니불 + 아미타불 + 약사불이 다 함께 모이면 과연 뭐라고 부를까? 다름 아닌 삼신 + 삼세 = 삼신삼세불이라 한다. 말 그대로 삼신불과 삼세불이 합쳐진 형태이나 이때 석가모니는 중복이라 한 분만 등장하기에 총 다섯 부처만으로도 표현이 가능하다. 게다가 삼신삼세불을 그림으로 표현할 경우 다섯 부처가 등장하는 불화인지라 그림을 뜻하는 도(圖)를 뒤에 붙여 삼신삼세불도 또는 오불회도(五佛會圖)라 부른다.

한 분도 아닌 무려 다섯 부처가 등장하여 압도적이면서도 장엄한 분위기가 일품인 만큼 이번 기회에 삼신삼세불이 등장하는 작품을 한 번 소개해볼까. 나름 불교 세계관에 있어 끝판왕, 아, 아니 최고 위치에 있는 분들이 동시에 등장하는 참으로 보기 드문 광경인지라 개인적으로 참 좋아하는 불화다. 이유는 왠지 모르게 뭔가 화려하고 강해 보여서. 하하. 아쉽게도 삼신삼세불이 등장하는 불화가 이번 전시에는 보이지 않으니, 휴대폰을 꺼내 그림을 찾은 후 소개해보고자 한다. 검색창에 '삼신삼세불' 하고 치자, 오! 찾았다.

일본의 주린지(十輪寺)라는 사찰이 소장하고 있는 조선의 '삼신삼세불도', 즉 '오불회도'는 15세기 작품이다. 가장 위 가슴 쪽에 양손을 쥐고 있는 부처는 비로자나불이며 그림 중앙에 화려한 보관을 쓴 부처는 노사나불, 가장 아래 항마촉지인을 하고 있는 부처는 석가모니불이다. 그리고 노사나불 왼쪽에는 아미타불이 있고 오른쪽에는 왼손에 약병을 들고 있는 약사불이 있다. 이것이 바로 삼신불 + 삼세불의 모습이라 하겠다. 실로 압도적인 분위기다.

이렇게 총 다섯 분의 부처가 각각 협시 보살을 거느리고 있는 데다 그림 위로는 여러 보살, 그림 아래로는 면류관을 쓴 남성을 제외하면 귀한 신분의 여성들이 대부분이다. 이로써 왕실 여성의 시주로 그려진 그림으로 추정된다. 무엇보다 여성들의 복식이 '석가탄생도'와 '석가출가도'에 등장하는 여성들과 무척 닮은 점이 흥미롭다. 나는 이 작품을 어느 날 오사카시립미술관을 방문했다가 우연찮게 본 적이 있는데 참으로 장관이었다. 크기는 대략 '석가탄생도'와 '석가출가도' 정도의 크기로 기억. 해당 작품이 만일 한국에 있었다면 두말할 것 없이

'삼신삼세불도', 즉 '오불회도', 일본 주린지(十輪寺) 소장.

국보로 지정되었겠지. 참으로 아쉬운 일이다.

참고로 비로자나불, 석가모니불, 노사나불의 경우 협시 보살을 문수보살과 보현보살로 동일하게 두고 있다. 이는 석가모니(응신)가 법과 진리(법신)를 깨달은(보신) 부처인 것처럼 처음부터 이들은 각기 따로 존재하거나 또는 서로 다른 것이 아니기 때문이다. 아무래도 기독교의 삼위일체와 유사한 개념으로 해석하면 좋을 듯. 그래서 협시보살마저 세 분 모두 동일하게 문수보살과 보현보살이 등장하고 있는 것이다. 만일 이 부분이 얼핏 이해하기 어렵다고 여겨진다면 간단하게 셋이 곧 하나고, 하나가 곧 셋이라고 외운 채 넘어가도록 하자.

뿐만 아니라 해당 그림에는 재미있는 스토리텔링이 있는데, 가장 아래 면류관을 쓴 남성과 그 오른편에 서 있는 화려한 의복의 여성은 각각 왕과 왕비를 상징한다. 그런데 왕과 왕비는 왼쪽 아래에 한 단계 높은 줄에 또 다시 등장하더니, 마지막으로는 그림 오른쪽 중간 윗부분에 비로자나불과 함께하는 여러 보살들과 함께 등장한다. 한마디로 왕과 왕비가 여러 부처로부터 가르침을 받으며 가장 아랫줄에서 점차 한 단계씩 승천하다 마지막에는 진리와 법을 상징하는 비로자나불과 함께하는 보살이 되었음을 보여준다.

안타깝게도 화기가 제대로 남아 있지 않아 조선의 왕과 왕비 중 누구를 모델로 삼았는지는 알 수 없으나 왕실의 남다른 불심을 표현한 작품임은 분명해 보인다. 오죽하면 비로자나불 주변을 둘러싼 여러 보살 중 하나로서 왕과 왕비를 표현했을까?

다음으로 소개할 작품은 1628년에 그려진 안성 칠장사 '오불회 괘불'이다. 괘불은 특별한 행사를 맞아 법당 앞뜰에 걸어놓는 대형 불화로서 공개적으로 많은 사람이 볼 수 있도록 크게 그렸다. 무려 높이 6.56m, 폭 4.04m에 다다른다.

개인적으로 조계사 불교중앙박물관에서 전시할 때 만난 적이 있는데, 지금까지 만나본 괘불 중 단연 최고라 할 만큼 마음에 쏙 든 작품이었다. 또다시 보고 싶은 만큼 언젠가 국립중앙박물관 불교 전시실에서 전시할 때를 조용히 기다리고 있다. 국립중앙박물관 2층에 위치한 불교 전시실에서는 매년 괘불을 한 점씩 사찰에서 빌려와 전시하고 있기 때문.

그림 설명으로 돌아가보면 가장 위에는 왼쪽부터 차례로 석가모니, 비로자나불, 노사나불이 있으며, 그 아래로는 왼편으로는 아미타불, 오른편으로는 약사불이 있다. 응? 얼핏 올림픽 오륜기와 유사한 배치로구나. 일본 주린지 소장 '오불회도'와는

다른 구도이나, 어쨌든 삼신불 + 삼세불로서 다섯 부처가 함께하는 모습은 동일하다.

이 칠장사 '오불회도'만의 독특한 특징이 있다면 아래 부분으로 왼편에 지장보살, 오른편에 관세음보살이 꽤 큰 비중으로 등장하고 있다는 점이다. 뿐만 아니라 하단 중앙에 건물이 하나 보이는데, 이는 수미산 꼭대기에 있는 제석천궁을 묘사한 것으로 해당 건물 바로 위에 있는 보살은 다름 아닌 미륵보살이다. 즉 다섯 부처와 함께 지장보살, 관세음보살, 미륵보살 등 불교 세계관에서 큰 비중이 있는 보살까지 준주인공급 위상으로 등장하고 있음을 알수 있다. 그래서일까? 마치 불교 세계관의 어벤져스처럼 다가오는걸. 내가 이 불화를 특히 좋아하는 이유이기도 하다. 왠지 일반 '삼신삼세불도'보다도 더 강해보이거든. 하하.

참고로 미륵보살은 현재 도솔천이라는 하늘 세계에 있으며, 불경에 따르면 56억 6700만 년 뒤 지상으로 내려와 석가모니 다음으로 이 세계의 부처가 될 예정이다. 아까 '팔상도'에서 석가모니가 도솔천에서 보살로 내려와 마야부인의 몸에서 태어난 후 부처가 된 것처럼 미륵보살 역시 마찬가지 운명이다. 이미 미래의 부처가 될 것으로 확정된 보살인만큼 한반도에서도 오래 전부터 미륵에 대한 신앙

안성 칠장사 '오불회 괘불'. 높이 6.56m, 폭 4.04m의 어마어마한 크기를 자랑한다.

이 강하게 이어져왔다. 미륵을 표현한 것으로 삼국 시대 '반가사유상'이 유명하며, 본인이 미륵이라 주장한 궁예, 고려 말 미륵 신앙에 기댄 이성계 등 이 대표적 인물이다. 더 자세한 미륵 이야기가 궁금 하신 분은 《일상이 고고학: 나 혼자 국립중앙박물 관》을 참고하면 좋겠다.

다음으로 지장보살은 석가모니 열반 후부터 미 륵보살이 새로운 부처가 되기 전까지 부처를 대신 하여 이 세상의 중생을 구제하는 보살로서 머리를 깎은 승려 모습으로 표현된다. 무엇보다 지장보살 은 지옥에 떨어진 중생들을 구제하기 위해 노력 중 인데, 이를 위해 성불하여 부처가 될 수 있음에도 일부러 보살로 지낸다고 한다. 놀랍게도 지옥의 고 통을 받으며 괴로워하는 중생들 모두가 빠짐없이 성불하기 전까지 자신도 결코 성불하지 않겠다고 맹세했다고 한다.

흥미로운 부분은 지장보살에게 기도를 하면 설 사 죽어서 지옥에 떨어진 이도 천상에 태어날 수 있 다는 믿음으로 인해 조상에 대한 제사 문화가 남달 랐던 조선 시대에 들어와 특별히 더 사랑받는 보살 이 되었다는 점이다. 덕분에 그 유명하다는 관세음 보살마저 사찰에 따로 관세음보살을 위한 전각을 두고 모시는 경우가 의외로 드문 편이나, 지장보살을 모신 명부전(冥府殿), 지장전 등은 사찰 어디를 가든 쉽게 만날 수 있다. 이는 조선 시대 들어와 사찰마다 지장보살을 모신 전각이 생겨났기 때문이다.

마지막으로 관세음보살은 불교의 자비를 상징하며 현생의 어려움 해결부터 죽은 이의 극락 인도까지 도와주는 엄청나게 인기 있는 보살이다. 결국 1. 그림 아래 부분은 중생들의 고통을 도와주는 관세음보살과 지장보살이 2. 그 위로는 수미산을 중심으로 미륵과 여러 보살이 위치하며 3. 가장 위에는 부처의 세계가 묘사된 것이니, 이 또한 불교 세계관에 따라 치밀하게 부처와 보살을 배치한 결과물임을 알 수 있다. 특히 이 그림은 조선 전기 왕실에서 후원하던 불화를 계승하는 미감이 매력적인데, 그런 만큼 조선 전기 불화와 조선 후기 불화의 가교역할을 하고 있다고 해석하면 좋을 듯싶다.

김제남에게 사약을 내려 서소문(西小門) 안에서 죽게 하였다. 김제남이 사사당한 날에 그의 아내 노씨(盧氏)가 맨발로 대비가 거처하는 궁전의 담장 밖으로 가서 울부짖으면서 대비(인목왕후)의 어렸을 적 이름을 부르며 말하기를

"아무개야, 아무개야. 너의 아비를 죽이는데 어

찌하여 구해주지 않는단 말이냐."

라 하였는데, 듣는 사람들이 슬퍼하였다.

그러자 상(上, 광해군)이 노씨를 집에 가두라고
명하였다. 집안에는 아무것도 없고 노비 하나만을
데리고서 집을 부수어 끼니를 해먹었는데, 도성 사
람들 중에 더러 어둠을 틈타 쌀과 간장을 주는 사람
이 있어서 살아갈 수 있었다.

《조선왕조실록》 광해군 5년(1613) 6월 1일

아~ 맞다. 칠장사는 인조 반정으로 광해군이 쫓
겨나자 선조의 계비, 즉 인목왕후가 자신의 죽은 아
들 영창대군과 아버지 김제남을 위해 원찰로 삼은
사찰이라는 사실. 인목왕후는 광해군 시절 아버지
와 형제, 아들이 차례로 죽임을 당하는 등 엄청난
핍박을 받은 인물이었거든. 인조반정 직후 대비 신
분을 회복하여 인조의 왕위 계승과 광해군의 폐위
교서를 내림으로써 개인적인 복수는 갚았으나, 여
전히 허전했던 마음을 불심으로 채우고자 하였다.
그렇게 칠장사가 인목왕후에 의해 영창대군의 원찰
이 된 것은 괘불이 만들어지기 불과 수년 전 일이라
한다.

정업원과 비구니

　다시 궁중숭불도로 돌아와서 세종 시절 다섯 부처를 모신 내불당이 아니라면 과연 이 장소는 어디일까? 그림에 유독 여성들이 많이 등장하는 것을 주목하다보니, 이번에는 정업원이 떠오른다.

　정업원(淨業院)은 창경궁 북서쪽, 그러니까 지금의 중앙중학교 위치에 있었던 사찰이다. 고려 때부터 있던 사찰이었는데, 조선이 건국되면서 개성에서 한양으로 옮겨졌다. 무엇보다 이곳은 비구니 즉 여성 승려의 사찰로 유명했는데, 사찰 주지를 상당한 고위층의 여성들이 맡고 있었다. 당연하게도 주지인 만큼 머리를 깎고 비구니가 된 여성이라 하겠다.

　우선 태종 초반 시절까지는 고려 공민왕의 제 2 비였던 혜화궁주가 주지로 있었으며, 다음으로는 1차 왕자의 난 때 태종 이방원에 의해 죽임을 당한 조선의 첫 세자, 즉 이방석의 부인이자 폐세자빈인 심씨가 주지가 되었다. 그 다음은 정종의 부인인 정안왕후의 언니가 주지를 맡았다. 참고로 정종은 태종 이방원의 형이자 이성계 다음으로 왕에 올라 동생의 왕위 등극에 있어 징검다리 역할을 한 인물이다.

다음으로 세조 시절에는 단종의 비인 정순왕후가 출가하여 정업원 주지를 맡았다고 전하며, 성종 시절에는 세종대왕 서자인 수춘군의 부인이 주지가 되었다. 참~ 수춘군은 수양대군과 대립하며 단종을 지지했던 왕자다. 마지막으로 중종 때에는 연산군의 후궁 곽씨가 출가하여 정업원 주지를 맡았다고 한다. 물론 이외에도 더 많은 주지가 있었겠지만 기록에 등장하는 인물들을 중심으로 대략 정리해보았다.

정업원은 세조께서 특별히 명하여 중수(重修)하였고, 또 노비와 토지를 준 것은 불(佛),법(法),승(僧)을 옹호함이 지극하였기 때문이다. 토지의 세금 및 노비의 잡역을 일체 다 면제하여 주고 불공에만 전심하게 하라.

《조선왕조실록》 성종 3년(1472) 11월 19일

정업원은 궁궐 담벼락 옆에 있는데 범패(梵唄) 소리가 궁중에까지 들리니

《조선왕조실록》 성종 17년(1486) 12월 11일

이렇듯 왕실 여성, 그중에서도 한때 최고 권력 가까이에 있었던 인물들이 주로 정업원 주지를 맡았으며 이곳 승려들 역시 대부분 양반 출신의 여승으로 이루어져 있었다. 뿐만 아니라 조선 전기만 하더라도 왕실 여성이 승려가 되는 경우가 의외로 잦았다. 예를 들면 태조 이성계의 막내딸인 경순공주는 같은 어머니 뱃속에서 태어난 남동생 둘과 남편이 1차 왕자의 난 때 살해당하자 얼마 뒤 승려가 되었으며, 태종이 죽자 그를 따르던 후궁들 역시 대거 머리를 깎고 승려가 되었다. 마찬가지로 세종대왕이 돌아가시자 곧바로 세종의 후궁 10여 명이 출가하였으며 이런 분위기는 문종, 세조, 성종, 연산군 등의 후궁들도 마찬가지였다. 그런 만큼 정업원은 폐지와 재건을 반복하며 오랜 시간 이어져왔다.

　　한편 은퇴한 왕실 여성들은 정업원 외에도 궁궐 주변의 궁가에 머물기도 했는데, 예를 들면 의빈궁, 자수궁, 혜빈궁, 신빈궁, 수성궁, 창수궁, 정청궁, 인수궁 등이 그것이다. 선왕의 후궁들이 머문다 하여 격을 높여 궁이라 부른 것인데, 궁궐 법도에 따르면 왕이 죽으면 왕비를 제외한 나머지 후궁들은 궁궐 밖으로 나가 살아야 했기에 이들의 거처가 따로 필요했다.

이때 경복궁 · 창덕궁 · 영수궁(寧壽宮, =의빈궁)
에 숙위(宿衛)하는 군사가 단지 8백 92명뿐인데,

《조선왕조실록》 예종 즉위년(1468) 9월 23일

그럼에도 불구하고 어쨌든 궁이라는 이름이 붙
여진 만큼 궁궐에 살 때에 비하면 확 줄어들기는 했
지만 여전히 여러 물자가 지원되었다. 오죽하면 궁
궐에서 숙직을 하며 지키는 숙위군까지 궁가에 배
치되었고, 노비와 궁녀, 내시 등도 궁궐 때와 마찬
가지로 함께했을 정도라고 한다. 선왕의 후궁들은
그렇게 남은 일생을 부처에 의존하며 사는 경우가
대부분이었으며, 자연스럽게 유교 가치관으로 무장
한 신료들의 비판 대상이 되기도 했다.

신(臣) 등이 든건대 지난 달 15일에 자수궁(慈壽
宮)에서 불사를 크게 일으키니, 관청에서 장막을 설
치하고 도로를 닦았으며, 내명부의 여러 궁녀들과
종친의 부녀들이 앞을 다투어 가서 참석하였다고
합니다. 더구나 자수궁은 다름 아닌 선왕의 후궁 처
소이니, 정업원과 달리 궁중이라 할 수 있습니다. 그
럼에도 불구하고 법회를 널리 베풀어 부녀를 떼 지
어 모이게 하고, 민가를 시끄럽게 하여 사람들을 놀
라게 함이 옳겠습니까?

'수성구지도(壽城舊址圖)', 정선. 18세기에 인왕산을 배경으로 과거 궁가인 수성궁과 자수궁이 있었던 장소를 그림으로 그렸다.

《조선왕조실록》 성종 25년(1494) 10월 9일

　　위 기록을 통해 정업원뿐만 아니라 여러 궁가에 서도 때때로 왕실 여성들을 중심으로 많은 여성들 이 모여 불사를 벌였음을 알 수 있다. 이러한 상황 이 계속 이어지면서 궁가들은 가면 갈수록 불사를 위한 공간, 사실상 비구니 사찰처럼 운영되기에 이 른다. 이처럼 조선 전기만 하더라도 한양 도성 안으 로 비구니 사찰이 여럿 존재했음을 알 수 있다.

그렇게 비구니 사찰마다 신분이 높은 선왕의 후궁이나 양반가 여성들이 승려로 있는 데다 때때로 왕실의 최고 웃어른인 대비가 적극적으로 이곳 불사를 지원하였기에, 연산군 후반부터 중종 중반까지 불교에 대한 테러가 횡행하던 시대를 제외하면 신하는커녕 왕마저도 이곳을 함부로 건드릴 수 없었다. 예를 들면 세조의 부인이자 조선에서 첫 수렴청정을 한 정희왕후, 세조의 며느리이자 인수대비로 잘 알려진 소혜왕후, 중종의 어머니였던 정현왕후, 중종의 계비이자 명종시절 수렴청정으로 유명한 문정왕후 등이 그들이다. 가만 보니 조선 전기 시절 대비들이 하나같이 불교에 남다른 관심과 지원을 아끼지 않은 인물들이었구나.

상(上, 현종)이 이에 도성 내 자수궁과 수성궁의 혁파를 명하고 40세 이하의 비구니는 모두 환속시켜 시집보내도록 하고, 그 나머지 늙어서 돌아갈 곳이 없는 자들은 모두 도성 밖 비구니 사찰로 내보냈으며, 나이가 넘은 사람도 환속하려는 자는 허락하라고 하였다. 또 예관에게 명하여 자수궁에 가서 열성(列聖, 역대 왕)의 위판을 모셔 내다 봉은사(奉恩寺)의 예에 따라 바로 정결한 곳에 파묻게 하였다.

《조선왕조실록》 현종 2년(1661) 1월 5일

하지만 정업원은 임진왜란 이후 어느 시점부터 완전히 폐사되었으며 얼마 뒤 사실상 비구니 사찰 역할을 하던 궁가마저 폐지되었다. 대신 궁을 나온 후궁들은 자식의 집에서 살거나 따로 저택을 만들어 지내도록 하였다. 이때부터 비로소 한양 도성 안에 사찰이 존재하지 않은 시대가 열린 것이다. 약 250년 뒤인 1910년 5월, 종로 한가운데에 조계사가 생기기 전까지.

여기까지 살펴보았듯 궁중숭불도는 왕이 살던 궁궐이 아닌 정업원 또는 사실상 사찰 역할을 하던 궁가 중 한 곳을 그린 것이 아닐까 싶다. 무엇보다 문 안으로 들어서면 유독 여성들이 대부분인 데다 왕의 위패가 모셔진 장면, 궁궐 형식으로 지어진 여러 건축물 등으로 미루어 봤을 때 말이지. 방금 본 기록처럼 한때 궁가와 왕실 사찰에는 왕의 위판 = 위패가 함께했었거든.

특히 조선 전기에 그려진 왕실 후원 불화 중 상당수는 도성 내 비구니 사찰의 불사와 함께 그려지곤 했었다. 이는 왕실 여인들의 불교에 대한 믿음이 상당했기 때문으로 오죽하면 현재 남아 있는 조선 전기 불화의 상당수가 왕실 여인의 적극적인 후원으로 그려진 것이니까. 덕분에 한때 한양 도성 내 여러 비구니 사찰마다 화려하고 장엄한 불화로 가득했겠지. 임진왜란으로 인해 사찰이 불타며 이들 불화 중 상당수가 사라지거나 일본으로 약탈되는 바람에 현재 한반도에서는 조선 전기 불화를 거의 볼 수 없다는 점이 안타까울 뿐이다.

문정왕후의 불화

비단 위에 금선으로 그려진 작품을 감상한다. 대좌 위에는 석가모니가 앉아 있다. 오른손은 땅을 향해 + 왼손은 참선하는 모습 = 항마촉지인. 팔상도에서 이야기했듯 항마촉지인은 석가모니를 상징하는 포즈다.

그렇다면 그림 제목인 '영산회도'는 무슨 의미일까? 깨달음을 얻고 40여 년간 설법을 하던 석가모니가 어느 날 영축산(靈鷲山)에서 법회(法會)를 열었다고 하여, 이를 줄여서 영산회(靈山會) 또는 영산회상(靈山會上)이라 한다. 그 뒤에다 그림을 뜻하는 도(圖)를 더하면 '영산회도' 또는 '영산회상도'가 되니, 영축산에서 석가모니가 법회를 하는 장면을 그렸다는 의미다.

이때 영축산에서 석가모니가 설법한 내용을 바탕으로 만들어진 경전인 〈묘법연화경(妙法蓮華經)〉은 대승불교의 삼대 경전 중 하나이다. 줄여서 〈법화경〉이라고도 부르지. 나머지 두 권의 경전은 〈화엄경〉과 〈금강경〉이다. 어릴 적에 할머니로부터 〈묘법연화경〉을 선물받아 매일같이 소리 내어 읽었던 기억이 나는걸.

다시 그림으로 돌아와서 여러 보살과 제자들이 석가모니 설법을 듣고자 영축산에 모였는데, 석가모니 바로 아래로는 협시보살로서 오른쪽에 문수보살, 왼쪽에 보현보살이 서 있으며, 가장 아래에는 장군 옷을 입은 채 불법을 수호하는 사천왕(四天王), 가장 위로는 팔부중(八部衆)이라 하여 마찬가지로 불법을 수호하는 여덟 신이 배치되어 있다. 석가모니 주변으로는 여덟 보살과 열 명의 제자가 둘러싸고 있다. 이때 보살은 화려한 보관을 쓰고 있는 반면 제자는 머리를 깎은 승려의 모습으로 표현되어 있어 구별하기 편하다.

참~ 사찰에 가서 대웅전을 포함한 석가모니를 모신 전각에 들렀을 때 석가모니 불상 뒤로 걸려 있는 불화를 살펴보면 열에 다섯, 여섯은 '영산회도'라는 사실. 그만큼 자주 볼 수 있는 불화이니 이번 기회에 그림 디자인을 잘 파악해두면 어떨까? 앞으로 사찰을 방문하여 부처 주위로 보살과 제자들이 가득하면 그 제목을 단번에 이야기할 수 있을 듯하다. 이와 유사한 개념으로 아미타불 불상 뒤에 배치되는 불화는 '아미타불회도', 약사불 불상 뒤에 배치되는 불화는 '약사불회도'라 부르는데, 이 또한

부처 주위로 보살과 제자들이 가득한 방식으로 아미타불이 법회하는 장면 또는 약사불이 법회하는 장면을 그렸다. 물론 '비로자나불회도'도 있다.

그림 가장 아래에는 글이 있으니, 1560년에 성렬인명대왕대비(聖烈仁明大王大妃)가 임금과 본인의 무병장수를 빌고 왕실의 후사가 이어지길 바라며 그림을 조성했다는 내용이다. 여기서 성렬인명대왕대비는 문정왕후를 말한다. 그렇다면 당시 임금은 명종이 되겠구나. 참고로 중종의 계비였던 문정왕후는 아들 명종이 12살이라는 어린 나이에 왕이 되자 수렴청정을 하였는데, 역대 대비들과 달리 수렴청정이 끝난 뒤에도 상당한 발언권을 지닌 채 국정에 종종 개입했다. 주로 불교 관련 일에 큰 관심을 보였지. 그 정도를 말하자면 조선 역사에 있어 단순히 왕 또는 왕실 사람들이 불교에 큰 관심을 두었다 정도의 차원이 아닌 세조처럼 아예 국가적인 차원에서 불교를 적극 지원한 마지막 시기가 바로 문정왕후 때였다.

마침 바로 옆에 문정왕후가 발원한 작품이 또 있구나. 제목은 '석가여래삼존도'로서 항마촉지인을 한 석가모니와 협시 보살로 문수보살, 보현보살이 함께하고 있다. 이처럼 여러 보살과 제자 없이 단순히 부처 + 협시 보살 형식으로 그려졌다면 소위 삼

'석가여래삼존도', 1565년, 메트로폴리탄 미술관.
ⒸPark Jongmoo

존도(三尊圖)라고 부른다. 석가모니가 주인공이면 석가삼존도, 아미타불이 주인공이면 아미타삼존도, 약사불이 주인공이면 약사삼존도. 당연하게도 비로자나삼존도도 있다. 한편 석가모니를 모신 전각 중 약 20%만이 석가모니 불상 뒤에 석가삼존도를 배치하고 있는데 이는 조선 후기 들어와 임진왜란으로 훼손된 사찰을 복원하는 과정에서 석가삼존도 대신 영산회도를 더 많이 배치하다 보니 어느 순간부터 비율이 그리된 듯하다.

이번 그림에도 마찬가지로 금으로 글이 적혀 있는데, 1565년이 되자 문정왕후는 임금의 건강과 왕손 탄생을 기원하여 이번에는 석가모니, 미륵불, 약사불, 아미타불을 주인공으로 삼은 불화를 각각 100폭씩 총 400폭을 조성하도록 했으며, 이때 100폭 중 50폭은 금니로 50폭은 채색화로 그리도록 했다는 것이 주된 내용이다. 즉 위 그림은 당시 채색화로 그려진 석가모니 불화였던 것. 아쉽게도 현재는 400점 불화 중 겨우 6점 정도만 남아 전해지는 중이다.

응? 갑자기 1560년에 그려진 '영산회도' 그리고 1565년에 그려진 석가여래삼존도 사이에 과연 무슨 일이 있었는지 궁금해지는걸. 1565년 들어와 무려 400점의 불화를 한꺼번에 그리도록 한 이유가 분명 있을 테니까.

조선전기 국왕들은 단종을 제외하면 대부분 여러 자식을 낳았다. 그러나 명종은 무려 20년 넘게 왕을 지냈음에도 불과 한 명, 즉 외아들로 순회세자만 두고 있었다. 이에 따라 1560년 불화에는 단순히 왕실의 후사가 더 이어지길 바라는 기도를 담았을 뿐이나, 순회세자가 1563년 12세의 나이로 죽으면서 왕실에 큰 비상이 걸렸다. 태조 이성계부터 적통으로만 이어지던 왕가 계보가 이대로 끊어질 위기였으니까.

이에 문정왕후는 1565년 들어와 400점의 불화를 조성하는 큰 불사를 하여 왕자 탄생을 기원하였던 것이다. 그러나 허무하게도 불화가 조성된 직후 문정왕후는 죽었으며, 명종 또한 1567년 더 이상 자식을 낳지 못한 채 죽으면서 문정왕후의 DNA를 잇는 후손은 단절되고 말았다. 대신 명종은 아버지 중종의 서자이자 자신의 이복형인 덕흥군의 아들 중 하성군에게 왕위를 물려주었으니, 그가 다름 아닌 그 유명한 선조다. 조선 역사상 첫 방계 임금의 등장이다.

결국 문정왕후의 400점 불화 조성은 왕실 여성이 지원한 조선 시대 불사를 상징적으로 보여주는 장면이 아닐까 싶다. 여기까지 왕실 여성이 후원한 불화 소개와 더불어 조선 전기 비구니 사찰에 대한 이야기를 해보았다. 물론 전시에 출품된 작품이 워낙 많다보니 아직 언급하지 못한 작품이 훨씬 많지만, 어느덧 프리뷰 시간이 마무리되는 분위기인가봄. 리움으로 가는 셔틀버스가 곧 떠난다는 안내 방송이 호암미술관 내에 울려 퍼지는구나. 아쉬움을 뒤로 하고 버스를 향해 이동~ 오늘 미처 소개하지 못한 작품은 나중에 기회를 봐서 소개해야겠다.

효령대군과 불교

　버스는 용인을 지나 서울로 이동 중이다. 방금 옆으로 네이버 본사가 쓱 하고 지나간 듯. 독특하게도 초록색 형광등 같은 건물이라 어디서든 눈에 잘 띈다. 네이버 본사를 방금 지나간 만큼 약 25여 분 정도 뒤 리움에 도착할 듯하구나. 그럼 남은 시간 동안 불화를 하나 더 소개해볼까? 하하. 아무래도 버스 안에서 별로 할 일이 없는 데다 잠도 안 와서 말이지. 참고로 지금부터 이야기할 작품은 이번 호암미술관 전시에 출품된 작품은 아니다.

　교토 지온인(知恩院)이라는 사찰에는 조선 전기를 대표할 만한 거대한 크기의 불화가 두 점 전해지고 있는데, 이 중 하나가 '관경16관변상도(觀經十六觀變相圖)'이다. 관경16관변상도는 아미타불이 있는 서방극락세계를 상세히 묘사한 것으로 화려하고 장엄한 표현이 가히 일품이다. 그런데 이 작품을 후원한 인물이 다름 아닌 효령대군이라는 사실.

　효령대군은 우리에게 태종 이방원의 둘째 아들이자 세종대왕의 형으로 잘 알려져 있다. 그는 조선 건국 직후인 태조 5년(1396)에 태어나 정종, 태종, 세종, 문종, 단종, 세조, 예종, 성종 등 아홉 명의 왕을 거치면서 무려 91세까지 살았다. 당시 기준으로 볼 때 실로 엄청난 수명을 산 셈. 무엇보다 세종대왕의 형이었던 만큼 생전 왕의 가족이자 친인척, 나중에는 왕실의 가장 큰 어른으로서 남다른 존경과 대우를 받았다.

무엇보다 효령대군 하면 다음 일화로 유명하다.

효령대군이 회암사(檜巖寺)에서 불사를 하는데, 양녕대군이 들에 가서 사냥하여 잡은 새와 짐승을 절 안에서 구웠다. 효령대군이 말하기를,

"지금 불공을 드리는데, 이러면 안 되지 않소."

하니, 양녕대군이 말하기를,

"나는 살아서는 국왕(國王, 세종)의 형이 되어 부귀를 누리고, 죽어서는 또한 불자(佛者. 효령)의 형이 되어 보리(菩提, 깨달음)에 오를 터이니, 이 또한 즐겁지 아니한가."

하매, 효령대군이 할 말을 잃었다.

《조선왕조실록》 세종 28년(1446) 4월 23일

이처럼 효령대군과 세종대왕의 형이었던 양녕대군은 "나는 살아서는 국왕의 형이고 죽어서는 불자

'관경16관변상도', 이맹근, 1465년, 교토 지온인(知恩院) 소장. 효령대
군 발원으로 그림.

의 형이다."라는 희대의 명언을 남겼는데, 실제로도 효령대군은 당대 불자를 대표할 만큼 남다른 불교 후원으로 유명한 인물이었다.

어느 정도냐면 1408년 금강산 유점사 중창, 1429년 관악산 연주암 중창, 1430년 월출산 무위사와 만덕산 백련사 중창, 1434년 회암사 중건, 1435년 흥천사 수리, 1446년 오대산 월정사 중창, 1464년 원각사 창건 등이 그의 손에서 이루어진 일이다. 이외에도 수많은 불교 행사 및 불경 편찬, 번역, 교정 등에 참여했다. 나이 들어서는 겨우 무릎이나 움직일 수 있을 정도의 띳집[茅屋, 작은 초가집]을 짓고 춥거나 덥더라도 늘 거기에서 거처하며 불법에 귀의한 거사(居士)처럼 지냈을 정도.

이러한 효령대군의 불사 과정 중 그려진 작품이 바로 '관경16관변상도'이다. 이때 효령대군은 아버지 태종의 명복을 빌고자 영응대군의 부인 송씨, 그리고 성종의 형으로 잘 알려진 월산대군 등과 함께 후원하여 도화서 화원 이맹근에게 이 그림을 그리도록 하였다.

이 중 영응대군은 세종대왕과 소헌왕후 사이에 태어난 막내 대군으로서 세종대왕뿐만 아니라 동생과 약 20살 정도 나이 차가 난 형 문종과 세조까지 엄청나게 아꼈던 왕자였다. 재미있는 점은 그의 부인 송씨는 혼인 4년 만에 이혼했다가 세월이 흘러 다시 재결합한 상대였다는 사실. 한편 막내아들에 대한 지극한 사랑으로 세종대왕은 내탕금, 즉 임금의 개인 재산 중 진귀한 보물들을 모두 영응대군에게 주려다가 미처 실행에 옮기지 못하고 돌아가셨는데, 이를 유언으로 여겨 문종이 대신 내탕금 보물을 영응대군에게 다 주었다고 한다. 덕분에 엄청난 부자가 되었으나 본인은 검소하게 산 반면 재결합한 부인 송씨가 엄청난 재산을 바탕으로 남다른 불사를 하여 유명했다고 한다.

다음으로 월산대군은 성종의 형으로 잘 알려져 있지만, 이 그림이 그려질 때가 세조 시절이었던 만큼 당시만 하더라도 동생보다 서열이 위였던 시기다. 다만 아버지 의경세자가 1457년 20세의 나이로 죽어 삼촌이었던 해양대군이 세자가 되었기에 의경세자의 큰 아들이라는 신분으로 불사에 참여한 것이지. 물론 '관경16관변상도'가 그려질 당시 월산대군 나이가 불과 12살인지라 아무래도 월산대군보다 그의 어머니인 수빈(粹嬪), 즉 훗날에 인수대비로 잘 알려진 소혜왕후의 의지로 불사에 참여한 듯 보인다. 나름 의경세자 가문의 대표로서 월산대군의 이름을 올린 모양.

여기까지 살펴보았듯 효령대군은 자신보다 나이

가 어린 여러 왕실 사람들을 규합하여 해당 불화를 제작했음을 알 수 있다. 이런 방식의 불사는 비단 '관경16관변상도' 뿐만 아니라 다른 여러 불사에서 도 마찬가지였다. 그 과정에서 효령대군은 때로는 개인적으로, 또 때로는 왕실의 후원하에 당대 최고의 화가와 조각가, 공예가, 건축가 등을 동원하여 불교 미술을 제작하였으며, 덕분에 고려 불화를 계승하는 전통 미감에다가 + 중국의 새로운 미술 양식까지 적극적으로 수용한 세련된 궁정 불화 양식이 등장하게 된다. 이러한 신 양식은 이후 조선 전기 불교미술을 이끌어가는 구심점이자 원동력이 되었으니, 오늘 호암미술관에서 만난 '석가탄생도;, '석가출가도'를 필두로 여러 조선 전기 불화가 바로 그 결과물이라 하겠다.

그렇게 이번 호암미술관 전시 감상은 마지막으로 효령대군을 떠오르면서 마무리될 듯하다. 개인적으로 효령대군을 한반도 역사에 등장한 여러 인물들 중 손에 꼽힐 정도로 부러운 인생이라 생각한다. 운 좋게도 국력이 상승하는 평화 시기에 태어나 누구보다 오래 살면서 예술을 후원, 발전시키며 풍족한 물자와 엄청난 인맥이 보장된 왕족의 삶이라니. 게다가 마음 편하게 불가에 귀의까지 하였고. 허허, 참으로 부럽다. 부러워.

6. 봉은사와 인연 있는 사람들

광평대군

　오늘은 삼성서울병원 근처에 있는 광평대군 묘를 방문하였다. 광평대군은 세종대왕의 다섯 번째 아들이다. 내가 이곳을 방문한 이유는 나름 조선 전기 왕자의 묘를 원형 그대로 잘 보존하고 있는 장소이기 때문이다. 그런 만큼 언젠가 조선 왕릉을 주제로 한 책을 쓴다면 광평대군 묘를 왕자의 예로서 반드시 언급하지 않을까 싶어 미리 답사하러 왔다. 하하. 계획이 다 있구나. 물론 오늘이 첫 방문은 아니고 과거 기억을 더듬기 위한 재방문이다.

　우와~ 마치 조선 왕릉처럼 잘 관리되어 보기 참좋네. 다만 신분이 대군인 만큼 무덤의 위계가 능보다는 낮게 조성된 데다 주변으로 광평대군의 후손 700기 무덤이 함께하고 있다. 사실 광평대군은 불과 20살의 나이에 죽은 데다 자식도 오직 하나뿐이었는데, 그 하나뿐인 아들이 3명의 손자를 낳았고 그 손자들이 총 10명의 증손자를 낳는 등 시간이 지나면 지날수록 자손이 번성하는 가문이 된다. 다만 이건 먼 훗날의 이야기고 당시만 하더라도 광평대

군의 외아들인 영순군마저 27살이라는 젊은 나이에
죽었기에 광평대군 부인은 매우 힘든 시기를 보내
야 했다. 남편에 이어 외아들까지 일찍 죽었으니 얼
마나 슬펐을까.

> 광평대군 이여(李璵)가 죽자, 그 부인 신씨(申氏)
> 가 머리를 깎았고, 그 아들 영순군 이부(李溥)가 죽
> 자 그 부인 역시 그와 같이 하였으므로, 신 등이 일
> 찍이 이를 그윽이 괴이하게 여겼습니다. 근래에 광
> 평대군의 부인이 광평대군 부자(父子)를 위하여 사
> 찰을 세우고 영당(影堂)이라 일컫고, 갖고 있던 토지
> 와 노비의 반을 시주하니, 토지가 모두 70여 결(結)
> 이고 노비가 모두 9백 30여 구(口)이었으나, 지금은
> 1천여 구(口)가 넘습니다.

《조선왕조실록》 성종 2년(1471) 9월 14일

그렇게 광평대군 부인과 영순군의 부인, 즉 시어
머니와 며느리는 불교에 귀의하여 머리를 깎고 비
구니가 된 채 재산 중 절반을 시주해서 남편의 묘
옆에 사찰을 세웠다. 사찰 이름은 견성사(見性寺)
로, 깨달음을 얻어 자신의 본성(性)을 본다(見)는 심
오한 뜻이다.

게다가 1464년 기록인 김수온의 '견성암영웅기'

에 따르면 견성사는 "해마다 승려 300~400명을 모시고, 아침저녁으로 광평대군의 영혼을 천도하여 정토에 태어나기를 발원하였다."라 할 정도로 엄청난 불심이 발현된 장소였다. 뿐만 아니라 이곳에서 세종대왕과 소헌왕후를 위한 법회를 열자 세종대왕의 아들, 딸, 며느리와 함께 1000여 명이 참여했다고 하니, 이렇듯 왕족 후원 사찰로서 엄청난 위세를 보여주었다.

문제는 유교 국가인 조선에서 대군의 부인이 며느리와 함께 승려 300~400명이 머무는 사찰을 대놓고 당당하게 운영하고 있었다는 점이다. 그런 만큼 조정 신료들은 신씨를 처벌해야 한다고 강력히 주장했으나 왕과 왕실의 비호로 별 다른 제재 없이 어영부영 넘어갔다.

신이 일찍이 경성 근처의 모든 산을 두루 보았사온데, 태조의 건원릉·문종의 현릉이라 할지라도 다 광평대군의 묘보다는 못합니다. 비록 영순군(아들)·회원군(손자)은 일찍 죽었으나, 그 자손에는 번성한 집이 많습니다. 설사 대군의 묘를 가벼이 파내서는 안 된다 하더라도 임금과 비교할 수 없습니다.

《조선왕조실록》 연산군일기 1년(1495) 1월 10일

그러던 어느 날 성종이 죽고 능의 위치가 광평대
군 묘역으로 결정되는 일이 벌어진다. 대군이 아무
리 높은 신분일지라도 왕보다는 아래인 만큼 어쩔
수 없이 광평대군 묘는 이곳, 삼성서울병원 근처로
이장되었다. 그러니까 현재 성종의 능, 그러니까 선
릉이 본래 광평대군 묘였다는 말이다.

성종께서 본시 불교를 좋아하지 않은 것은 전하
(연산군)께서도 친히 보신 바인데, 승하하신 처음에
재를 베풀어 부처에 공양한 것은 성상의 효성을 무
너뜨린 것입니다. 견성사는 오래된 사찰입니다. 그
래도 능침 안에 높다랗게 남아 있어서는 안 되며, 아
침 종과 저녁 북이 원침(園寢)을 진동하는 것도 역시
고요함을 숭상하는 도가 아니온데, 지금 또 크게 토
목 공사를 일으켜서 새 절을 창건하려 하시니, 선왕
의 유지에 어찌하며, 성상의 효성에 어찌하렵니까.
이는 비록 대비(大妃)의 명령이라 할지라도, 전하께
서 만약 성심으로써 간하시면 대비께서도 어찌 차
마 성종의 뜻을 위배하여 전하를 불효의 지경으로
빠지게 하겠습니까.

《조선왕조실록》 연산군일기 3년(1497) 7월 18일

봉은사에 봉선사(奉先寺)의 전례를 따라 왕패(王
牌)를 준 것은 자순왕대비(慈順王大妃, 정현왕후)의
명에 의한 것이요, 나(연산군)의 본디의 뜻은 아니
다.

《조선왕조실록》 연산군일기 7년(1501) 3월 17일

한편 견성사는 성종의 능이 조성되자 이번에는
왕릉을 위한 능침사가 되었다. 대군의 원찰에서 왕
의 원찰로 격이 크게 상승한 것이다. 다만 이 과정
에서 선릉 동쪽으로 조금 이동한 후 견성사에서 봉
은사로 이름이 바뀐다. 그렇다. 우리에게 익숙한 서
울을 대표하는 사찰, 봉은사는 이렇게 등장하였다.
왕릉을 보호하는 능침사가 된 만큼 대비의 지원
으로 사찰은 더 큰 규모로 중건되었으며 왕패(王牌)
라 하여 임금이 노비와 토지를 주었다는 문서까지
봉은사에 내려졌다. 이때 언급된 대비는 중종의 어
머니인 정현왕후다. 조선을 대표하는 성군이었던
남편 성종이 37살이라는 한창의 나이에 죽자 능 옆
의 사찰을 더 크게 확장하여 명복을 빌고자 한 것이
지. 물론 연산군의 친모는 아니나 어쨌든 법적으로
는 성종의 계비였던 만큼 연산군의 의붓어머니이자
대비의 신분이었다. 세월이 흘러 정현왕후는 69세
의 나이로 죽은 후 성종 옆에 함께 묻힌다.

    흥미로운 점은 임진왜란 때 선릉이 일본군에 의해 파헤쳐지면서 성종과 정현왕후의 시신은 불타 사라진 반면, 이장한 광평대군 묘는 이후로 더욱 번성한 후손과 함께 잘 관리되어 지금까지 이어지고 있다는 점이다. 결국 광평대군 묘의 이장은 오히려 신의 한수가 된 것인가? 세상일은 참으로 알 수 없다는 것을 이번 사건으로 다시 한 번 느낄 수 있다. 얼마 전 영화 '파묘'를 보고 나니, 개인적으로 이런 내용으로도 책을 하나 쓸 수 있을 것 같구나. 하하.

    음. 이야기가 이렇게 진행된 김에 오랜 만에 봉은사나 가봐야겠군. 마침 광평대군 묘 근처에서 버스를 타면 환승 없이 단번에 갈 수가 있거든.

도첩제와 승과

버스를 탔으니 약 30분 정도 후면 봉은사에 도착할 듯하다. 그럼 이동하는 동안 견성사에서 봉은사로 이름이 변경된 이후의 이야기를 이어가볼까?

조선 시대 불교 탄압은 연산군과 중종 시절이 절정이었다. 태조 이성계가 세운 흥천사, 흥덕사 그리고 세조가 세운 원각사가 폐사되었고, 이 과정에서 도첩제와 승과 또한 폐지되었다. 뿐만 아니라 세종 이후부터 선교, 교종 이렇게 두 개의 종파로 운영하던 불교 시스템마저 폐지되었다.

참고로 1. 도첩제는 국가가 공인한 승려 자격으로, 해당 신분 증서가 있어야 국가가 공인한 승려가 될 수 있었다. 이런 도첩제를 폐지한다는 것은 공인된 승려를 더 이상 배출하지 않겠다는 의미다.

다음으로 2. 승과는 국가가 공인한 승려, 즉 도첩을 가진 승려 중에서 과거 시험처럼 시험으로 고위 승려를 뽑는 제도였다. 이에 따라 선종 30명 + 교종 30명 = 총 60명이 승과를 통해 배출되었는데, 약 14만 명에 이르던 조선 전기 승려 인구 중에서도 승과 합격생은 매우 극소수였던 만큼 소위 엘리트 승려라 하겠다. 오죽하면 이들이 환속하면 승직 품계에 준해서 높은 관직을 줄 정도였다.

승려의 선발 시험을 문과(文科)·무과(武科)의 예와 같이 3년에 한 번씩 행하며, 예조낭관(禮曹郎官)이 맡아서 이 선발에 합격하는 자는 대선(大禪)이 되고 중덕(中德)이 되면 주지가 됩니다.

《조선왕조실록》 성종 9년(1478) 8월 4일

그렇게 승과에 합격하면 대선(大禪)이라는 승계를 받게 되며 → 다음으로 중덕(中德)으로 승진하면 사찰의 주지도 될 수 있었다. 이 위로는 선종은 선사(禪師) → 대선사(大禪師) → 도대선사(都大禪師) 순으로 승진하였고, 교종은 대덕(大德) → 대사(大師) → 도대사(都大師) 순으로 승진하였다. 쉽게 말해서 승과에 합격한 승려만 사찰의 주지와 그 위에 있는 여러 높은 지위까지 올라갈 수 있었는데, 이를 폐지했던 것이다.

승려들의 뿌리는 봉선사(奉先寺)와 봉은사(奉恩寺)입니다. 전하께서 여러 번 절을 철거하라는 명을 내리셨지만, 승려들은 오히려 이 두 사찰을 가리키며 "저 두 사찰이 아직 그대로 있으니 우리들은 걱정할 것 없다."고 하였습니다. 그렇다면 이 두 사찰을 철거하지 않고 다른 사찰을 철거하는 것은 뿌리에다 물을 주면서 가지를 자르는 것과 같으니, 승려들을 근절시키려 한들 될 수 있겠습니까.

《조선왕조실록》 중종 34년(1539) 6월 3일

여기서 더 나아가 유교 사상으로 무장한 신하들은 봉선사와 봉은사마저 폐사하는 것을 최종 목표로 삼았다. 봉선사는 현재 남양주에 위치한 세조 능인 광릉의 원찰이며, 마찬가지로 봉은사는 성종의 능인 선릉의 원찰이다. 이렇게 중요한 의미를 지닌 사찰까지 폐사시킨다면 조선 땅에서 불교가 더 이상 유지되기 힘들다고 여긴 모양이다. 반면 승려들은 지금이 아무리 어려운 시기일지라도 봉선사와 봉은사만 잘 버텨준다면 언젠가 기회가 다시 올 것이라 여겼다.

결국 봉선사와 봉은사는 왕릉, 그것도 세조와 성종 같은 조선 왕계에 있어 중요한 위치에 있는 임금의 능침사 겸 원찰이었기에 유학자들의 폐사 계획은 실패로 돌아갔으며, 도리어 얼마 뒤 불교계가 바라던 좋은 기회가 두 사찰을 통해 오게 된다.

문정왕후와 봉은사

버스에서 내려 약 300m 정도 걸어가니 봉은사 앞이다. 오호라. 사찰 입구부터 외국인이 엄청 많이 보이네. 특히 요즘 들어 번화한 도심 속 사찰이자 관광지로서 이곳이 엄청난 인기를 누리는 듯하다. 코엑스라는 현대적인 쇼핑 복합 시설 바로 옆에 전통사찰이 있다보니 왠지 이색적인 분위기가 연출된 다고나 할까. 우리야 익숙하니 그런가보다 하고 넘어갈지 모르나 외국인의 경우 이런 분위기에 대한 만족도가 매우 높다고 한다. 전통과 현대가 함께하는 분위기라서 말이지. 물론 사찰이 먼저 있었고 나중에 코엑스가 생긴 거지만.

대웅전이 있는 사찰 중심 구역에 들어서자 여기도 역시나 한국인보다 외국인이 더 많이 보인다. 아무래도 국내 사찰 중 조계사와 더불어 외국인이 가장 많이 방문하는 곳이 아닐까 싶군.

신발을 벗고 대웅전에 들어가니, 보물로 지정된 '목조석가여래삼불좌상'이 중앙에 모셔져 있다. 17세기 중후반에 조성된 불상들로 가운데는 석가모

니, 왼쪽에는 아미타불, 오른쪽에는 약사불이 함께
하고 있고 있다. 이런 형식을 삼세불(三世佛)이라
부른다. 부처는 하나가 아닌 여러 세상마다 존재함
을 표현한 것이다. 불상 뒤의 불화는 1892년 작품으
로, 가운데는 석가모니, 왼쪽에는 아미타불, 오른쪽
에는 약사불이 그려진 '삼세불도(三世佛圖)'다. 오
늘따라 왠지 그림 곳곳에 표현된 붉은 색이 나의 눈
을 사로잡는구나. 솔직히 내가 좋아하는 색이 붉은
색이기는 함.

　간단히 부처님께 3배를 하고 불전함에 1000원을
넣은 후 나왔다. 대웅전 안에는 그래도 외국인이
거의 없고 기도하는 신도들이 많이 있네. 얼마 전
방문한 조계사 대웅전에서는 외국인이 부처님께
절을 하고 있어 깜짝 놀랐었다. 참 흥미로운 모습
이었다.

　대웅전 밖으로 나와 주변을 걷다보니, 코엑스를
포함한 높다란 강남의 건물들이 보인다. 이러한 현
대적 건물이 주변 배경이 되어 사찰과 함께하고 있
다니, 매번 알면서 보지만 오늘도 참 멋지구나. 마
치 무릉도원에 들어와서 바깥세상을 관조하는 느낌
이랄까?

　하늘이 큰 절을 열어 긴 강가에 기대어 놓았는데

봉은사 '삼세불' 과 '삼세불도' . 사진 게티이미지

(天開巨刹倚長江)

　　전각은 영롱하여 세상에 필적할 데가 없어라.(棟
宇玲瓏世少雙)

　　흰 밀랍 녹인 촛불 단 위에서 타오르고(白蠟融成
壇上燭)

　　붉은 비단 깃발이 좌탑에 드리웠네.(紅羅翦作榻
前幢)

　　먼 곳에서 죽통으로 샘물을 끌어오니 마를 날 없
고(筒泉引遠源無渴)

　　처마 끝 풍경은 가는 바람에 절로 울려 퍼지
네.(鐸風微響自撞)

　　한참을 앉으니 스님이 찻잔에 물을 붓는데(坐久
居僧添茗椀)

　　저물녘 솔 그림자 선방에 떨어지네.(夕陽松影落
禪)

〈허백당집(虛白堂集) 〉중 봉은사, 성현, 1500년

　　이는 연산군 시절 공조판서였던 성현이 배를 타
고 한강을 건너 봉은사에 들러 남긴 시다. 당시에도
한강 근처에 위치한 봉은사는 도성 안의 번잡함에
서 벗어난 무릉도원 같은 이미지를 지니고 있었나
보다. 다만 성현의 시에서 언급된 봉은사는 이곳이
아니라는 사실. 1498년 성종의 능, 그러니까 선릉을

도심 속 사찰을 대표하는 봉은사. 사진 게티이미지

조성하면서 동쪽으로 조금 옮겨졌던 봉은사는 1562
년 다시 한 번 더 이전하여 지금의 이 자리에 자리
잡았다. 즉 성현은 1498년 옮겨진 봉은사를 방문했
던 것이다. 그런데 왜 한 번 더 사찰을 옮겼을까? 이
는 다 문정왕후의 원대한 계획 때문이었다.

　형인 연산군이 반정으로 쫓겨나고 왕에 오른 중
종은 단경왕후 → 장경왕후 → 문정왕후 이렇게 세
명의 왕비를 두었다. 이 중 단경왕후는 아버지가 연
산군의 처남이자 부역자라 하여 반정 세력에 의해
강제로 쫓겨났고, 장경왕후는 중종의 후궁에서 왕

비로 올라 세자를 낳았으나 산후병으로 곧 숨을 거
둔다. 이에 중종은 다시 왕비를 들였는데 그가 바로
문정왕후다. 연달아 3명의 공주만 낳은 문정왕후는
당시 기준으로 34살이라는 꽤 늦은 나이에 그토록
원하던 왕자를 낳게 된다. 세자와 나이 차가 꽤 나
는 경원대군이 탄생한 것이다.

　이후로 문정왕후는 자신의 아들인 경원대군을
왕으로 만들고자 부단히 노력했는데, 이게 웬걸? 남
편 중종이 죽고 나서 왕이 된 세자가 즉위한지 불과
8개월 만에 30살의 젊은 나이로 세상을 떠나는 일
이 벌어진 것이 아닌가? 덕분에 1545년 경원대군이
불과 11살의 나이로 즉위하게 된다. 그러자 왕의 나
이가 아직 어린 관계로 어머니인 문정왕후가 수렴
청정을 하였는데, 아들이 성인이 되어 수렴청정을
끝냈음에도 정치에 적극 관여했기에 사실상 약 20
여 년간 문정왕후의 시대였던 셈이다.

　명종 17년(1562)에 정릉을 광주(廣州, 지금의 서
울 강남)로 옮겼는데, 지세가 낮아서 흙으로 메우는
공사 비용이 여러 만 냥에 이르렀다. 중종은 처음 고
양에 장사하여 장경왕후의 희릉과 동영(同塋)에 모
셨는데, 윤원형이 문정왕후를 힘써 도와서 한강 근
처의 습기가 많은 곳으로 옮기게 하니, 사람들이 모

두 놀라고 분개하면서도 감히 말하지 못하였다. 세
상에 전하는 말이, "능을 옮길 때 구덩이로부터 곡
성이 났는데 일하는 사람 중에 안 들은 자가 없다."
고 하더니, 이듬해에 순회세자(順懷世子)가 죽고, 2
년 뒤에 문정왕후가 승하하고, 또 2년 뒤에는 명종
이 승하하니, 사람들이 능을 옮긴 탓이라고 말하였
다. 임진년에 이르러 정릉이 왜적들의 발굴을 당하
였으니 신민들의 통분을 어찌 모두 말할 수 있으랴.

《연려실기술》, 이긍익(李肯翊)

　　권력을 잡은 문정왕후는 남편 중종이 두 번째 왕
비 장경왕후가 묻힌 희릉 근처에 잠들어 있는 것을
갈수록 탐탁지 않게 여겼다. 이에 따라 신하들과 여
론의 엄청난 반대를 무릅쓰고 중종의 능이 길지가
아니라는 이유를 들어 성종의 능인 선릉 동쪽으로
옮겨버렸다. 문제는 새롭게 중종의 능이 조성되는
장소에는 1498년에 이전한 봉은사가 있었다는 점.
이에 따라 봉은사를 동북쪽으로 1㎞ 정도 떨어진
곳으로 옮겨서 다시 짓도록 하였다. 바로 지금의 봉
은사 자리가 이곳이다. 그러곤 봉은사를 중종의 능
침사로 삼았다.

　　능침을 옮기는 것은 중대한 일이므로 부득이한

경우가 아니면 쉽사리 거행할 수 없는 것이다. - 중략 - 이번에 능을 옮기자는 의논은 성렬대비(聖烈大妃, 문정왕후)의 뜻이었으니 대개 장경왕후(章敬王后)와 같은 경내에서 무덤을 함께하지 않으려고 한 것이다. 비록 옛 능의 위치가 풍수지리에 좋지 못하여 옮긴다고 핑계하였지만, 사실은 신후지계(身後之計, 죽은 뒤의 계획)를 한 것이다. 요승(妖僧) 보우(普雨)가 은밀히 그 계획을 도와 지리를 아는 중을 시켜 봉은사 곁에 자리를 정하게 하였으니, 이는 보우가 이 사찰에 주지로 있으면서 저들의 소굴을 튼튼히 하려고 한 짓이다.

《조선왕조실록》 명종 17년(1562) 9월 4일

오죽하면 당시에도 사람들은 문정왕후의 신후지계, 즉 대비가 죽은 후 남편이 두 번째 왕비가 아닌 자신과 함께하도록 계획을 펼친 것이라 생각했다. 뿐만 아니라 이런 계획을 당시 봉은사 주지였던 보우가 도운 것으로 보았으며 그 이유는 다름 아닌 봉은사의 위상을 더욱 높이기 위함이라 여겼다. 이로써 한 명의 왕이 아닌 두 명의 왕을 모시는 능침사가 되는 것이니까. 그러나 엉뚱하게도 문정왕후는 죽은 후 자신의 원대한 계획과 달리 아들 명종의 뜻에 따라 남편이 묻힌 곳에서 북쪽으로 14㎞나 떨어

진 태릉(泰陵)에 묻혔으니. 그것 참, 황당하구나. 조
선판 마마보이였던 명종의 마지막 반항이었을까?

보우

봉은사 종루에 들르니, 저녁 예불 시간인지 스님 한 분이 종과 북을 치고 있다. 규모가 큰 사찰에서는 새벽 예불과 저녁 예불마다 시간을 알리기 위해 스님이 직접 종과 북을 치곤 한다. 한편 종루 안에는 범종과 법고, 운판, 목어 등이 배치되어 있는데, 이 중 범종은 지옥의 중생을 제도하고 법고는 가축이나 짐승을 제도하며, 운판은 새의 영혼을 제도하고 목어는 물고기들의 영혼을 제도한다는 의미를 가지고 있다.

종과 북소리가 힘차게 울리자 멋진 행사가 시작된다고 생각했는지 외국인을 포함한 여러 관람객들이 하나둘 종루 앞에 모여 감상하고 있다. 나도 모여든 30여 명의 사람들과 함께 잠시 종과 북소리를 감상한다. 마치 스님의 단독 콘서트 같은 분위기. 도심에서 울리는 종과 북이라니, 산속의 사찰과는 또 다른 운치가 느껴지는구나.

행사가 마무리된 후 다음 장소로 발걸음을 옮기다가 저 아래 위치한 봉은사 보우당이라는 건물을 바라본다. 꽤 큰 규모의 기와 건물로 2000년에 준공하였는데 주로 다양한 행사 및 어린이 법회가 개최된다고 하며, 내부에는 2013년 작품으로 가로 10m 세로 3m의 어마어마한 크기의 '관경16관변상도(觀經十六觀變相圖)'가 벽에 배치되어 있다. 얼마 전 호암미술관 전시를 보고 돌아오는 중 효령대군의 주도로 그려진 조선 전기 '관경16관변상도'를 이야기한 적이 있는데, 이와 마찬가지로 21세기 현대적 감각이 더해져 극락과 아미타불을 묘사한 불화라 하겠다. 혹시 관심 있는 분은 보우당에 들러 꼭 확인하면 좋을 듯. 200여 년 뒤 보물로 지정될 수 있는 작품이라 여겨질 만큼 엄청난 공력이 들어간 작품이다.

그런데 보우당(普雨堂) 하니, 앞서 《조선왕조실록》에서 "요승 보우"라고 기록한 인물이 생각나는데, 그 인물이 맞다. 봉은사에서 보우를 기념하고자 만들었기에 보우당이라는 이름이 붙여진 것이다. 그는 유교 사상으로 무장한 유학자들의 눈으로 볼 때는 요승일지 모르나, 불교계에서 볼 때는 침체한 불교를 중흥시킨 영웅이었다. 한마디로 보는 각도에 따라 다르게 해석되는 인물이라 하겠다.

불교의 쇠퇴가 지금 극도에 달하였지만 승려들

의 숫자는 예전에 비해 가장 많으므로 막아 금지시
킬 방도를 시급히 강구하지 않을 수 없습니다.

《조선왕조실록》 중종 30년(1535) 7월 22일

근래에 불교가 매우 쇠퇴하였습니다만, 승려들
의 무리가 많아진 것은 불교를 숭배하던 때와 비교
하면 백 배도 넘습니다.

《조선왕조실록》 중종 31년(1536) 6월 16일

연산군 후반부터 중종 때까지 얼마나 강력하게
압박하였는지 어느덧 신하들마저 불교가 예전에 비
해 쇠퇴했다고 여길 만큼 흡족한 분위기가 만들어
졌다. 이는 전국의 사찰이 재정 악화 또는 유생들의
테러로 폐사하는 일이 빈번해지면서 벌어진 결과였
다. 그러나 사찰 폐사와 반비례하여 승려들의 숫자
는 더욱 크게 늘어나고 있었으니, 어찌된 것일까?
도첩제까지 폐지하여 공인된 승려를 아예 배출하지
못하도록 했는데도 말이다.

승려들이 점차 불어나는 것이 숭불하던 때보다
심합니다. 양인과 천인이 부역과 군역을 피해 도망
하여 날로 승려가 되는데 군액이 줄어드는 것이 이
때문이니, 실로 작은 일이 아닙니다.

그 이유는 다름 아닌 많은 사람들이 부역과 군역을 피해 승려가 되는 경우가 늘어났기 때문이다. 조선 전기만 하더라도 16~60세 남자의 노동력을 무상으로 징발하는 제도가 강력하게 운영 중이었으니, 이를 부역과 군역이라고 한다. 요즘 식으로 보자면 국방의 의무라 하여 남성 대부분이 강제로 군인이 된 채 젊은 시절 노동력을 국가에 지원하는 것과 유사한데, 다만 지금처럼 1년 6개월 정도만 하면 끝나는 것이 아니라 거의 평생을 징집된 채 노동력을 지원해야 했다. 그러나 승려가 되는 순간 무거운 부역과 군역에서 해방된다는 점. 이에 따라 수많은 사람들이 무거운 세금과 군역을 피해 편법을 통해서라도 승려가 되고자 하였다. 자연스럽게 명색만 승려인 경우가 많아질 수밖에 없었던 것이다.

대체로 승도들 중에 통솔하는 이가 없으면 잡승(雜僧)을 금단하기가 어렵다. 《경국대전》에 선종과 교종을 설립해놓은 것은 불교를 숭상해서가 아니라 승려가 되는 길을 제어하고자 함이었는데, 근래에 혁파했기 때문에 폐단을 막기가 어렵게 되었다. 봉은사(奉恩寺)와 봉선사(奉先寺)를 선종과 교종의 본

산으로 삼아서 《경국대전》에 따라 대선취재조(大禪
取才條) 및 승려가 될 수 있는 조건을 강조하여 거행
하도록 하라.

《조선왕조실록》 명종 5년(1550) 12월 15일

문정왕후는 불교와 관련한 여러 제도를 폐지하
는 바람에 오히려 승려를 통솔할 이가 없어져 이런
사단이 벌어졌다고 주장하면서 사실상 사문화된
《경국대전》의 법조항을 가져와 선종과 교종을 복원
시켰다. 이 과정에서 봉은사는 선종, 봉선사는 교종
을 관리하는 사찰로 정해졌으며, 다음해에는 보우
스님이 봉은사 주지로서 선종판사에, 수진 스님이
봉선사 주지이자 교종판사에 임명되었다. 각각 선
종과 교종의 최고 위치에 있는 승려가 된 것이다.

이 중 보우 스님은 당대 명성이 상당한 인물이었
던 만큼 문정왕후는 자신의 불교 정책을 이끄는 인
물로서 특별히 주목하였으며, 보우 스님 역시 사대
부들의 어마어마한 공격 속에서도 자신의 역할인
불교 부흥을 위해 충실히 임무를 이어갔다. 참고로
수진 스님은 사대부들의 세찬 공격 속에 얼마 뒤 교
종판사 자리를 내놓았다. 이렇듯 보통 맷집이 아니
라면 결코 버틸 수 없는 자리였다.

다음으로 1551년에는 불경을 시험하여 일정한

실력이 있는 승려들에게 도첩제를 주었고, 마찬가지로 1552년에는 봉은사와 봉선사에서 승과가 시행되어 선종 21명, 교종 12명의 승과 합격생이 선발되었다. 이후로도 3년마다 승과를 진행했는데, 이렇게 치러진 승과 합격생 중 청허 휴정, 사명 유정 등이 있었으니, 청허 휴정 = 서산대사, 사명 유정 = 사명대사라는 사실. 임진왜란 때 승병을 이끌며 전쟁 판도를 바꾼 두 영웅이 다름 아닌 이때 승과에 합격했던 것이다. 물론 임진왜란 때도 승과 출신이라는 권위가 여러 승려를 통솔하는 데 큰 도움이 되었다.

그렇게 문정왕후는 보우의 도움을 받아 선종과 교종을 부활시키고 도첩제를 통해 국가 공인 승려를 3000여 명으로 빠른 속도로 구축하였으며, 상당한 지식과 권위를 지닌 승과 합격생까지 배출한 후 이들을 서울, 지방을 포함한 여러 지역의 사찰로 보냈다. 한마디로 승과 합격생이 상층부를 구성하고 도첩제 승려가 그 아래 존재하는 방식으로 사찰을 운영토록 한 것이다.

당시에 안으로는 문정왕후(文定王后)가 주상(명종)을 억누르고 불교를 숭상하였으며, 밖으로는 윤원형이 사림(士林)을 위협하여 이교(異敎, 불교)를 신봉하니, 승려들의 횡포와 방자가 이때처럼 극심한 적이 없었다.

《조선왕조실록》 명종 17년(1562) 7월 4일

그렇다면 문정왕후는 왜 불교를 이처럼 부흥시키고자 한 것일까? 이 시점까지 조선은 1. 척신이라 하여 왕실과 혼인한 가문 출신 + 2. 훈구파라 하여 공신 세력을 중심으로 형성된 관료 집단이 집권 세력을 유지하였고 3. 사림파라 하여 성리학적 명분론에 더욱 경도된 지방 사대부 세력이 성종, 연산군, 중종 시기를 거치며 점차 빠르게 성장하고 있었다.

이 중 척신과 훈구파는 명종 시점이 되자 갈수록 커져가는 사림파를 견제하기 위해 그동안 억압 정책을 유지했음에도 여전히 백성들의 지지가 탄탄하던 불교를 적극적으로 활용하고자 했다. 이를 위해 승과와 도첩제를 통해 승려의 질과 권위를 높인 후 이들로 하여금 지방 곳곳에 있는 사찰을 운영하도록 하여, 마찬가지로 지방을 본거지로 하고 있는 사림파를 견제하도록 한 것이다. 최종적으로 문정왕후는 전국의 무려 400여 개에 이르는 사찰을 내원당으로 만들어 법적, 경제적 지원을 하였는데, 여기에 필요한 인원이 다름 아닌 도첩제를 받은 3000명과 승과에 합격한 승려였다.

하지만 문정왕후는 비단 이 목적만으로 불교를 지원한 것이 아니었다. 숨은 속셈은 바로~ 다음 챕터에서.

내원당

성균학유(成均學諭) 유세무가 전주 귀신사(歸信寺) 앞에서 말을 먹이고 절에 들어가서 쉬려 하였더니, 지음승(持音僧)이 몽둥이를 든 백여 명의 무리를 거느리고 나와서 유세무의 멱살을 잡고 모자를 찢으며 구타하려 하였습니다. 유세무가 그 중에게 "너는 어찌하여 이런 곤욕을 주는가?" 하니, 그 중은 "네가 문관이지만 나도 왕작(王爵, 왕이 준 직위)이 있다." 하고, 유세무의 종을 구타하여 머리가 터졌다고 합니다. 신들은 이 말을 듣고 경악을 금치 못했습니다.

《조선왕조실록》 명종 8년(1553) 3월 14일

유세무의 지위인 성균학유(成均學諭)는 문과 급제자가 정식 관직에 나아가기에 앞서 얻는 임시직이며, 지음승은 아직 승과에 합격하지 못한 주지보다 지위가 낮은 사찰 관리를 맡은 승려를 의미한다. 그런데 전주 귀신사에서 지음승이 유세무 일행을 두드려 패는 사건이 터진 것이다. 승려가 그 누구도 아닌 문과 급제자 출신을 구타하다니? 당연히 조정에서는 난리가 났다. 이는 당시 승려들의 위세가 얼마나 커졌는지 보여주는 일화 중 하나다. 이처럼 위세가 등등해진 승려들의 배경에는 다름 아닌 문정왕후가 있었는데, 이를 자세히 살펴보자.

> 간원이 아뢰기를,
> "중앙과 지방에 있는 큰 절은 내원당이라고 지목하지 않은 것이 없어 무려 70곳이나 되어 금지 푯말이 산마다 있으니, 새로운 정치의 누가 됨이 이보다 더 큰 것이 없습니다. 성지(聖旨)를 밝게 내리어 중앙과 지방에 있는 모든 절의 내원당이란 이름을 일체 없애고 금지 푯말을 아울러 철거하게 하소서."
> 하니, 답하기를,
> "내원당 수는 비록 적지 않다고 하겠으나 여러 도에 있는 것들을 합산하기 때문에 그 수효가 많은 것 같다. 내수사로 하여금 예전대로 수호하게 하라. 오늘날에 갑자기 고칠 수 없으므로 윤허하지 않는다."
>
> 《조선왕조실록》 명종 5년(1550) 3월 11일

내원당은 본래 궁궐 내에 있는 불당을 의미한다. 즉 세종대왕이 만든 내불당도 내원당의 일종이라

할 수 있다. 그런데 문정왕후가 수렴청정을 한 시점부터 내원당은 내수사에 소속된 사찰들을 통칭하는 용어로 적극 활용되었다. 위 기록에서 "내수사로 하여금 내원당을 수호하도록 하라"에서 이를 알 수 있다. 즉 궁궐이 아니라 전국 어디에 있든 내원당이 될 수 있으며 내수사는 이러한 내원당을 보호하고 있었던 것이다.

그렇다면 내수사는 무엇일까? 내수사는 왕실의 재산을 관리하는 조직으로 그 유명한 '내탕금 = 왕실 사유 재산, 내탕고 = 왕실 재물 창고' 등을 관리하였다. 정리해보면 왕실 재산을 관리하는 조직이 사찰 보호에 적극 나섰다는 것인데, 이거 왠지 왕실 재산과 사찰 간 묘한 연결 고리가 느껴지는 대목이다.

실제로 문정왕후는 지정된 내원당마다 토지를 나눠주었는데, 그렇게 내원당 토지에서 생산되는 물자 중 일부는 내수사로 들어가 왕실 재정의 일부를 담당하였다. 이는 곧 내원당은 왕실 재산과 마찬가지라는 의미이며, 사찰 내 승려들은 왕실과의 연결고리로 인해 이전과 달리 적극적으로 보호받을 수 있게 된다. 뿐만 아니라 사찰 주변마다 금지 푯말 = 금표를 세워 아무나 들어올 수 없도록 만들었으니 이는 곧 요즘도 "사유지 출입 금지"라고 푯말을 세우는 것과 유사했다. 이렇게 금표가 세워지자 예전처럼 유생들이 사찰로 마음대로 들어와 행패를 부리는 것을 막게 되었으며, 금표 내 모든 물자를 왕실의 재산으로 확보할 수 있었다. 사찰과 왕실 간 상부상조가 이루어진 것이다.

결국 앞서 본 유세무가 구타를 당한 일화는 유세무 일행을 여느 때처럼 금표를 침입한 유생으로 여기고 사찰을 관리하는 임무를 지닌 지음승이 이를 막으려는 과정에서 벌어진 일이었다. 그동안 유생 침입과 테러에 사찰이 얼마나 한이 맺혔는지 알기에 해당 승려의 행동에도 얼핏 이해가는 측면이 있기는 하다. 물론 폭력은 나쁜 것이지만.

요즘 가장 낭비가 심한 것은 내원당(內願堂)입니다. 내원당의 수효가 3백 4백에 이른다고 합니다. 한번 원당(願堂)의 이름이 붙여지면 그 위세를 빙자하여 민폐를 일으키는 것에 대해서는 이루 기록할 수 없을 지경입니다.

《조선왕조실록》 명종 9년(1554) 5월 19일

몇 년이 지나자 내원당 숫자는 더 큰 폭으로 늘어났다. 불과 4년 만에 70 → 300~400으로 불어났다. 이는 곧 왕실에서 보호하는 사찰이 그만큼 더 늘어났다는 의미이며, 다른 말로는 왕실 재산이 늘어나는 효과였다. 이렇게까지 집중적으로 내원당을 늘린 이유는 사실 16세기 들어와 왕실 재정이 크게 약화되었기 때문이다.

연산군 시절 여기저기서 돈을 끌고 와 흥청망청 놀면서 기존 왕실 재산이 한계에 도달한 데다, 중종 시절에는 국왕 개인 재산에 대한 신하들의 견제로 내수사 소속의 토지에서 생산되는 곡식을 본전으로 삼아 곡식 또는 돈을 꾸어주고 이자를 받아 재산을 증식시키는 것마저 폐지되기에 이른다. 이에 따라 왕실은 재정 부족으로 큰 고민에 빠지게 되는데, 문정왕후가 사찰과 연결하여 일을 진행해보니, 앞서 보았듯 의외로 이점이 많았던 모양이다. 이에 따라 더 많은 숫자의 사찰을 내원당으로 만들었고, 사찰과 승려들 역시 왕실의 보호 아래 들어가고자 적극적으로 호응하였다.

당초 선종과 교종을 다시 설치하고 중앙과 지방의 여러 사찰을 내원당(內願堂)이라고 칭한 것은 이미 어진 임금이 다스리는 조정에 큰 누가 되었습니다. 그럼에도 선종과 교종에 소속된 사찰은 정해진 숫자가 있으며 주지(住持)·지음(持音)·유나(維那) 등을 정하는 것도 그나마 규례가 있습니다.

문제는 여러 궁가(宮家)에서 각기 정해진 수 이상의 사찰을 차지하여 별도로 원당(願堂)을 만들어, 왕자(王子)를 칭탁하기도 하고 공주(公主)나 옹주(翁主)를 칭탁하기도 하며 엄연하게 행정 문서를 만들어주면서 붉은 도장까지 찍어주고 있습니다. 중들이 이것을 빙자하여 곳곳에서 방자한 행동을 하고 있습니다.

《조선왕조실록》 명종 14년(1559) 11월 9일

왕실이 사찰을 이용하여 편법으로 재산을 증식하자 여러 왕족들, 그러니까 왕자나 공주, 옹주들까지 사찰을 원당으로 삼고 재산을 증식하며 승려를 보호하는 행동을 보이기 시작했다. 이 또한 당시 왕족들의 재정에 큰 문제가 생겼기 때문이다. 조선 전기만 하더라도 관직을 얻으면 과전법 또는 직접법에 따라 토지의 생산품을 직접 거두어들여 사용하도록 했는데, 해당 시스템은 더 이상 줄 토지가 부족해지면서 16세기 들어와 사실상 붕괴되고 말았다.

참고로 태종 때만 하더라도 왕비 출생의 적자 왕자인 대군(大君)은 300결의 토지를 받았으며, 세종 때에는 250결, 성종 시절 완성된 법전인 《경국대전》에는 대군에게 225결의 토지를 준다고 정했다. 마찬가지로 후궁 출생의 서자 왕자인 군(君)은 세종 때에는 200결, 경국대전에는 180결을 주었다. 이를 통해 시일이 지날 때마다 신분에 따라 기본적으로 받는 토지의 양이 줄어든 것을 알 수 있는데, 그럼에도 불구하고 엄청난 양이었다.

예를 들면 정1품에 해당하는 영의정, 좌의정, 우의정의 경우 토지 150결을 주다가 시일이 지나 110결로 줄어들었는데, 과거 시험에 합격하여 동기, 선배, 후배들과의 온갖 경쟁을 이겨내어 최고 위치의 관직에 오른 이들보다 일개 왕자가 훨씬 많은 토지를 받았던 것이다. 하지만 과전법과 직전법의 붕괴로 왕족들 또한 별다른 실무가 없는 관직을 받아 과전법 또는 직전법으로 얻은 토지로 생활하던 인생에 큰 타격을 받게 된다. 바로 이때 왕실이 편법을 알려주니 왕족들 또한 동일한 방법을 통해 재산증식에 나선 것이다. 즉 사찰과 왕실, 더 나아가 사찰과 왕족들 간의 연결 고리가 심화된 시기라 하겠다.

서산대사와 사명대사

봉은사에는 1996년에 세워진 23m의 거대한 크기를 자랑하는 미륵대불이 있고, 미륵대불 앞으로는 미륵전이라는 건물이 있다. 여기서 재미있는 포인트 하나! 미륵대불 뒤편의 언덕 쪽에서 코엑스를 바라보면 사찰과 코엑스 주변 건물이 함께하는 엄청난 뷰가 등장한다. 이곳에서 사진을 찍으면 마치 미륵대불이 속세를 바라보는 느낌이 드는데, 나름 봉은사 최고의 사진 맛집이다. 아! 맞다. 간략히 설명하자면 미륵대불은 미륵보살이 하늘에서 내려와 부처가 된 모습을 형상화한 조각이다.

> 능침에 딸린 사찰은 예전대로 시행하고 내원당의 토지는 내수사로 이속시키라.
>
> 《조선왕조실록》 명종 21년(1566) 7월 14일

그럼 이야기로 다시 돌아와서 1565년 4월 6일에 문정왕후가 죽자 잠시 불타오르던 불교의 부흥은 멈추게 된다. 얼마 뒤인 1565년 6월 25일에는 문정

왕후의 죽음과 거의 동시에 제주도로 귀양을 간 보우 스님이 제주목사에 의해 살해당했으며, 1566년에는 승과 및 선종과 교종 시스템 역시 폐지되고 만다. 뿐만 아니라 내원당의 토지는 내수사로 옮겨졌으니, 이렇게 문정왕후가 만든 불교 지원책은 하나하나 폐지되었다. 물론 내원당 토지를 내수사로 옮긴 것은 사실상 오른쪽 주머니의 물건을 왼쪽 주머니로 옮긴 것에 불과하지만 말이지. 아무리 내수사로 소속을 옮겼더라도 사찰 근처의 토지인 만큼 계속 사찰이 관리할 수밖에 없었을 테니까.

왕자방(王子房 = 왕자의 궁가) 사람들에 이르러서는, 그들이 진짜로 그 방에 소속되어 있는 사람인지 아닌지조차도 알 수가 없습니다. 그런데 함부로 사약(司鑰, 궁궐 문의 자물쇠를 관리하는 관직)이라고 일컬으면서 군현을 횡행하고 있습니다. 여러 산에 있는 사찰을 원당으로 삼는다고 핑계 대고서 재물을 싹 쓸어가고 - 중략 -

《학봉집(鶴峰集)》, 김성일

내(사관)가 일찍이 양주의 백련사(白蓮寺)에 간 적이 있는데 승려 지호(智浩)가 "임해군(선조의 서자 첫째 아들)의 원당(願堂)이 모두 15곳이나 된다."

미륵대불이 바라보는 코엑스 풍경. ©Park Jongmoo

고 하므로, 내가 "임해군이 시주하기를 좋아하는 탓이다." 하니, 그 승려가 "임해군은 오히려 절에서 시주를 받아간다. 산채(山菜) 동물을 그의 궁에 끊이지 않고 대어야 한다." 하며, 그 승려는 매우 괴로워하였다.

《조선왕조실록》 선조 36년(1603) 3월 9일

하지만 명종 시대를 거치며 한반도의 여러 사찰들이 왕실과 왕족의 재정과 더욱 긴밀하게 연결된 이상 칼로 두부 잘라내듯 관계를 끊어버릴 수는 없었다. 이에 따라 명종 이후에도 사찰을 원당으로 삼은 왕족들의 문제는 계속해서 불거지고 있었다. 왕실 또한 마찬가지라서 능침사, 원당 등으로 부르던 사찰을 선조 시절에도 여전히 운영 중이었다. 무엇보다 명종에 이어 왕이 된 선조는 다음과 같은 말로 불교를 은근 옹호했는데,

훗날 참된 선비가 되어 조정에 서서 과인(寡人, 선조)을 보필하고 이 나라 백성들에게 은택을 베풀어 치도(治道)를 융성하게 하고 풍속을 아름답게 한다면 유교가 쇠하고 불교가 성한 따위야 걱정할 것도 없다. 어찌 꼭 구구하게 강론하여 마치 북위 태무제가 승려를 죽이고 사찰을 헐어버린 것처럼 해야

되겠는가.

《조선왕조실록》 선조 4년(1571) 3월 6일

이는 곧 유생이나 사대부들에게 너희들이 국왕
을 잘 보필하여 나라가 좋아진다면 유교든 불교든
큰 문제가 아니니 불교를 과격하게 공격하는 것을
그만두라는 의미였다. 오죽하면 유생이나 사대부의
의견에 대해 북위 시절 황제였던 태무제의 폐불 정
책만큼이나 과격하다고 표현했을 정도. 이 당시 선
조는 이황이나 이이 같은 사림파들을 크게 등용하
고 신임하면서도 불교 또한 크게 탄압하지 않는 정
책을 펼쳤다.

이후 임진왜란 발발로 나라가 풍전등화에 빠지
자 나라를 구하고자 승군이 일어났는데, 이때 맹활
약한 인물이 다름 아닌 서산대사와 사명대사다.

서산대사는 어릴 적 고아가 된 후 주변 사람들의
도움을 받아 과거 시험에 도전한 적도 있으나, 결국
속세에 미련을 두지 않고 21세에 머리를 깎고 승려
가 되었다. 33세 때인 1552년에는 이곳 봉은사에서
승과 부활 후 처음 개최된 시험에 참가하여 당당히
합격하였고, 36세에는 선종판사와 교종판사를 겸직
한 데다 봉은사 주지까지 맡는 등 남다른 명성을 얻
었다. 그러다 1557년 그동안 맡은 고위 직책을 버리

고 금강산, 묘향산 등의 산중 사찰에서 제자를 키우며 지냈다. 제자만 1천여 명, 이 중 뛰어난 인물만 추려도 70여 명에 이르렀다고 한다.

사명대사 역시 어릴 때 유교경전을 공부한 적이 있었으나 15세 때 어머니, 16세 때 아버지를 차례로 잃고 나서 승려가 되었는데, 얼마 뒤인 1561년 이곳 봉은사에서 개최된 승과에 불과 18세의 나이로 합격하였다. 이후 선조 시절 봉은사 주지로 천거되었지만 이를 사양한 채 서산대사를 찾아가 그의 제자가 되었다.

1592년 임진왜란이 발발하자 나라에서는 당시 묘향산에 있던 73세의 서산대사에게 급히 승병을 모아줄 것을 요청하였다. 불교계에서 남달리 높은 명성을 지닌 서산대사였으므로, 그가 국가의 요청에 따라 여러 사찰에 격문을 띄우자 승병들은 마치 기다렸다는 듯이 전국에서 빠른 속도로 모였다. 이렇게 모은 병력 중 일부를 지휘하여 서산대사는 일본군에게 뺏긴 평양성을 탈환하는 등, 큰 공을 세운다.

비변사가 아뢰기를,
"각 고을에서 군병을 뽑을 때 향리들이 농간을 부려 사실로 하지 않는 것을 거짓으로 고하는 것이

서산대사 초상화, 국립중앙박물관.

이미 고질적인 폐해가 되었습니다. 이에 반해 승군(僧軍)은 전쟁에서 공을 세운 자가 연달았습니다. 그러니 지금 적의 목을 베어 바친 자에게 선과(禪科, 도첩)를 주겠다는 내용으로 휴정(休靜, 서산대사)에게 명령하여 그로 하여금 승군을 모으게 하소서.

휴정(서산대사)이 보낸 승려 쌍언(雙彦)이 말하기를 "만약 선종(禪宗)과 교종(敎宗)의 판사(判事) 두 사람을 시급히 뽑아 승군을 거느리게 한다면 형세가 퍽 수월할 것이다."고 하였습니다. 이 의견을 따라 판사를 정해주고 급히 승군을 거느리고 내려가게 하는 것이 어떻겠습니까?'

하니, 상(上, 선조)이 따랐다.

《조선왕조실록》 선조 26년(1593) 7월 20일

실제로 승군은 상상 이상으로 놀라운 활약을 보였는데, 전쟁 초반 흩어져 도망간 채 거짓 정보만 남발하던 상당수의 관군과 달리 승군은 너도나도 죽음을 각오하고 싸우는 이로 가득했다. 주요 격전지마다 승병이 참가하지 않은 곳이 없을 정도였다. 이에 따라 조정에서도 공을 세운 승군에게 공명첩을 주겠다는 약속을 하게 된다. 국가 공인 승려가 될 수 있는 길을 다시금 열어준 것. 다음으로 폐지된 선종판사와 교종판사 제도를 서산대사의 제안에

사명대사 초상화. 원광대학교박물관 소장. ⓒHwang yoon

따라 다시 부활시켜 이들로 하여금 승군을 통솔하
도록 하였으나 이를 선종, 교종 부활로 여긴 조정
내 반대 의견을 수렴하여 대신 도총섭(都摠攝) 제도
를 도입하였다.

　도총섭(都摠攝)은 승군을 통솔하는 자리로 조선
정부가 임진왜란 때 승려에게 준 최고 관직이다. 그
아래로는 전국 팔도마다 2명의 총섭(摠攝)을 두었
다. 즉 도총섭 아래로 전국 팔도에 2명씩 총 16명의
총섭을 두어 승군을 통솔하도록 한 것이다. 이 제도

는 조선 후기까지 이어져 도총섭은 정부에서 인정하는 불교계 최고의 권위를 지닌 관직으로 완전히 자리 잡는다. 이로써 불교는 비록 승군 시스템의 활용일지언정 다시금 국가의 행정 체제 아래 안정적으로 운영될 수 있는 기회를 확보한 셈이다.

서산대사의 제자 사명대사에 대해서는 허균이 남긴 재미있는 기록이 있다. 마침 허균이 봉은사에서 사명대사를 만난 이야기인 만큼 이번 기회에 한번 살펴보자.

지난 병술년(1586, 선조 19) 여름에 내가 중형(仲兄, 허균의 작은 형인 허봉)을 모시고, 봉은사 아래 배를 댄 적이 있었다. 마침 한 승려가 갑자기 나타나 뱃머리에 서서 읍(揖)을 하는데, 헌걸찬 체구에 용모가 단정하였고, 함께 앉아 담화를 나누니 말이 간단하였으나 그 뜻이 깊었다. 내가 그의 이름을 물어 보자 종봉(鍾峯) 유정사(惟政師, 사명대사)였다. 나는 그만 진심으로 그를 선모하고 말았다.

밤이 되어 매당(梅堂)에 들어 유숙하다가, 시를 내어 보이는데, 그 격조가 마치 거문고 소리와 같이 맑고 고결하였다. 중형이 칭찬을 되풀이하면서, 그가 당나라 아홉 고승과 동렬이 될 수 있다고 하였다. 그때 나는 아직 연소하여 그 묘한 부분을 이해할 수

없었으나, 마음에 간직하여 쉬 잊지 못하였다. - 중략 -

임진년(1592, 선조 25) 겨울에 병란을 피하여 명주(溟州, 강릉)로 갔다. 그때 스님이 의병을 규합하여 국난을 구하고자, 그 스승(서산대사)을 대신해 군사를 거느리고 누차 마군(魔軍, 일본군)을 무찔렀다는 말을 듣고는 뛸 듯이 기뻐하였다. 그 뒤에도 스님이 왕명을 받들고 적진에 들어가서 왜적을 타일러 크게 공적을 세웠는데, 그 인품을 상상만 할 뿐 다시 볼 수가 없어서 나 혼자 애를 태웠다.

병신년(1596, 선조 29) 겨울에 내가 승문원(承文院, 외교 문서를 담당하는 관청)에 근무할 때에 공무로 영의정인 서애(西厓) 상공(相公, 서애 류성룡)에게 갔더니, 스님이 아변(峨弁, 고위 무관의 모자)에 긴 수염 차림으로 그 사이에 끼어 앉아 있기에 손을 잡고 반갑게 옛일을 이야기하고는 숙소에 가서 현 상황에 대한 이야기를 마저 나누었다.

그가 강개하여 손뼉을 치며 이해관계를 단호하게 논할 때에는 절조와 호방한 풍도가 있었고, 안장에 걸터앉아 좌우를 돌아보며 요사스러운 기운을 숙청할 뜻을 보일 때에는 큰 소리를 내는 노장의 면모를 떠올리게 하였다. 그래서 내가 더욱 공경하고 존중하면서 '그의 재질은 가히 난세를 구할 만한데,

불가에 귀의하여 승려가 되었다니 애석한 일이다'
라 생각하였다. - 중략 -

　경술년(1610, 광해군 2) 9월에 스님이 입적했다
는 소식을 듣고 글을 지어 조문하고 시를 지어 전송
하였으며, 스님의 현묘한 경지를 영원히 접할 수 없
게 된 것을 스스로 한탄하면서 눈물을 흘리며 탄식
하였다.

《사명당대사집》 중 〈사명집서(四溟集序)〉, 허균

　우리에게는 홍길동전으로 유명한 허균은 불교에
남다른 관심을 지닌 둘째 형 허봉 덕분에 사명대사
를 봉은사에서 만난 적이 있었는데, 이때 인상적으
로 만난 사명대사가 임진왜란 때 승군을 거느리고
큰 공을 세운 것이 아닌가. 이 뒤로도 사명대사와
허균의 인연은 몇 차례 더 이어졌고 덕분에 사명대
사가 입적하자 허균은 그에 대한 글을 쓰게 된다.
　허균의 표현대로 임진왜란이 발발하자 당시 48
세였던 사명대사는 스승 서산대사와 함께 승군을
이끌고 전장에 적극 나섰으며, 전쟁이 잠잠한 시기
에는 한반도에 주둔한 일본군과의 외교 협상에서도
남다른 공을 세웠다. 이외에도 임진왜란 때 그가 세
운 공적은 일일이 글로 다 적기 힘들 정도로 많다.
우선 나이든 스승 서산대사를 대신하여 평양성 수

복 이후 승병을 이끌었고, 곳곳에 산성을 쌓고 군량미를 모은 데다, 전쟁이 끝난 뒤에는 일본으로 건너가 새롭게 권력을 장악한 도쿠가와 이에야스와 만나서 전후 문제에 대한 외교 협상 및 일본에 잡혀간 조선인 포로 3000명까지 데리고 왔다. 거의 모든 분야에 있어 다재다능한 인물이었던 것.

이에 따라 조정에서도 사명대사에게 단순한 불교 관직을 넘어 승려 신분임에도 이례적으로 조정의 높은 관직을 부여하였다. 1593년에는 사명대사를 당상관(堂上官)으로, 1594년에는 정3품 절충장군첨지중추부사(折衝將軍僉知中樞府事)로, 1602년에는 종2품 하계 가선대부(嘉善大夫) 및 동지중추부사(同知中樞府事)로 승진하였으며, 최종적으로는 1605년 종2품 가의대부(嘉義大夫)에 이르게 된다. 참고로 임진왜란 시절 이순신의 관직으로 유명한 삼도수군통제사가 종2품에 해당하니, 사명대사가 얼마나 높은 관직을 얻었는지 알 수 있다.

왕실과 조정에서는 사명대사를 국난의 시기에 임금의 은혜를 잊지 않고 전쟁에 나선 유교적인 충신으로 해석하여 그의 공로를 적극적으로 홍보·장려하였다. 불교계 역시 사명대사를 왕실과 중생 구제를 위해 자비심이라는 불교적 깨달음을 바탕으로 참전을 결심하였다고 보았다. 사명대사는 당시에도 최고의 극찬과 존경을 받은 인물이었으며, 요즘도 불교를 잘 모르는 사람마저 들어본 적이 있을 정도로 그 유명세가 남다르다. 대중들에게 널리 알려진 정도로 보면 거의 원효대사급 위상이 아닐까? 가만 보니 두 분 모두 나라를 위해 전장에 나선 경력이 있구나.

전쟁이 끝나고 얼마 뒤 서산대사는 1604년 85세의 나이로, 사명대사는 1610년 65세의 나이로 입적하였지만, 임진왜란 이후에도 이들은 조선 불교에 남다른 영향을 남겼다. 조선 후기 가장 큰 규모의 불교계 종파가 다름 아닌 서산대사의 법통을 이은 제자들로 이어졌으니까. 이는 서산대사의 제자였던 사명대사, 처영, 의엄 등이 승병장으로 크게 활약하여 나라에서 그 공을 널리 인정한 데다, 다른 제자들도 전쟁 후 전국에서 사찰과 지역 복구 사업에 매진하면서 불교 사상까지 주도했기 때문이다.

사실 서산대사와 사명대사는 전쟁 이후 승병 이미지가 강해졌지만, 전쟁 전부터 이미 선(禪)불교의 고승으로 존경받는 인물이었다. 그런 만큼 조선 후기 들어와 서산대사의 여러 제자들이 자신들의 법통과 계파 인식을 공유하는 과정에서 서산대사와 사명대사는 조선 후기 불교계의 기반을 마련한 매우 중요한 인물로 존경받게 된다. 뿐만 아니라 이들의 선사상은 이후 쭉 명맥을 이어가 현재 불교 최대 종파인 조계종으로 이어지니 사실상 현대 한국불교까지 영향을 미친 인물이라 할 수 있다.

이렇듯 조선 불교는 임진왜란을 겪으며 호국 불교의 이미지로 다시 한 번 부활하였다. 그동안 매번 불교와 승려는 나라에 쓸모없는 존재라며 비판하던 유학자들의 코를 납작하게 만든 쾌거이기도 했다. 임진왜란 때 위기에 빠진 나라를 구했다는 한국 불교의 자부심은 지금까지 이어지고 있다. 국내 사찰마다 유독 호국 불교라는 이념을 중요하게 여기는 풍토가 남아 있다. 마침 이곳 봉은사도 호국 불교를 무척 강조하는 사찰이다. 호국 불교의 상징인 서산대사와 사명대사가 한때 계셨던 곳이니 두 말할 필요가 없지 않을까.

추사 김정희와 홍선대원군

봉은사 서쪽에 위치한 판전이라는 건물에 왔다. 이곳은 불교 경판을 보관하고자 만든 건물로 철종 7년인 1856년에 완성되었다. 건물 안에 보관된 불경 경판은 화엄경인데, 대승불교 3대 경전 중 하나다. 아~ 맞다. 화엄경에서는 그 유명한 비로자나불이 중요 부처로 등장한다. 사실상 주인공급 위상이랄까? 그런 만큼 판전 건물 안으로는 '비로자나불'이 모셔져 있으며 불상 뒤의 불화 또한 '비로자나불도'가 배치되어 있다.

다만 조선 후기 작품인 '비로자나불'의 경우 본래는 비로자나불이 아닌 석가모니를 모델로 만든 듯하다. 손의 모양을 보니 간략하게 석가모니를 상징하는 항마촉지인을 표현하고 있다. 조선 시대에는 비로자나불의 경우 보통 가슴 쪽에 손을 모아 깍지 낀 모습으로 묘사했는데 말이다. 아무래도 이전에 방문한 홍천사 극락전처럼 본래 다른 목적의 불상을 재활용하여 비로자나불로 모신 것이 아닐까 싶다. 뒤에 있는 불화는 가로 2.2m, 세로 3m의 큰

봉은사 판전 내 '비로자나불상'과 '비로자나불도'. 불교신문. ©봉은사

작품으로 고종 시절인 1886년에 상궁 8명이 시주하여 만든 작품이라 한다.

참고로 상궁은 어릴 적 궁녀로 궁궐에 들어와 왕의 후궁이 되지 않는 한 승진할 수 있는 가장 높은 지위다. 사실 상궁은 공식적으로는 정5품에 불과한 지위였으나 최고 권력자인 왕과 왕비 등의 시중을 담당하는 궁녀 중 최고 위치였기에 궁내 발언권이

판전 건물은 개방을 하지 않고 있기에 안타깝게도 안에 들어갈 수 없다. 다만 행사 때 문이 개방될 때면 밖에서 안을 볼 수 있다.
©Park Jongmoo

상당했다. 그래서인지 몰라도 어릴 적 보던 사극마다 상궁이 등장하면 왠지 모르게 강한 포스가 느껴지곤 했었지. 왕비의 수족처럼 움직이는 행동대장 또는 주임원사 이미지? 하하. 갑자기 사극 '여인 천하'와 '대장금'이 생각나네. 그런 만큼 조선 시대 불사에 상궁이 참여하는 경우도 무척 잦았다. 바로 그 흔적을 느낄 수 있는 작품이라 하겠다.

이렇듯 판전에 있는 화엄경 경판 3190여 개와 '비로자나불상', '비로자나불도' 등도 유명하지만 그보다 더 큰 명성은 바로 판전 현판에 있다. 건물 바깥에 보이는 저 현판이 다름 아닌 추사 김정희의

판전 현판. ©Park Jongmoo

작품이다.

　추사 김정희는 현재도 19세기 조선을 대표하는 서예가이자 예술가로서 잘 알려져 있지만, 당시에도 나름 왕실과 연결되는 노론 벽파 명문가 출신으로 안정적으로 활동했다. 영조의 서녀, 즉 화순옹주가 그의 증조모인 데다 영조의 계비, 즉 정순왕후가 12촌으로 먼 친척이었다. 하지만 19세기 들어와 안동 김씨가 권력을 장악하면서 노론 벽파 출신을 끊임없이 견제하였기에, 그는 제주도 8년 유배를 포함해 총 12년의 유배 생활을 하게 된다. 모든 유배 생활이 마무리된 시점은 어느덧 68세의 나이였으니, 허허 참. 그럼에도 불구하고 유배 생활 동안 완성시킨 자신만의 개성 있는 서체는 당대부터 큰 인기를 누렸으며, 지금도 '추사체'의 명성은 여전하다. 그 작품 중 하나가 바로 봉은사 판전 현판이다.

무엇보다 이 판전은 김정희가 죽기 불과 사흘 전에 쓴 기념비적 작품이라는 사실. 유배 생활이 완전히 마무리된 1852년부터 과천에서 지내던 그는 이 당시 아예 승복을 입은 채 봉은사를 다녔다고 하는데, 젊을 때부터 유달리 불교에 깊은 관심을 보였으나 힘든 유배 생활을 거치며 말년에는 더욱 깊은 종교인이 된 듯하다. 그래서일까? 김정희는 당대 이름난 여러 스님들과 선(禪)에 대한 토론을 즐겼다고도 하고, 동갑이었던 해남 대흥사의 초의선사와는 40여 년의 우정으로도 유명하다. 서예만큼이나 자신의 불교 지식에 있어서도 자부심이 상당했다고 한다.

당당하게 불자를 표방하는 서예가였던 만큼 봉은사에서는 판전 건물이 완성되자 그에게 현판을 부탁했던 모양이다. 그러자 병으로 앓던 중에도 김정희는 과천에 위치한 자신의 집에서 현판을 써주었으니, "칠십일과병중작(七十一果病中作)"이라고 현판 왼쪽에 쓴 작은 글로 이를 알 수 있다. 이는 곧 "71세에 과천에서 병중에 쓰다."라는 뜻. 그리고 얼마 뒤인 1852년 10월 10일 별세하면서 결국 김정희 인생의 마지막 작품이 되었다. 한 시절을 풍미한 위대한 작가의 마지막 작품을 이곳에서 마주할 수 있다니, 참으로 감동스럽다. 개인적으로 봉은사에 올

제자 허련이 그린 추사 김정희 초상. 국립중앙박물관.

때마다 반드시 판전 현판을 보곤 한다. 볼 때마다 묘한 에너지가 내 안으로 들어오는 느낌이 든다.

한편 초의선사는 김정희의 제주도 유배시절, 제주도로 직접 와서 6개월이나 함께 지낼 정도로 친밀한 사이였는데, 봉은사와도 남다른 인연이 있다고 한다. 1857년 판전의 화엄경 경전을 간행할 때 법회 의식을 증명하는 법사로 참여한 적이 있었다. 그렇게 판전은 김정희뿐만 아니라 그의 친구인 초의선사와도 인연이 있는 장소인 셈. 초의선사는 봉은사 일을 마친 후 해남으로 돌아가던 길에 과천에 들러 세상을 뜬 친구를 위한 뒤늦은 조문을 하였으니, 이때 영전에 올린 글은 다음과 같다.

함풍 8년(1858) 무오 2월 청명한 날에 방외의 벗, 의순(초의선사)은 삼가 맑은 차를 올려 완당 선생 김공(김정희)의 영전 앞에 고하나이다.

아! 42년 동안 아름다운 교유 어긋나지 않아, 수천만겁 향화의 인연을 맺은 사이지만, 먼 곳에 떨어져서 만나기가 어려우니 항상 편지로 서로 대면하였고, 자신(귀한 신분)을 낮춰 이야기할 때에는 서로의 신분조차 잊었습니다. 제주도에서 반년을 위로했고, 용호(김정희가 초의선사를 위해 용산에 만든 정자)에서 두 해를 머물렀습니다. 어느 때, 진리를 담론하자면 다투는 소리가 마치 폭우나 우레처럼 위태로웠고, 마음을 논할 때에는 온화한 기운이 마치 봄바람이나 따뜻한 햇살처럼 훈훈하셨습니다. 손수 차를 다려 함께 마시고, 슬픈 소식에 옷을 적시기도 하였습니다. 생전에 바른 말씀은 둥근 거울처럼 성의 있었고, 돌아가신 후에 이 슬픔 용란(龍鸞)의 소리처럼 더욱 사무칩니다.

김정희 제문(祭文), 초의선사

초의선사는 김정희에게 매번 때가 되면 해남의

추사 김정희가 초의선사에게 보낸 편지 모음, 국립중앙박물관.

맛있는 차(茶)를 보내주곤 했는데, 마지막 영전에서
의 만남에서도 차가 등장하는구나. 그렇게 대흥사
로 돌아간 초의선사는 8년을 더 살다가 1866년 입
적하였다. 참, 과천에는 추사김정희박물관이 있으
니 혹시 더 많은 이야기가 궁금하신 분에게 추천한
다. 김정희가 마지막 인생을 머문 과지초당도 최근
복원해두었다.

　판전에서 20m 정도 걸어가면 비각이 있다. 비석
을 보호하기 위해 누각을 세웠다는 의미로 비각이
라 부르는 것인데, 여기에 보호 중인 비석은 다름
아닌 흥선대원군 이야기를 담고 있다. 내용은 다음

과 같다.

> 흥선대원위영세불망비(興宣大院位永世不忘碑)

> 왕실에서 받은 봉은사 땅이 주변 농토와 섞여(恩
> 寺賜牌混入農圃)
> 여러 해 동안 소유권 송사가 있었다.(僊殿位田事
> 訟有年)
> 이제 바로 돌아감에 그 은혜를 돌에 새겨(今焉歸
> 正鐫石頌恩)
> 운현(=흥선대원군)을 천만 년 기리고자 한다.(惟
> 雲峴賜垂千萬禩)
> 고종 7년 경오년(1870년) 6월 모일(上之七年庚午
> 六月 日)
> 주지 호봉이 세우다.(住持僧虎峰建)

아무래도 흥선대원군이 아들 고종의 즉위와 함
께 한참 위세가 남달랐던 시절에 소송 중이던 토지
를 봉은사에 유리하도록 도와준 적이 있나보다. 이
는 앞서 본 흥천사와 마찬가지로 왕실의 권위를 세
우고자 왕실과 인연이 있는 사찰, 즉 성종과 중종의
능을 보호하는 임무를 맡은 봉은사를 흥선대원군이
적극 지지해준 결과였다. 오죽하면 봉은사 주지가

봉은사 흥선대원군 비석. ©Hwang Yoon

비석을 새워 고마움을 표현했을까. 한때는 봉은사 주변 상당수가 사찰 토지였다고 한다. 예를 들면 봉은사 북쪽에 위치한 경기고등학교, 남쪽에 위치한 코엑스, 현대차 본사가 만들어지고 있는 옛 한전 부지 등이 바로 그것.

아~ 그런데 흥선대원군과 김정희가 서로 남다른 인연이 있었다는 것을 혹시 아시는지? 흥선대원군의 5촌 아저씨가 다름 아닌 김정희다. 그래서일까? 1849년부터 홍선대원군은 자신보다 34살이나 많은 김정희로부터 서예, 난초 치는 법 등을 배웠는데, 그 결과 제자라 불러도 과언이 아닐 정도로 김정희와 홍선대원군의 서체가 많이 닮아 있다고 한다. 이곳 봉은사에서도 가까운 거리에 김정희와 홍선대원군의 인연이 함께하고 있어 참으로 홍미롭다.

여기까지 살펴보았듯 봉은사는 조선 전기부터 조선 후기까지 수많은 이야기를 담고 있다. 다만 아쉬운 부분이 있다면 임진왜란 때 불타버린 사찰을 병자호란 후 다시 중건하였건만, 일제강점기 시절인 1939년 큰 화재로 판전을 제외한 대부분의 건물이 또다시 사라졌고, 6.25 때 복구한 전각 상당수가 다시 한 번 파손되었다는 점. 사찰의 중심인 대웅전마저 1982년에 새로 만든 법당일 정도.

사실상 판전을 제외한 건물들은 근현대 것으로 보아도 큰 무리가 없다. 아쉬운 마음에 만일 임진왜란 때 피해를 받지 않았다면 봉은사에 얼마나 수준 높은 옛 작품들이 많이 있었을까 종종 상상해본다. 아마 얼마 전 호암미술관에서 만난 조선 전기 불화들과 비견되는 작품들로 가득했을 것이다. 누구도 아닌 조선 국왕인 성종과 중종을 위한 사찰이었으니 말이지.

    그럼에도 불구하고 어쨌든 광평대군, 부인 신씨 (申氏), 성종, 중종, 문정왕후, 보우스님, 서산대사, 사명대사, 추사 김정희, 초의선사, 흥선대원군 등의 추억이 여전히 남아 있는 봉은사. 앞으로도 서울을 대표하는 사찰로 오래오래 남아주길 바라며 오늘 여행은 마무리해야겠다. 시간이 시간인 만큼 근처에서 저녁을 먹고 집으로 돌아가야겠다.

7. 관세음보살

북한산성과 사찰

　북한산에는 정말 수많은 사찰이 있다. 너무 많아서 하나하나 다 세보지는 않았지만, 생각나는 것만 적어도 진관사, 도선사, 화계사, 승가사, 흥국사, 삼천사, 중흥사, 노적사, 상운사 등 최소한 20군데는 훌쩍 넘어가는 것 같다. 이 중 내가 방문한 사찰은 앞에 언급한 사찰 포함하여 10개 정도? 아 아니 10개가 조금 넘으려나? 등산하는 김에 사찰까지 들르는 나름 일석이조의 즐거움을 주는 북한산이니까.

　역사를 살펴보면 병자호란 때 처절한 패배를 경험한 후 한양 주변의 방어력을 높이고자 숙종 시절 북한산 일대에 산성을 축조하였으니, 이것이 그 유명한 북한산성이다. 이때 북한산 능선을 따라 성을 만들며, 총 13개의 성문과 승군이 주둔하는 11개의 사찰을 두었다. 해당 사찰은 북한산 승군을 총 지휘하는 중흥사를 필두로 태고사 · 서암사 · 용암사 · 보국사 · 보광사 · 부왕사 · 원각사 · 국녕사 · 노적사 · 경흥사 등으로 이들 사찰을 다른 말로 승영(僧營)이라고 부른다. 한마디로 승군이 머무는 군영이라는 의미다.

한편 북한산성 축조에 큰 공을 세운 인물 중에 도총섭 성능대사가 있다. 그는 임진왜란으로 피해를 입은 전라북도 구례 화엄사를 복구하는 작업에서 숙종을 중심으로 한 왕실의 지원을 받아 현재 국보로 지정된 화엄사 각황전을 중건하는 공을 세운 인물이다. 숙종의 신임을 받은 성능대사는 다음 임무로 1711년 팔도도총섭 지위를 맡아 훈련도감(訓鍊都監)·금위영(禁衛營)·어영청(御營廳) 등의 군부대와 함께 북한산성 축성에 나섰는데, 불과 6개월 만에 북한산성 축조를 완료하는 어마어마한 스피드를 보였다.

북한산성이 완성되자 중흥사는 승군 총사령관인 도총섭이 머무는 사령부 역할을 했으며, 각 사찰의 승병은 8도 사찰에서 때마다 번갈아 뽑아 올렸다. 그렇게 각 지역에서 모인 승군은 성문과 수문, 장대, 창고 등을 지켰고, 왕이 북한산성을 행차할 때는 국왕을 호위하는 임무까지 맡았다.

임금이 말하기를,
"승인(僧人)의 군역과 부역이 또한 고달프다."
하니, 김상성이 말하기를,
"승역(僧役)이 평민들보다 많기 때문에, 균역법

을 실시한 이후부터는 승려가 되는 자가 적다고 합니다."

《조선왕조실록》 영조 27년(1751) 11월 26일

이러한 승군 시스템은 임진왜란 때 도입된 도총섭 제도가 그대로 이어진 것으로 임진왜란 시절 공을 세우면 도첩을 준 것과 유사하게, 조선 후기에는 국가적인 중요 사업마다 승려를 동원하여 일을 시킨 후 도첩을 주는 방식으로 승려 신분을 공인하곤 했다. 한마디로 조선 전기에는 승려가 되면 무거운 부역과 군역에서 해방된 반면, 조선 후기에는 승려가 국가적인 일에 자주 동원되거나 승군으로서 병역까지 부담하게 된다. 그래서일까? 승려 숫자가 조선 후기 들어오며 점차 줄어들었다고 한다.

이러한 분위기 속에 북한산성에는 승군이 머무는 승영 외에도 많은 사찰들이 운영되었으니, 오늘 방문하는 승가사가 대표적이다. 마침 승가사에는 승가대사 조각과 '마애석가여래좌상'이 있는데, 두 작품 모두 보물로 지정될 정도로 높은 평가를 받고 있다. 북한산에 아무리 사찰이 많다지만 보물이 2점이나 있는 곳은 거의 없기에 승가사가 더욱 각별하게 느껴진다. 뿐만 아니라 승가사 근처에는 진흥왕순수비가 있다는 점. 현재 진품은 국립중앙박물관 신라 전시실에 가면 만날 수 있다. 원래 자리에는 진품과 동일한 크기로 복제한 것을 세워두었다.

그런데 진흥왕순수비의 경우 순조 시절인 1816년에 추사 김정희가 친구 김경연과 함께 북한산 승가사에 왔다가 근처 비석 중 '진(眞)' 자를 확인하여 신라진흥왕순수비로 확정된 남다른 인연이 있다. 김정희는 다음 해에 다른 친구인 조인영과 더불어 다시 북한산을 방문하여 새로이 비석에 새겨진 68자를 확인하였으니, 그가 두 번에 걸쳐 조사한 내력은 비석의 옆면에 새겨져 있다.

진흥왕순수비의 옆면을 살펴보면 "此新羅眞興大王巡狩之碑 丙子七月 金正喜 金敬淵來讀"라 하여 "이것은 신라 진흥대왕 순수비이다. 병자년(1816) 7월 김정희, 김경연이 와서 비문을 읽었다."라고 새겨져 있는데, 그 옆에는 "丁丑六月八日 金正喜 趙寅永同來 審定殘字六十八字"라 하여 "정축년(1817) 6월 8일 김정희, 조인영이 함께 남아 있는 글자 68자를 확인하였다."라고 새겨져 있다. 두 차례에 걸쳐 직접 확인한 김정희가 자신의 이력을 남겨둔 것.

이러한 이야기가 있는 승가사인데, 등산으로 올라가면 한참 걸리니 오늘은 승가사 셔틀버스를 타보고자 한다. 비가 오는 어느 날 오전 9시에 맞추어

서틀버스 타는 장소에 도착하니, 한 노 보살님께서 사찰 버스를 기다리고 계셨다.

"여기서 승가사 서틀버스를 타나요?"라고 물어보자, 지금 비가 많이 내려서 사람들이 없을까봐 버스가 안 온 모양이라며, 노 보살님이 사찰 기사님에게 전화하여 언제 오냐고 묻는 것이 아닌가? 그러자 얼마 안 있어 도착한 서틀버스. 사실 서틀버스라 부르긴 그렇고 나름 봉고차 일종인 현대 스타렉스의 최신 버전이다. 신형이라 그런지 의자 승차감이 꽤 좋을 걸. 그렇게 기사님과 노 보살님의 대화를 들으며 스타렉스는 산 위로 빠르게 올라갔다.

청나라 옥불

급경사와 굴곡이 심한 거친 산길을 달려가는 스타렉스. 포장이 잘 안 된 길이라 그런지 마치 놀이동산에 온 기분마저 들 정도로 몸이 붕붕 뜨는구나. 그렇게 5분 정도 달려 구름 속에 숨어 있는 승가사에 도착했다. 등산으로 걸어왔으면 약 40분 정도 걸렸을 텐데, 역시 차가 빠르긴 빠르구나. 그러나 직접 운전해서 올 곳은 아닌 듯하다. 워낙 운전 난이도가 높아서 후회막심할 가능성이 높을 것 같았는데, 나중에 보니 아얘 외부 차량은 통행금지였다.

차에서 내려 산 아래를 바라본다. 날이 좋으면 저 멀리 서울 도심부터 100층이 넘는 롯데타워까지 보인다는데, 오늘은 비구름 때문에 아무것도 안 보이네. 재미있게도 이곳은 안개만 짙게 꼈을 뿐 정작 비는 안 내린다. 오히려 날이 개어 화창해지고 있다. 산 위에서 가능한 기묘한 풍경. 사찰은 산 중턱에 있음에도 은근 규모가 큰 데다 화려한 편으로 현대그룹 정주영 회장이 시주하여 만들어진 25m 높이의 호국대보탑이 있다. 대웅전, 명부전 등의 건물을 들어가면 불상 뒤에 위치한 세밀한 표현의 불화마저 나무판에 양각으로 조각한 후 금으로 장식되어 있다. 이를 소위 금박 목각탱이라 부른다. 1980~90년대 들어와 사찰을 중수할 때 앞서 이야기한 정주영 회장 외에도 한진그룹의 조중훈 회장 등 수많은 사람들이 기부를 했다고 한다.

그럼 가장 먼저 마애석가여래좌상를 만나러 가보자. 대웅전 왼편에 난 길을 따라 올라가면 108계단이 등장하는데, 계단을 하나하나 올라가다보면 어느새 마애석가여래좌상을 만날 수 있다. 항마촉지인을 하고 있는 석가모니 모습으로 10세기 초에 만들어진 거대 불상이다. 높이가 5.94m라고 한다.

불상 머리 위로는 천개석이 보호하고 있으며, 덕분에 비 오는 날임에도 머리 부분이 전혀 물에 젖지 않았다. 오~ 오늘 따라 비가 내려서 운 좋게도 천개석의 위력을 제대로 확인하는구나. 불상의 좌우로는 네모난 구멍 4개가 보이는데, 과거 어느 때만 하더라도 구멍마다 나무 기둥을 꽂아 불상을 전체적으로 보호하는 목조 건물을 만들었다고 한다. 오랜 세월이 지나며 제대로 관리되지 않자 나무틀이 사라지고 만 것이다.

마애석가여래좌상이 나름 사찰에서는 가장 높은 위치인지라 뒤를 돌아보면 저 아래 위치한 도심이

승가사 '마애석가여래좌상' ©Park Jongmoo

더욱 잘 보이나, 오늘은 역시나 서서히 날이 개는 중이라 그런지 잘 보이지 않는다. 어쨌든 맑은 날에는 부처님의 눈길이 서울 한복판과 저 멀리 롯데타워까지 바라보고 있는 만큼, 과거 이곳에 불상을 새긴 장인들은 부처님이 산 아래 저 멀리까지 바라보듯 불법이 저 멀리까지 알려지길 바란 것이 아닐까?

다시 사찰로 내려오다 승가사라는 사찰 이름이 붙여진 이유인 승가대사 조각을 만났다. 굴 안에 승가대사 조각이 있다 하여 처음에는 단순히 승가굴이라 부르다 시일이 더 흘러 승가사가 된 것이다. 1106년 기록인 삼각산 중수 승가굴기(三角山重修 僧伽崛記)에 따르면

최치원 공의 문집을 보면, "옛날 신라 시대에서 낙적사(狼迹寺)의 승려 수태가 당나라에서 활동한 승가대사의 거룩한 행적을 익히 듣고, 삼각산 남쪽에 좋은 장소를 골라 바위를 뚫어 굴을 만들고, 돌을 조각하여 얼굴을 묘사하니 대사의 얼굴이 더욱 우리나라에 비치었다. 국가에 천지재변이 있을 때나 수재나 가뭄 등 힘든 일이 있을 때에, 기도를 올리면 그 자리에서 응답을 받지 않은 적이 없었다. 그러므로 사절을 보내어 봄과 가을에 3일씩 재(齋)를 베풀고, 연말에는 아울러 임금의 옷을 바치는 것을 정상

(위) 승가대사 조각. ⓒPark Jongmoo
(아래) 승가대사 조각이 있는 승가굴.
ⓒPark Jongmoo

적인 규례로 삼았다."라 하였다.

라는 이야기가 있다. 반면 승가대사 조각 뒤의 광배에는 고려 시대인 1024년에 제작했다는 글이 새겨져 있다. 이를 미루어 볼 때 통일신라 시대에 승가대사 조각이 만들어진 후 고려 시대에 승가대사 뒤로 광배가 추가로 조성되었나보다. 게다가 고려 시대에는 가까운 개성에서 국왕이 직접 이곳까지 행차하여 시주하는 등 더욱 남다른 관심을 보였다고 한다. 세월이 흘러 조선 시대가 되자, 이곳은 병을 고치는 약사불 신앙의 도량이자 국왕의 생일 때마다 장수를 기원하는 의식인 탄신축수재(誕辰祝壽齋)를 개최하는 사찰로 자리 잡는다. 이에 따라 불교를 숭상하는 왕족들이 자주 방문하는 등 여전한 인기를 이어갔다.

하지만 임진왜란과 병자호란을 거치면서 승가사가 승군이 모이기 좋은 장소라 하여 적군에 의해 불타버렸으니, 이후로 과거보다 사찰의 분위기가 많이 기울게 된다. 그렇게 더 시간이 지나

"북한산 승가사(僧伽寺)를 조사해 보았는가?" 하니,

이창운이 아뢰기를, "신이 가서 조사해보니 헐린

기와와 넘어진 벽이 이루 형용할 수 없었고, 단지 쇠잔한 승려 대여섯 사람만 있었습니다." 하여,

내(정조)가 이르기를, "청나라에서 보내온 옥불(玉佛)은 황제가 동궁에게 하사한 것인데 일단 받았으므로 함부로 두어서는 안 된다. 대궐 안은 봉안할 수 있는 곳이 아니고, 형편상 가까운 절에 두어야 할 것이니, 이것은 불교를 숭상해서 그런 것이 아니라 사정이 이와 같으니 이 절을 고쳐서 봉안해야겠다." 하니,

서명선이 아뢰기를, "이에 대해서는 불교를 숭상한다는 혐의가 없을 듯합니다." 라 하였다.

〈일성록〉, 정조 8년(1784) 12월 24일

정조는 당시 기준으로 꽤 늦은 나이인 31세에 비로소 아들을 낳았는데, 아이가 불과 22개월이 된 1784년에 세자로 삼을 정도로 무척 아꼈다. 특히 정조가 남달리 사랑하던 의빈 성씨와의 사이에서 태어난 왕자였기에 기쁨이 한층 컸다.

마침 청나라에 간 조선 사신으로부터 해당 소식을 들은 청나라 황제 건륭제는 조선 세자가 오래 살기를 기원한다면서 옥불을 선물로 보내주었다. 그러자 정조는 신하들과 의논 끝에 옥불을 궁궐에 둘 수 없으니 대신 한양 도성에서 가까운 승가사에 보

관하기로 한 것이다. 정조 시기에 이르러서는 어느 덧 궁궐 또는 한양 도성 안으로 사찰이 없었기에 세 자궁에 옥불을 둘 분위기가 전혀 아니었다.

그렇게 승가사는 정조의 후원으로 다시금 중수 되어 세자의 만수 기원을 바라는 옥불이 안치되었 다. 그러나 세자는 불과 5세 때 홍역에 걸려 죽고말 았으니, 이것 참. 뿐만 아니라 사랑하던 후궁인 의 빈 성씨마저 아들이 죽은 지 불과 4달 후 세상을 떠 나고 만다. 이 일을 기점으로 정조의 옥불에 대한 관심은 완전히 식어버렸는지 어떠한 기록에도 더 이상 관련 내용이 보이지 않는다. 아무래도 별다른 효험이 없는 불상으로 여겨지며 무관심 속에 사라 진 모양이다. 그럼에도 불구하고 개인적으로 서울 에서 북한산을 우러러볼 때마다 옥불이 생각나는 건 왜일까? 산 어딘가에 분명 옥불이 숨어 있을 것 만 같으니.

아~ 맞다. 정조는 시간이 흘러 1790년에 아들을 한 명 더 낳게 되는데, 그가 차기 왕이 되는 순조다. 한편 순조 탄생과 연결되는 놀라운 이야기가 하나 전해지고 있다. 남양주 내원암이라는 작은 사찰이 있으니, 이곳에서 왕실의 시주로 왕자 탄생을 기원 하면서 고승에게 300일간 기도를 올리도록 하였다. 이후 정조의 후궁인 수빈 박씨가 노스님 한 명이 방으로 들어오는 꿈을 꾸더니, 얼마 지나지 않아 태기를 느끼고 순조를 낳은 것이 아닌가. 그러자 정조는 1794년에 내원암에 사찰 건물을 지어주고 '관음전(觀音殿)'이라는 편액까지 직접 써 하사하였다. 때마침 정조가 수원에 사도세자를 위한 용주사를 만들 때 왕자가 태어났던 만큼 왕실에서는 이를 부처님의 영험으로 여겼다. 오죽하면 왕자가 6살이 되는 1795년, 정조가 직접 부처의 공덕을 칭송하는 게송을 지어 용주사에 하사했을 정도다.

이렇듯 조선 후기가 되면 정말 희한할 정도로 조선 전기에 비해 유독 왕자가 잘 태어나지 않았기에 왕비나 후궁 할 것 없이 전국 방방곡곡의 사찰에 기도처를 세우고 왕자 탄생을 발원하는 문화가 무척 강해졌다. 왕실 자손이 귀해지는 만큼 이에 비례하여 불사 방식이 달라진 것이다.

이런 분위기 속에 유독 부각된 보살이 있으니, 관세음보살이 바로 그 주인공이다. 앞서 언급한 남양주 내원암에다 정조가 관음전이라는 편액을 내린 것도 왕자 탄생을 기원하며 기도한 대상이 다름 아닌 관세음보살이었기 때문이다.

관세음보살

법화경에는 관세음보살 이야기가 담긴 '관세음보살보문품(觀世音菩薩普門品)' 이라는 경문이 있으며, 이를 따로 빼서 관음경이라 부르기도 한다. 전체적인 내용은 관세음보살이 어떤 존재이고 중생에게 어떤 도움을 주는지 언급하고 있으며, 그런 만큼 관음 신앙에서 중요하게 여기는 경전이라 하겠다. 나 역시 법화경 중 가장 많이 읽은 부분이 '관세음보살보문품' 이었다. 오죽하면 어릴 적만 하더라도 놀랍게도 '관세음보살보문품' 을 다 외워서 처음부터 끝까지 읊을 정도였다. 하하. 지금은? 글쎄. 안 읽은 지 오래되었지만 어느 정도 시간을 준다면 다시금 다 외울지도 모르지. 이미 머리 안에 얼개가 잡혀 있으니까.

그럼 셔틀버스를 타고 산 아래로 내려가면서 관세음보살에 대한 이야기를 해볼까? 호국대보탑으로 가자 이번에는 나이든 처사님이 버스를 기다리고 있다. 잠시 이야기를 나눠보니 승가사를 오래 다닌 신도로 비가 옴에도 새벽 기도를 왔다고 한다.

버스는 곧 출발할 시간이라 하는군. 그 말이 끝나자마자 우렁찬 차 엔진 소리가 저 아래 산길에서 들리더니, 곧 셔틀버스가 도착하여 탑승~ 역시나 거친 비탈길을 휙휙 달려간다. 음, 바깥 경치를 구경하며 흔들리는 의자에 앉아 정신없이 있으니, 벌써 산을 다 내려왔네. 여기도 어느덧 비가 그친 상황이다.

나는 아까 버스를 탔던 곳에서 내렸다. 워낙 오래 승가사를 다닌 신도인지라 기사님과도 잘 아는지 내려오는 내내 이야기를 꽃피우더라. 어이쿠. 산비탈을 정신없이 내려오느라 원래 목표와 달리 관세음보살 이야기를 전혀 꺼내지도 못했군. 옥천암 마애불좌상을 만나러 가면서 못한 이야기를 이어가야겠다. 근처 버스 정류장에서 기다리자 금방 버스가 도착하였다. 이 버스를 타면 옥천암까지 약 15분 정도 걸린다. 그럼 이야기 시작~

관세음보살은 이전 흥천사 여행 때 간단히 언급했지만, 아미타불과 함께 서방극락세계를 관리하다가 이 세상에도 종종 나타나 어렵고 힘든 이들을 도와주는 보살이다. 지장보살과 함께 2대 보살이라 불릴 만큼 불교 세계관에서 엄청난 영향력을 지닌 분이다. 무엇보다 이 세상에 나타날 때는 중생들의 어려운 상황에 맞추어 여러 모습으로 등장하는데, '관세음보살보문품'에는 이를 다음과 같이 표현한다.

관세음보살은

부처님의 몸으로 제도할 이에게는, 부처님의 몸을 나타내어 법을 설하고

벽지불의 몸으로 제도할 이에게는, 벽지불의 몸을 나타내어 법을 설하고

성문의 몸으로 제도할 이에게는, 성문의 몸을 나타내어 법을 설하고

범천왕의 몸으로 제도할 이에게는, 범천왕의 몸을 나타내어 법을 설하고

제석천왕의 몸으로 제도할 이에게는, 제석천왕의 몸을 나타내어 법을 설하고

자재천의 몸으로 제도할 이에게는, 자재천의 몸을 나타내어 법을 설하고

대자재천의 몸으로 제도할 이에게는, 대자재천의 몸을 나타내어 법을 설하고

하늘대장군의 몸으로 제도할 이에게는, 하늘대장군의 몸을 나타내어 법을 설하고

비사문의 몸으로 제도할 이에게는, 비사문의 몸을 나타내어 법을 설하고

소왕의 몸으로 제도할 이에게는, 소왕의 몸을 나타내어 법을 설하고

장자의 몸으로 제도할 이에게는, 장자의 몸을 나타내어 법을 설하고

거사의 몸으로 제도할 이에게는, 거사의 몸을 나타내어 법을 설하고

재관의 몸으로 제도할 이에게는, 재관의 몸을 나타내어 법을 설하고

바라문의 몸으로 제도할 이에게는, 바라문의 몸을 나타내어 법을 설하고

비구, 비구니, 우바새, 우바이의 몸으로 제도할 이에게는, 비구, 비구니, 우바새, 우바이의 몸을 나타내어 법을 설하고

장자, 거사, 재관, 바라문의 부인 몸으로 제도할 이에게는, 다 그 부인의 몸을 나타내어 법을 설하고

동남동녀의 몸으로 제도할 이에게는, 동남동녀의 몸을 나타내어 법을 설하고

하늘, 용, 야차, 건달바, 아수라, 가루라, 긴나라, 마후라가, 사람, 사람 아닌 이들의 몸으로 제도할 이에게는, 다 그 몸을 나타내어 법을 설하고

집금강신의 몸으로 제도할 이에게는, 집금강신의 몸을 나타내어 법을 말하느니라.

'관세음보살보문품'

이처럼 필요에 따라 다양한 모습으로 나타나 중생을 도와준다고 한다. 한마디로 관세음보살은 원하는 대로 몸을 변신할 수 있다고 생각하면 좋을 듯

하다. 그런 만큼 불자들은 자신에게 크고 작은 도움을 준 이를 관세음보살이라 이야기하곤 하는데, 예를 들면 아까 승가사 셔틀버스를 탈 때 비가 와서 버스가 운영하지 않자 기사님께 직접 전화를 하여 버스를 오게 한 노 보살님이 내게는 관세음보살일 수 있다는 의미. 만약 그분이 없었더라면 꼼짝없이 비오는 산길을 40분간 등산하거나 아님 승가사 방문을 포기했었겠지.

마침 이러한 관세음보살의 능력을 불화로 그린 작품이 있다. 도갑사 '관음32응신도' 가 바로 그것이다. 가로 201㎝ 세로 151㎝의 그림으로 가운데 관세음보살이 커다란 모습으로 등장하며 주변에 보이는 여러 작은 그림들은 각기 관세음보살이 변신한 모습을 그려둔 것이다. 특히 제목이 '관음32응신도' 인 이유는 앞서 보았듯이 '관세음보살보문품' 에 따르면 관세음보살이 부처님부터 집금강신까지 총 32가지 모습으로 등장한다고 설명하고 있기 때문이다. 특히 산수화 + 불화 형식으로 더욱 장엄한 느낌으로 다가온다. 조선 전기 산수화를 대표하는 그림처럼 다가올 정도로 산 표현이 일품인 불화다.

개인적으로는 아직까지 진품을 본 적이 없고 도갑사에서 원본 그대로 복원한 작품만 만나보았다. 임진왜란 때 일본군이 전라남도 도갑사에 있던 해

도갑사 '관음32응신도', 1550년, 교토 지온인(知恩院) 소장.

당 작품을 훔쳐간 후 메이지 유신 때 교토 지온인(知恩院)이라는 사찰에 봉납했기에 우리나라에서는 볼 수 없는 작품이 되고 말았다. 그렇게 교토 지온인에는 고려, 조선의 불화가 무려 5점이나 있다는 사실. 당연하게도 '관음32응신도'가 한반도에 남아 있었다면 현재 국보 중 국보라 불렸겠지.

한편 그림에는 화기가 적혀 있으니, "嘉靖二十九年庚戌四月旣晦我 恭懿王大妃殿下伏爲 仁宗榮靖大王仙駕轉生淨域恭募良工綵畵 觀世音菩薩三十二應幀 一面送安于月出山道岬寺之金堂永奉香火禮爾(가정 29년(1550) 경술 4월 초하루 우리 공의왕대비 전하는 인종영정대왕의 영혼이 정토에 다시 태어나기를 간절히 바라며, 양공을 모색해 그로 하여금 채색화 관세음보살삼십이응탱 한 폭을 그리게 하여 월출산 도갑사 금당에 봉안케 했다. 이에 삼가 향을 올리고 예를 갖춘다.)"가 그 내용이다. 이를 통해 중종의 아들이자 즉위 후 불과 8개월 뒤 죽음을 맞이한 인종을 위해 그의 부인인 공의왕대비 = 인성왕후가 후원하여 그렸음을 알 수 있다.

이 그림을 그린 작가는 "이자실"이라고 금색 글씨로 명기되어 있으며, 그는 도화서 화원으로 활동한 이상좌와 동일 인물로 추정 중. 국왕인 중종 초상화를 그린 데다 산수화, 불화 등 다양한 그림을 그린 작가였기에 돌아가신 인종을 위한 왕실 불화 작업에도 참여한 것이다. 사실 조선 전기만 하더라도 왕실이 후원한 불화는 대부분 도화서 화원이 그렸다. 반면 조선 후기에는 아무리 왕실이 후원하더라도 화원이 그린 불화는 극히 드물며 대부분 화승, 즉 그림을 전문으로 그리는 승려가 그렸다. 그래서인지 몰라도 세밀한 표현과 묘사에 있어서는 조선 전기 불화가 조선 후기 불화보다 위에 있는 느낌이랄까?

한편 승가사에서 만난 승가대사도 관세음보살의 응신 중 하나라 여기고 있다는 사실. 그는 당나라 때 인도에서 중국으로 건너온 고승으로 살아 있을 때부터 엄청난 존경을 받았다고 한다. 이후 승가대사가 열반하자 당시 사람들은 그가 관세음보살로 환생했다고 여겼는데, 이에 따라 승가대사 조각 역시 관세음보살처럼 전란, 천재지변 등 현세의 재난을 막아준다고 믿게 된다. 삼각산 중수 승가굴기(三角山重修僧伽崛記)에서 "국가에 천지재변이 있을 때나 수재나 가뭄 등 힘든 일이 있을 때에, 기도를 올리면 그 자리에서 응답을 받지 않은 적이 없었다."가 바로 그 예 중 하나다. 마침 관세음보살보문품에도 여러 어려운 일이 있을 때마다 관세음보살께 기도하면 응답을 받는다는 내용이 등장한다. 이는 곧 승가사의 시작은 사실상 관세음보살을 위한 사찰이라고 보아도 과언이 아니라는 의미다.

아~ 그렇지. 이번에 호암미술관에서 개최한 불교미술 전시에서도 조선 전기에 그려진 관세음보살이 출품되었는데, 이번 기회에 마저 두 점 정도 소개해볼까?

우선 1427년, 그러니까 세종 9년에 그려진 관세음보살 그림부터 소개해봐야겠다. 제목은 수월관음보살도(水月觀音菩薩圖)로 이때 '달 = 영원불멸한 불법, 물 = 불성'을 뜻한다. 마치 하늘에 떠 모든 곳을 비추는 달처럼 불법은 언제나 당신과 함께하고 있으니, 마음을 맑게 하여 자신의 불성을 깨닫는다면 맑은 물에 달이 비추듯 누구든지 부처가 될 수 있다는 의미다. 이러한 진리를 관세음보살이 알려주고 있는 장면이라 하겠다.

그림 오른쪽 아래를 보면 선재동자가 등장한다. 그는 불경 중 화엄경 입법계품에 등장하는 구도자로서 깨달음을 위해 총 52명의 선지식을 찾아다닌 인물이다. 이처럼 불도를 절실히 구하는 모습이 순진한 어린아이와 같다고 해서, 동자라고 부르며 52명 중 한 명인 관세음보살을 만나는 장면이 수월관음보살도의 주요 스토리텔링이다.

이때 선재동자는 보타락가산에서 관세음보살을

선재동자 세부.

만났는데, 이곳은 관세음보살이 이 세상에 머물 때 주로 기거하는 장소라고 한다. 그래서일까? 한국, 중국, 일본 등에서는 관세음보살과 연결되는 장소에다 보타락가라는 지명을 붙이는 경우가 많다. 예를 들면 강원도에 위치한 관음 성지인 낙산사의 명칭이 다름 아닌 보타락가산의 줄임말에서 나왔다.

그런데 해당 그림에는 선재동자뿐만 아니라 왼쪽 아래에 세 명의 여성이 더 등장하고 있어 눈길을 끈다. 무릎을 꿇고 있는 여성은 다름 아닌 왕족 여성이고 나머지 서 있는 2명은 시종이니, 이는 그림을 그리도록 후원한 사람이 자신의 관세음보살에 대한 종교적인 믿음을 그림 속 왕족 여성을 통해 투영하고자 했기 때문이다. 이에 따라 왕족 여성을 마치 선재동자처럼 관세음보살의 가르침을 받는 모습으로 표현한 것이다.

작품을 발원한 이는 진양 강씨와 남양 홍씨라고 그림에 적혀 있는데, 이 중 남양 홍씨는 왕족인 금평군의 부인이다. 금평군은 조선 2대 국왕인 정종의 서자로 나름 왕자 신분이었다. 반면 진양 강씨는 구체적으로 누구인지 알 수 없으나 최소한 남양 홍씨와 비견될 만한 고위층 왕족 여성이었을 것이다. 이를 통해 당시 서열이 조금 떨어지는 왕족들의 후원으로 그려진 작품들이 어느 정도 수준이었는지 알 수가 있겠다.

다음으로 소개할 작품 역시 수월관음보살도(水月觀音菩薩圖)로 앞서 이야기한 도갑사 '관음32응신도'를 그린 이자실의 또 다른 작품으로 추정하고 있다. 관세음보살 묘사부터 그림체까지 너무나 유사하기 때문이다. 값비싼 재료인 금실로 그려진 만큼 상당한 공을 들인 작품인데, 무엇보다 변색이나 변질이 거의 없는 금의 성질 덕분에 오랜 세월이 지났음에도 방금 그려진 듯 생생하다.

역시나 그림 아래에는 선재동자가 묘사되어 있

으며, 관세음보살로부터 오른쪽 아래에 위치한 바위에는 그림을 그리는 데 후원한 이씨, 민씨가 적혀 있다. 아무래도 이들 역시 왕족 여성일 가능성이 높지 않을까? 이렇듯 당시 왕실여성들의 관세음보살에 대한 믿음은 상당하였다.

음~ 곧 버스가 목표 지점에 도착하겠군. 이제 두 정거장 정도 남았다. 그런 만큼 도갑사 '관음32응신도'를 그리도록 후원한 인성왕후 이야기를 끝으로 이번 이야기는 마무리해야 할 것 같다.

하루는 상(上, 선조)이 문안한 뒤에 나아가 뵙고서,

"녹훈(錄勳, 을사사화 때 공신을 기록한 것)한 것은 바로 선조(先祖, 명종)의 한 지극히 중대한 일이므로 감히 가벼이 고치지 못합니다. 조정의 의논을 따르지 못하는 것도 이 때문입니다."라 하니,

대비(인성왕후)가 "견딜 수 없구나. 견딜 수 없구나."라고 잇따라 부르짖으면서도

"국가의 큰일을 어찌 미망인(未亡人)을 위해서 가벼이 고칠 수 있겠소."라 하였다.

상이 물러나서 계단에 미치지 못하였는데 대비가 소리를 내어 통곡하니,

상이 듣고 자리를 가져다가 계단 아래에 앉아 머

'수월관음보살도', 16세기, 일본 개인 소장. ©Kim Hyunjung

리를 떨군 채 한동안 있다가 늙은 궁인을 불러 이르기를,

"내가 왕이 되지 않았다면 일생을 편안히 보낼 터인데 불행스럽게도 여기에 이르러 난처한 일을 만났다."라 하였다.

며칠 후에 병이 위독해졌는데 대비가 탄식하며 "나는 지하에 가더라도 죄를 면하지 못하게 되었다."라고 말을 마치자 손발이 모두 싸늘해졌다.

궁인이 상에게 달려가 보고하니 상이 즉시 나아가 뵈었으나 이미 구할 수 없는 상황이었다.

중전도 와서 서로 만나 울었다.

상이 대비에게 아뢰기를, "녹훈을 삭제할 것이니 안심하고 병을 조리하소서."라 하니,

대비가 기쁜 빛을 나타내며 눈이 저절로 감겼다.

상이 물러가자 대비가 다시 깨어나서 사람을 보내어 상에게 사례하기를,

"상의 은혜가 망극하여 보답할 바를 모르겠소."라 하였다.

다음날 대비가 승하하였다.

《조선왕조 선조수정실록》, 선조 10년(1577) 11월 1일

중종은 장경왕후가 세자인 인종을 낳고 불과 7일 만에 죽자 새로 왕비를 들였는데, 그가 바로 문정왕

후다. 그런데 문정왕후가 경원대군을 낳으면서 중종 후반기에는 세자인 인종을 지지하는 세력과 경원대군을 지지하는 세력 간의 치열한 다툼이 벌어졌다

하지만 안타깝게도 인종이 즉위 8개월 만에 30살의 젊은 나이로 죽으면서 배다른 동생이자 당시 12살이었던 경원대군이 왕이 된다. 이로서 역사에 경원대군은 명종이라 기록될 수 있었다. 이때 수렴청정을 한 명종의 어머니인 문정왕후는 권력을 장악하자 을사사화를 일으켜 중종 시절 인종을 지지한 세력을 대대적으로 숙청, 유배, 처형시켰는데, 이 과정에서 인종을 지지한 인물 중 희생자가 100명에 달할 정도였다. 이러한 고난을 가장 가까이에서 지켜본 인물은 다름 아닌 도갑사 '관음32응신도'를 발원한 인종의 부인 인성왕후로 그만큼 관세음보살의 도움을 절실히 원하던 시기였던 것이다.

세월이 지나 서슬 퍼런 문정왕후마저 죽음만은 피하지 못했고, 얼마 뒤 명종 역시 자식 없이 죽어 방계 왕족이 왕위에 오르게 되니, 그가 선조다. 세상이 크게 바뀐 데다 어느덧 왕실의 가장 큰 어른이 된 인성왕후는 선조에게 을사사화 때 피해 입은 이들의 억울함을 풀어달라고 주장하기에 이른다. 문제는 선조가 명종의 양자 신분으로 왕이 된 만큼 이

를 건드리기가 결코 쉽지 않았다는 점. 그럼에도 불구하고 인성왕후가 죽음을 앞두고 선조에게 마지막 부탁을 하니, 결국 선조는 을사사화 때 공신에 오른 인물들을 삭훈(削勳), 즉 공신에 오른 사람들의 지위를 박탈하고 반대로 피해자들의 신원은 회복해주기로 약속하였다. 당시 기준으로 볼 때 양아버지(명종)의 뜻을 자식(선조)이 거역하는 모양새라 나름 쉽지 않은 결정을 한 것이다.

소식을 들은 다음날 인성왕후는 한 맺힌 인생을 마무리했는데, 을사사화로 피해를 입은 이들에게는 인성왕후가 마치 관세음보살의 응신처럼 느껴지지 않았을까?

옥천암 마애불좌상

　버스정류장에서 내리자 홍제천 물소리가 고막을 시원하게 때리는구나. 오늘따라 새벽에 비가 와서 그런지 물소리가 더욱 세찬 느낌이다. 이상한 점은 내가 이곳에 올 때마다 비가 왔다는 사실. 저번에 왔을 때도 비 오던 날이었고 그 전에도 그랬다. 오호라~ 옥천암 + 나의 방문 = 비 오는 날인가? 가뭄으로 나라에 걱정이 생기면 반드시 와봐야겠다.

　골목을 따라 쭉 걸어가니, 금방 절에 도착하였다. 홍제천 옆에 위치한 사찰인지라 언제나 시원한 물소리와 함께하기에 도심이 아닌 산 속 깊이 들어온 기분마저 드는걸. 이곳에는 보물로 지정된 거대한 마애불좌상이 있는데, 홍제천 개울가에 위치한 거대한 바위에 5m 크기의 불상이 새겨진 시점은 고려 시대라고 한다.

　이후 조선을 세운 이성계가 한양에 도읍을 정하던 중 여기 마애불에 들려 기도했다는 이야기가 전해지며, 조선 전기에 활동한 성현은 자신이 쓴 《용재총화(慵齋叢話)》에서 "장의사 앞 시내 물줄기를 따라 몇 리를 내려가면 불암(佛巖)이 있는데, 바위에 불상을 새겼다."라는 기록을 남겼다. 당시만 하더라도 옥천암을 불암이라고 부르기도 했나보다.

오늘 오전에 궁인 이씨(宮人 李氏)가 아들을 낳았다. 산모를 보살펴주는 등의 일을 운현궁(雲峴宮)에서 대령하라.

《조선왕조실록》 고종 5년(1868) 윤 4월 10일

시간이 흘러 조선 후기인 1868년, 고종이 궁녀 이씨 사이에서 아들을 낳았으니, 이는 고종의 첫 번째 아들이었다. 마침 조선 후기 들어오면 왕자가 워낙 드물게 태어났기에 궁녀 사이에 낳은 서자임에도 불구하고 첫 아들이라 하여 대우가 무척 좋았다. 오죽하면 산모를 보살피는 일마저 흥선대원군의 저택인 운현궁에서 맡을 정도였으며 대원군의 아이에 대한 총애 또한 엄청났지.

문제는 고종이 정비인 명성왕후와 1866년에 혼인했으나 정작 둘 사이에는 자식이 없었다는 점이다. 그런 만큼 명성왕후는 궁녀 이씨에 대한 엄청난 질투심이 일어났고, 본인도 반드시 아들을 낳으려는 마음에 불사에 적극적으로 나섰다. 덕분에 옥천암은 명성왕후의 시주로 1868년 들어 중창이 이루

옥천암 마애불좌상. ©Park Jongmoo

어졌다. 하얀 분칠을 한 마애불좌상 위에 기와 목조 시설물을 올린 시점이 다름 아닌 이때라 한다.

이곳 외에도 명성왕후는 여러 사찰에 불사했는데, 이때 시주한 사찰 중 상당수가 관세음보살과 관련된 사찰이었다. 한마디로 관음 신앙에 기대어 아들을 낳기 바란 것이다. 이로써 알 수 있는 점이 하나 있는데, 바로 이곳 옥천암 마애불좌상이 다름 아닌 관세음보살이라는 사실.

만약 어떠한 여인이 아들을 얻고자 하여 관세음보살에게 예배를 하고 공양을 하면 복덕과 지혜를 갖춘 아들을 낳고,
딸을 얻고자 하면 문득 인물이 단정하고 아름다운 딸을 낳으리니, 그 자녀들은 숙세에 덕의 근본을 심었기 때문에 많은 사람들의 사랑과 존경을 받느니라.

'관세음보살보문품'

마침 '관세음보살보문품'에는 아들 또는 딸을 낳기 원할 때 관세음보살께 기도하면 이루어진다는 대목이 있다. 이에 따라 자식 없는 부부가 관세음보살께 간절히 기도하는 모습은 한반도에 불교가 전해진 이래로 쭉 이어오던 문화 중 하나였다. 그렇게 영험한 일이 많이 생긴 사찰로 점차 알려지면 비슷

한 고민을 지닌 왕실이나 왕족들이 큰 규모의 시주를 하거나 원찰로 삼기도 했다. 당연하게도 명성왕후 역시 관세음보살의 영험함이 남다르다 하여 이곳에 시주를 한 것이다.

가만 생각해보니, 버스를 타고 오며 소개한 왕실 여성의 후원으로 그려진 조선 전기 수월관음보살도 두 점 또한 자식을 낳게 해달라며 기원한 작품일지도 모르겠구나. 요즘이야 결혼한 부부가 자식이 없다면 그냥 없는 대로 살기도 한다지만 과거에는 자식 탄생이 인생의 무척 중요한 이벤트로 여겨졌을 테니 말이다. 그렇다면 명성왕후의 기도는 이루어졌을까? 실제로 얼마 뒤인 1871년부터 고종과 명성왕후는 잇달아 4남 1녀를 낳았으며 이 중 1874년 태어난 둘째가 바로 조선 마지막 군주인 순종이다.

오늘도 옥천암 마애불좌상을 천천히 세 바퀴 돌며 인사를 드렸다. 이제 다음 코스를 향해 이동해야겠다. 아참~ 이곳을 떠나기 전 마지막으로 성북구에 있는 보타사라는 사찰을 잠깐 소개하면, 한눈에 보아도 보타락가산에서 따온 이름을 지닌 보타사에도 옥천암 마애불좌상과 거의 유사한 디자인과 높이를 지닌 고려 시대 마애불이 있다. 이 또한 알려지길 관세음보살이라고 한다. 혹시 관심 있는 분은 옥천암뿐만 아니라 보타사까지 함께 방문해본다면

보타사 마애보살좌상. ©Hwang Yoon

재미있는 경험이 될 듯하다. 쌍둥이처럼 너무나 비
슷한 모습이라 기분이 묘하다고나 할까?

다만 학자 의견에 따르면 옥천암과 보타사의 마
애불이 원래 제석천을 조각한 것이라는 주장이 있
다. 이 주장에 따르면 처음에는 제석천으로 조성되
었으나 오랜 세월이 지나 관세음보살로 여겨지며
지금까지 이어진 것이라 볼 수 있겠다.

참고로 불교 세계관에 따르면 제석천은 하늘을

다스리는 신으로 수미산 꼭대기에 있는 제석천궁에 머물며 불법을 수호한다고 한다. 특히 수미산에는 33명의 신이 있는데, 이들 중 최고신이 바로 제석천이며 그가 사용하는 무기가 지난번 광통교 아래에서 조각으로 만난 금강저(金剛杵)라는 사실. 금강저 = 번개가 발사되는 엄청난 무기다. 오잉? 그리스 로마 신화를 보면 올림포스산 꼭대기의 신궁에서 12신이 지내며, 이 중 번개를 무기로 사용하는 하늘을 다스리는 최고신 제우스와 제석천의 모습이 참으로 유사하게 보인다. 이는 두 신화가 공통된 원시 인도 유럽신화를 기반으로 시작하여 각각 인도와 그리스 지역으로 나뉘어 발전했기 때문이다. 이 과정에서 인도의 여러 신들은 불교가 등장하자 서서히 불법을 수호하는 신이 된 것이다.

> 수문전(修文殿)에서 제석도량(帝釋道場)을 7일간 열었다.
>
> 《고려사》 의종 2년(1148) 1월 9일

불법을 수호하는 신 중 나름 최고 위치에 있는 만큼 고려 시대에는 제석천을 중심으로 한 불교 의례가 자주 개최되었는데, 오죽하면 국왕이 직접 행사에 참여할 정도로 중요하게 여겼다. 이런 분위기 속에 고려 시대 들어와 개성으로부터 가까운 한양 두 곳의 바위에도 제석천이 새겨진 것이라 한다. 이와 유사한 개념으로는 통일신라 시대에 조성된 불국사의 청운교 + 백운교 = 33계단, 조선 시대 문과 시험 합격생 숫자 33명, 새벽에 한양도성 문을 열 때 종 33번을 치고, 전국에 위치한 관음 성지가 총 33군데, 지금도 12월 31일이면 보신각 타종 33번을 치고, 해인사 일주문에서 해탈문까지 33계단 등이 있으니 이 모든 것들이 수미산 33명의 신과 이들을 대표하는 제석천에서 유래한 것.

뭐~ 위 주장처럼 설사 옥천암과 보타사의 마애불이 제석천으로 조각되었더라도 앞서 보았듯 관세음보살은 "제석천왕의 몸으로 제도할 이에게는, 제석천왕의 몸을 나타내어 법을 설하고"라는 남다른 변신 능력이 있는 만큼 이곳 제석천 또한 관세음보살의 응신 중 하나로 볼 수도 있겠다. 즉 설사 제석천 조각일지라도 사람들에게 관세음보살이라고 불리는 지금의 상황 역시 얼추 맞는 해석이라는 의미.

지금까지 살펴보았듯 관세음보살은 현실을 살아가는 우리 주변에 존재하며 여러 도움을 주는 보살로 널리 알려졌다. 덕분에 지금까지도 가장 잘 알려진 대중적인 보살이자 많은 사람들에게 희망을 주

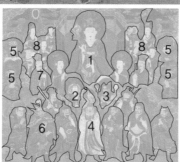

(위) '제석신중도(帝釋神衆圖)', 1750년, 국립중앙박물관. 불교를 수호하는 여러 신들(神衆)이 그려진 작품으로 이 중 가운데 가장 위에 있는 인물이 제석천이다. 주로 법당 안 오른쪽 벽에 걸려 있다.
(아래) 1. 제석천 2. 위태천 3. 아수라 4. 용왕 5. 사천왕 6. 가루라 7. 천자 8. 천동·천녀

는 존재로 인식되고 있다. 그래서인지 몰라도 나 또한 관세음보살을 참 좋아한다는 사실. 하하.

8. 지장보살

백중과 우란분재

옥천암 근처에서 마을버스를 타고 3호선 홍제역으로 이동한다. 다음 목표는 4호선 동작역으로 국립현충원 안에 있는 사찰을 방문할 계획이다. 호국지장사(護國地藏寺)가 바로 그곳인데, 명칭에서 느껴지듯 지장보살과 깊은 연관이 있는 사찰이다. 다만 본래 사찰 이름은 화장사(華藏寺)였으나, 1983년부터 호국지장사로 변경했다고 한다.

홍제역에 도착하여 이번에는 4호선으로 갈아탈 수 있는 충무로까지 이동한다. 그럼 이동하는 동안 관세음보살에 이어 지장보살에 대해 알아보자. 본격적인 이야기에 앞서 두 보살에 대한 신앙의 차이점을 구분해보면,

관음신앙 — 현세 구원에 초점
지장신앙 — 사후 구원에 초점

이라 하겠다. 즉 살아 있는 동안의 문제는 관세음보살이, 죽은 이후의 문제는 지장보살이 도와준

다는 의미다. 그런 만큼 두 보살은 불교 세계관에 등장하는 수많은 보살들 중 유독 특별한 인기를 받아 왔다. 불교 2대 보살이라 불릴 정도다.

아~ 맞다. 지장보살은 음력 7월 15일인 백중(百中)과 각별한 인연이 있다. 비록 사찰마다 행사방식이 조금씩 다르지만 백중 때 우란분재(盂蘭盆齋)라는 불사를 지내면서 지장경을 독송하기도 한다. 그래서일까? 여름에 사찰을 들르면 백중이라는 단어를 은근 이곳저곳에서 발견할 수 있다. 백중기도, 백중 영가천도 49일 기도, 백중 지장기도, 백중 합동천도제 등등.

무엇보다 불교계에서는 백중을 나름 5대 명절에 넣을 정도로 매우 중요하게 여긴다. 참고로 불교 5대 명절은 석가모니 탄생일(음력 4월 8일), 석가모니 출가일(음력 2월 8일), 석가모니 깨달은 날(음력 12월 8일), 석가모니 열반일(음력 2월 15일), 백중(음력 7월 15일)이다. 정리해보면 석가모니와 관련한 4대 명절 + 백중 우란분재 = 불교 5대 명절. 이렇게 보니 백중을 얼마나 중요하게 여기는지 알 수 있다. 유일하게 석가모니와 관련이 없는 날이면서 5대 명절일 정도니 말이다.

전 선종판사 수미(守眉)는 내(세조)가 왕이 되기

전부터 서로 알고 지내는 사이다. 그가 화려한 것을 싫어하는 데다 조용한 곳을 찾아서 떠난 뒤로는 소식이 서로 끊겼다. 지금 들으니, 도갑사(道岬寺)를 중건한다고 하는데, 곧 하안거가 시작되고 사찰을 조성한 후 법회도 해야 하니, 비록 수미가 스스로 말하지 않는다 하더라도 어찌 부족한 바가 없겠는가? 내가 아는 사람인 것을 생각하면 더욱 아쉬움이 앞선다. 전라감사가 나의 뜻을 알고 수시로 시주를 도와주라.

《조선왕조실록》 세조 10년(1464) 4월 13일

그렇다면 사찰에서는 왜 백중마다 우란분재를 지내는 것일까? 1. 우선 농사가 중요한 시절만 하더라도 음력 7월 15일인 백중은 여름 한철 휴식을 지내는 날이었으니, 이날이 되면 바쁜 농사일을 잠시 멈추고 음식과 술을 나누어 먹는 풍속이 있었다.

2. 다음으로 불교에서는 음력 4월 15일부터 7월 15일까지 하안거를 지냈으니, 이는 승려들이 한곳에 머물며 외출을 삼가고 수행에만 전념하는 시기라 하겠다. 대표적인 호불 군주인 세조의 경우 하안거에 필요한 비용을 지원하기도 했는데, 이는 승려가 수행에만 집중할 수 있도록 경제적 지원을 한 것이다. 이와 마찬가지로 백성들도 하안거가 되면 승

려들의 수행을 돕고자 재물을 시주하는 문화가 있었다. 그러다 음력 7월 15일에 하안거가 끝나는 백중이 되면 사찰마다 대중공양(大衆供養)을 베풀어 승려뿐만 아니라 수행을 도와준 주변 신도들과 함께 하안거 동안의 노고를 위로하였다.

> 7월 15일을 일반에서는 백종(百種, 백중의 다른 말)이라 하는 바, 승가(僧家)에서는 백종(百種)의 꽃과 과일을 준비하여 우란분회를 베푼다. 한양의 비구니 사찰에는 부녀들이 운집하여 돌아가신 이의 영(靈)에 제사를 지내며, 이날은 통금이 누그러진다. - 중략 - 7월 15일 달밤에 서울의 부녀자들은 사찰에 머물러 영패(靈牌)를 설치하고 향을 올려 공양한 뒤 제사가 마치면 패를 태우는 바, 농부와 말과 소를 사육하는 이들도 휴식한 채 이날을 즐긴다.
>
> 《용재총화》, 성현, 1525년

결국 농번기 중 하루 휴식을 취했던 백성들의 풍속과 하안거를 마친 사찰의 행사가 어느 순간부터 절묘하게 결합되며 백중 때마다 사찰에서는 음식과 꽃, 과일 등을 준비하여 지옥에서 고통에 빠져 있는 넋을 구제하는 우란분재를 개최하였다. 특히 조선시대에는 성리학과 주자가례 도입으로 이전에 비해 조상숭배 문화가 크게 발전하면서 유학자들에 의해 불교가 효를 모르는 종교로 크게 매도되곤 했다. 예를 들면 승려가 되고자 머리를 깎고 속세의 인연을 끊는 것은 부모와의 정을 끊는 큰 불효라는 식이었다. 이에 따라 사찰에서는 조상숭배와 천도를 위한 우란분재를 적극적으로 개최함으로써 효의 가치를 지키는 불교 이미지를 구축하고자 노력하였다.

한편 우란분재는 불경 중 하나인 불설우란분경(佛說盂蘭盆經)에서 그 유래를 확인할 수 있는데, 그 내용을 요약하면 다음과 같다.

석가모니의 제자 중 목련존자가 자신의 신통력으로 돌아가신 어머니를 찾아보았다. 그런데 어머니는 생전 죄를 많이 저질러 지옥에서 아귀가 된 채 굶주리고 목이 타는 고통을 받고 있는 것이 아닌가? 고생하는 모습을 본 목련존자는 슬피 탄식하면서 발우에 밥을 담아 어머니께 드렸으나 어머니가 음식을 받아 입에 넣으려는 순간 음식은 뜨거운 불로 변하고 말았다.

목련존자는 슬피 울며 부처님께 이 일을 고하였다. 이에 부처님은 어머니의 죄가 워낙 무거워서 비록 신통이 뛰어난 아들이어도 혼자의 힘으로는 구제할 수 없다고 하시며, 음력 7월 15일에 여러 스님들께 두루 공양할 것을 가르쳐주셨다. 이날은 수행을 닦던 많은 스님들이 도를 깨우치기도 하고, 또 그 도의 힘이 결집되는 날이기도 하며, 도력 있는 스님들이 한자리에 모여 일심으로 진리를 문답하고 참회하는 날이기 때문에 갖가지 음식과 과일을 정성스럽게 공양하면 그 공덕으로 전생의 여섯 어버이와 현재의 부모님은 천상(天上)의 복락을 누린다는 것. 목련존자는 부처님의 이 같은 가르침대로 행하여 어머니를 지옥의 고통에서 구할 수 있었다.

7월 15일은 여러 승려들이 안거를 끝내는 날이다. 원나라 수도에 위치한 경수사(慶壽寺)에서 여러 죽은 사람들의 영혼을 위하여 우란분재를 한다기에 나도 구경을 갔다. 행사를 담당한 이는 고려 승려인데, 새파랗게 깎은 둥근 머리에 희고 청정한 얼굴을 하였고 총명과 지혜는 남보다 뛰어났다. 창(唱)하고 읊는 소리가 여러 사람들을 압도하였고, 경율론(經律論)에 모두 통달하고 있는 정말로 덕행이 뛰어난 승려였다. 《목련존자구모경(目連尊者求母經)》을 설(說)하는데, 출가자 및 재가자와 선남선녀(善男善女)들이 그 수를 헤아릴 수 없을 정도였고, 모든 사람들이 합장을 하고 귀를 기울여 소리를 듣고 있었다.

박통사(朴通事), 1347년

이러한 목련존자 일화를 바탕으로 인도, 중국, 한반도, 일본의 여러 사찰에서는 오래 전부터 백중 때마다 우란분재를 개최하였는데, 놀랍게도 이와 유사한 일을 지장보살 또한 전생 때 경험한 적이 있다고 한다.

지장보살의 전생 이야기

　　지장보살의 전생 이야기를 하기 전에 청평사 지장시왕도부터 살펴보자. 청평사는 강원도 춘천시에 위치한 사찰로 이곳에서 보우스님이 문정왕후와 명종, 명종의 정비인 인순왕후, 인종의 정비인 인성왕후, 명종의 아들인 순회세자 및 세자빈 등을 위해 1562년에 '지장시왕도'를 조성하였다. 대부분의 조선전기 불화와 마찬가지로 청평사 '지장시왕도'는 현재 일본 히로시마에 위치한 사찰인 코메이사(光明寺)가 소장하고 있다.

　　해당 작품은 전체적으로 지장보살과 사후세계를 다스리는 10명의 왕으로 구성되어 있으며, 지장보살 좌우로 각각 5명씩 배치된 인물들은 다름 아닌 시왕(十王)이다. 가만 보아하니, 10명의 왕들은 대부분 머리에 원유관을 쓰고 상아홀(笏)을 들고 있다. 이는 곧 왕의 복장이라 하겠다. 다만 특이하게도 딱 1명, 그러니까 좌측 두 번째 줄에서 지장보살과 가장 가까이 있는 인물만 머리에 책을 이고 있으니, 그가 바로 그 유명한 염라대왕이다. 머리에 이고 있는 책은 다름 아닌 불경인 금강경이다.

사실 염라대왕은 고대 인도신화에서 죽음을 관장하는 신이었으며, 불교 세계관에 수용된 뒤에도 죽음을 관장하였다. 그런데 중국으로 불교가 전파되면서 업보, 윤회, 지옥관념으로부터 영향 받아 염라대왕이 죽음의 세계를 주재한다는 신앙과 더불어 죄를 지으면 지옥에 떨어지게 된다는 지옥신앙이 크게 유행하였다. 이 과정에서 불교의 사후세계가 당나라와 송나라를 거치며 중국의 도교 세계관과 결합되더니, 죽음을 관장하는 신이 무려 10명으로 늘어나 시왕(十王)이 되었고, 염라대왕은 시왕 중 한 명으로 격하되고 만다. 그럼에도 불구하고 염라대왕은 사후세계의 왕들 중 그 연원이 가장 오래된 만큼 여전히 시왕 중 최고 위치에 있다고 한다.

다음으로 지장보살 앞으로는 두 명의 인물이 서 있다. 이 중 왼쪽은 왕의 복장을 하고 있으며 오른쪽은 승려 모습을 하고 있다. 이들은 지장보살 협시로서 왕의 복장을 한 이는 무독귀왕, 승려 모습을 한 이는 도명존자라 한다. 지장보살이 등장하는 불화라면 거의 대부분 함께 등장하는 이들도 그만큼 지장보살과 남다른 인연이 있다고 하겠다. 이 중 무독귀왕은 지장보살의 전생 때 인연이 있었으니, 이야기는 다음과 같다.

청평사 '지장시왕도', 1562년, 일본 히로시마 코메이사(光明寺) 소장.

지장보살본원경(地藏菩薩本願經), 즉 지장경에 따르면 지장보살은 전생에 한 바라문의 딸로 태어났다고 한다. 그런데 딸의 어머니가 생전 나쁜 일을 많이 하여 지옥에 떨어졌기에 부처에게 공양을 올리고 절실히 기도를 하였다. 이에 따른 응답을 받아 놀랍게도 지옥을 직접 방문할 수 있는 기회를 얻었는데, 딸이 지옥을 방문하니, 참으로 참혹한 광경으로 가득한 것이 아닌가?

그렇게 지옥에 떨어진 어머니를 찾던 딸에게 도움을 준 이가 무독귀왕(無毒鬼王)으로 그는 여러 지옥에 대한 설명을 해주던 중 놀라운 사실을 하나 알려주었다. 딸이 어머니를 위해 부처에게 공양을 올리고 절실히 기도를 한 바로 그날 무간지옥에 있던 어머니를 포함한 죄인들이 모두 다 함께 천상에 태어났다는 것. 이때 경험을 바탕으로 딸은 지옥에 떨어진 이들을 위해 더 열심히 불법을 전하기로 마음 먹었으니, 그 결과 윤회를 거쳐 지장보살이 된다. 앞에서 살핀 목련존자 이야기와 거의 비슷한 구조다. 그렇게 바라문의 딸이 지옥을 방문했을 때 여러 지옥에 대한 설명을 해준 인연으로 무독귀왕(無毒鬼王)은 지장보살을 보좌하는 임무를 맡았다. 이번 기회에 지장경의 관련 부분을 한 번 읽어보자. 동양의 지옥 모습이 잘 묘사되어 있어 흥미롭다.

상법 시대 가운데 한 바라문의 딸이 있었으니, 숙세의 복이 깊고 두터워서 여러 사람의 공경을 받았으며, 행주좌와에 제천이 호위하였다. 그러나 그 어머니가 삿된 도를 믿어서 불법승 삼보를 업신여겼다.

이때 그 딸이 널리 방편을 베풀어서 그 어머니에게 권하여 바른 소견을 내게 하니, 이 딸의 어머니는 꼭 믿어주지 않으므로 오래지 않아 목숨이 끊어져 혼신이 무간지옥에 떨어졌다. 그때 바라문녀가 어머니께서 세상에 계실 적에 인과를 믿지 않았으므로 생각하기를 업을 따라 분명히 나쁜 곳에 나셨으리라 짐작하고는, 그만 집을 팔아 많은 향과 꽃과 모든 공양구들을 사서 그 전 부처님(각화정자재왕여래) 탑사에 크게 공양을 올리고 각화정자재왕부처님을 뵈었다. 그 형상이 어떠한 절에 계시되 얼굴이 심히 단정하니 그때 바라문의 딸은 더욱 우러러 예배 공경하는 마음을 내어 혼자 생각하였다.

'부처님은 큰 깨달음을 이루신 분으로 대각이라 이름하시는지라 일체의 지를 갖추었으니, 만일 세상에 계셨더라면 우리 어머니 돌아가신 후에 와서 물으면 반드시 처소를 알았으리라.'

그때에 바라문녀가 오랫동안 울며 부처님을 생각하더니 문득 공중으로 소리가 나며 이르기를,

'우는 자 성녀야, 너무 슬퍼하지 마라. 내가 지금 너의 어머니 간 곳을 보여 주리라.'

바라문녀가 합장하고 공중을 향하여 하늘께 말씀드리기를,

'이 무슨 신묘한 덕을 갖추셨길래 나의 근심을 풀어 주십니까? 저의 어머니가 돌아가셨는데 밤낮으로 생각하기를 어머니가 어디에 나셨는지 물을 곳이 없었습니다.'

그때에 공중에서 소리가 들려 두 번째로 이르기를,

'나는 너의 예배를 받은 과거 각화정자재왕여래이다. 너의 어머니에 대한 생각이 다른 중생의 마음보다 배나 더함을 보았으니 그러므로 일러주겠노라.'

바라문녀가 이 소리 듣기를 간절히 원하여 몸을 들어 스스로 부딪쳐 팔다리가 상하니 좌우에서 붙들어 주어서 한참 뒤에야 나았다. 공중을 향하여 다시 말씀드리기를,

'원하옵건대 부처님께서는 우리 어머니 나신 곳을 속히 알려 주십시오. 저는 지금 오래지 않아 죽을 것 같습니다.'

그때 각화정자재왕부처님이 바라문녀에게 말씀하시기를,

'네가 공양 올리기를 마치고 일찍이 집으로 돌아가서 단정히 앉아 나의 이름을 생각하면 곧 너의 어머니 난 곳을 알 것이다.'

그때 바라문녀가 예불하기를 곧 마치고 즉시 집으로 돌아가서 어머니를 생각하며, 단정히 앉아 각화정자재왕여래를 생각하되 하룻밤 하룻낮을 지나자 문득 자신이 한 바닷가에 와 있었다. 그 물이 끓어오르고 모든 악한 짐승이 쇠로 된 몸으로 바다 위를 날아다니며 동서로 달렸다. 모든 남자, 여인 백천만 명이 바닷속에 출몰하다가 악한 짐승의 밥이 됨을 보았다. 또 보니 야차들의 그 모양이 각각 다르되 혹 손이 많고 눈이 많으며 발이 많고 머리가 많으며, 어금니가 밖으로 나와 날카롭기가 칼 같았다. 모든 죄인을 몰아다가 악한 짐승에게 데려다주고, 다시 때리고 움켜잡아서 머리와 발을 하나로 묶었다. 그 형상이 만 가지라 차마 오래 보지 못하였다. 그러나 바라문녀는 부처님을 생각하는 원력으로 자연히 두려움이 없었다.

그곳에 한 귀왕이 있는데 이름은 무독이라 하고, 예를 하고 와서 맞으며 바라문녀에게 말씀드리기를,

'착하십니다, 보살이시여. 무슨 인연으로 여기 오셨습니까?

바라문녀가 귀왕께 묻기를,

'이곳은 어떤 곳입니까?

무독귀왕이 대답하기를,

'여기는 대철위산 서쪽의 첫 번째 바다입니다.'

바라문녀가 다시 묻기를,

'내가 들으니 철위산 속에 지옥이 있다던데 그 말이 옳습니까?

무독귀왕이 대답하기를,

'참으로 지옥이 있습니다.'

바라문녀가 묻기를,

'내가 지금 어찌하여 지옥 있는 곳에 와 있습니까?

무독이 대답하기를,

'만일 위신력이 아니면 그는 곧 업력이니, 이 두 가지 일이 아니면 마침내 올 수 없습니다.'

바라문녀가 또다시 묻기를,

'이 물은 어떤 인연으로 이렇게 용솟음쳐서 끓으며, 모든 죄인과 또는 악한 짐승이 많습니까?

무독이 대답하기를,

'이것은 남염부제에 죄 지은 중생이 처음으로 죽은 뒤 사십구일을 지내지만 한 사람도 공덕을 지어 망자의 괴로움을 벗겨 줌이 없으며, 살아 있을 때에도 착한 인연을 지은 것이 없으므로 마땅히 본업으로 감득할 지옥을 가게 되니 자연히 먼저 이 바다를

건너게 됩니다. 이 바다 동쪽으로 십만 유순(由旬)
에 또 한 바다가 있어 그 고통이 이보다 배나 되고,
그 바다 동쪽에 또 한 바다가 있어 그 고통이 다시
배가 더 많게 됩니다. 삼업으로 지은 악업으로 인해
온 것이기 때문에 모두가 업의 바다라 하니 그곳이
여기입니다.'

바라문녀가 또 무독귀왕에게 묻기를,

'지옥은 어디에 있습니까?'

무독이 대답하기를,

'세 군데 바닷속이 큰 지옥이며, 그 수가 백천이
나 되는데 각각 다릅니다. 이른바 큰 것은 열여덟 개
가 있고, 그 다음 것은 오백 개가 있는데 괴로움이
한량없으며, 그 다음 것이 천백 개나 있는데 또한 한
량없는 고통이 있습니다.'

바라문녀가 다시 묻기를,

'우리 어머니가 죽은 지 오래 되지 않아 알지 못
합니다. 혼신이 어느 곳에 갔습니까?'

귀왕이 바라문녀에게 묻기를,

'보살의 어머니는 세상에 계실 때 무슨 행업을
익혔습니까?'

바라문녀가 대답하기를,

'우리 어머니가 삿되어서 삼보를 비방하며, 설령
잠깐 믿었을지라도 곧 공경하지 않았습니다. 죽은

지 며칠이 못 되었으나 어느 곳에 태어났는지를 알
지 못합니다.'

무독이 묻기를,

'보살의 어머니는 성씨가 무엇이십니까?

바라문녀가 대답하기를,

'우리 부모는 다 바라문의 일가인데, 아버지 이
름은 시라선견이고 어머니 이름은 열제리입니다.'

무독이 합장하고 보살에게 대답하기를,

'원하옵건대 성자는 집에 돌아가시고 조금도 염
려하지 마십시오. 열제리 죄녀가 천상에 난 지 지금
사흘이 되었습니다.'

이어서 말하기를,

'효순한 자식이 어머니를 위하여 공양을 올려 복
을 닦아 각화정자재왕여래 탑사에 보시하였다 하
니, 보살의 어머니만 지옥을 벗어날 뿐만 아니라 마
땅히 무간지옥에 있는 그날 죄인들 모두 천상에 태
어나서 다 즐거움을 누리게 되었습니다.'

귀왕이 말을 마치고는 합장하고 물러갔다.

바라문녀가 곧 꿈에서 깬 듯 돌아와서 이를 깨닫
고 문득 각화정자재왕여래 탑상 앞에 크게 서원을
세우기를, '원하옵건대 나는 미래 모든 겁이 다하도
록 마땅히 죄를 지어 고통 받는 중생을 널리 방편을
베풀어 해탈토록 하겠습니다' 라고 하였다."

부처님께서 문수사리에게 말씀하시기를,

"그때 무독귀왕은 지금의 재수(財首)보살이요,

바라문녀라 하는 이는 지금의 지장보살이니라."

〈지장보살본원경〉

또 한 명의 지장보살 협시인 도명존자는 당나라 시절 승려다. 저승사자의 실수로 아직 죽을 때가 아닌데 사후세계를 간 적이 있었다. 그런데 저승에서 염라대왕을 만나면서 저승사자의 실수가 드러나 다시금 현실 세계로 돌아와 운 좋게 경험한 저승세계를 그림과 기록으로 남겼다. 도명존자가 사후세계에서 만난 한 승려가 있었으니, 그가 바로 지장보살이었다고 한다. 도명존자의 묘사에 따르면 얼굴은 보름달 같으며 몸은 보석으로 치장되었고 손에는 지팡이를 짚고 있었다고 한다. 이에 따라 지장보살은 머리를 깎은 승려 모습이나 몸은 여러 보살처럼 화려한 보석으로 치장된 채 지팡이의 일종인 석장(錫杖)을 지니고 있는 모습으로 그려지고 있다. 이런 인연으로 도명존자 역시 지장보살을 보좌하는 모습으로 표현된다.

이처럼 지장보살과 목련존자는 비슷한 경험을 한 적이 있으니, 그래서일까? 14세기 후반 들어와 지장경과 지장보살의 관심과 인기가 더욱 높아지면서 중국에서는 지장보살과 목련존자의 이미지가 점차 결합하거나 때로는 동일시되는 경향마저 나타난다. 이러한 인식은 동시대 한반도 역시 마찬가지여서, 덕분에 우란분재 또한 점차적으로 지장신앙과도 연결되기에 이른다. 지옥에 빠진 이들을 구원하는 지장보살이 본격적으로 주목받는 시점이 된 것이다.

아~ 충무로에 도착한 만큼 4호선으로 갈아타고 이야기를 이어가야겠다. 어이쿠, 환승역이라 그런지 유독 많은 사람이 내리네.

지장보살과 지옥

휴, 아까 3호선 때와 달리 4호선에서는 여기저기 자리가 비어 앉아서 갈 수 있을 듯하다. 그럼 앉아서 편하게 동작역까지 고고~ 이야기도 한층 더 편하게 고고~

일본 교토에 위치한 사찰 지온인(知恩院)에는 조선 전기에 그려진 '지장시왕도'가 있다. 이 부분에 대한 설명을 더 자세히 하자면 지장시왕도(地藏十王圖) = 지장보살 + 10명의 왕을 그린 그림이라는 의미다. 이에 따라 빈도가 낮을 뿐 종종 지장십왕도라 부르기도 한다. 활음조라 하여 십월(十月)을 시월, 십방(十方)을 시방이라 표기하는 것과 마찬가지 현상이라 하겠다.

이렇듯 지장시왕도에는 지장보살과 10명의 왕이 함께 등장하는데, 여기서 10명의 왕은 사후세계를 다스리는 신이자 판사 역할을 겸하고 있다. ① 진광대왕(秦廣大王), ② 초강대왕(初江大王), ③ 송제대왕(宋帝大王), ④ 오관대왕(五官大王), ⑤ 염라대왕(閻羅大王), ⑥ 변성대왕(變成大王), ⑦ 태산대왕

(泰山大王), ⑧ 평등대왕(平等大王), ⑨ 도시대왕
(都市大王), ⑩ 오도전륜대왕(五道轉輪大王)이 바
로 그들이다. 당연히 한 명 한 명 모두 대단히 무서
운 존재들이다. 이들 앞에 서는 순간 살아오며 행한
모든 일이 숨김없이 펼쳐지는 데다 판결에 따라 죽
음 이후의 운명이 결정되기에 살아 있을 적 왕이든
그에 버금가는 권력자든 아님 평범한 인생을 살았
든, 그 누구든 지간에 오금이 저리는 경험을 할 수
밖에 없다.

죽은 이는 진광대왕부터 만나며 살아생전 착한
일만 했거나 또는 아예 악행만을 저지른 이라면 1
대왕의 심판만 받아도 바로 다음 생애가 정해진다.
극락 또는 지옥이 단번에 결정되는 것. 하지만 상당
수의 사람들은 살아 있을 때 착한 일도 하고, 나쁜
일도 했기에 대부분의 심판은 1대왕만으로 쉽게 마
무리되지 않는다. 결국 1대왕에게 7일간의 심판을
받고 통과하지 못한 이는 2대왕인 초강대왕이 기다
리고 있다. 이런 식으로 3대왕, 4대왕, 5대왕, 6대왕,
7대왕에게까지 쭉 이어지며 살아 있을 때의 업보를
각각 7일간 심판받는데, 그 시간이 7대왕 7일 = 총
49일이라 한다. 다만 49일까지도 심판을 통과하지
못한 이는 100일 후 8대왕에게 가게 되며, 이후 죽
은 지 1년이 되는 날에는 9대왕, 3년째 되는 날에는

자수궁정사 '지장시왕도', 1575~ 1577년, 일본 지온인 소장.

10대왕인 오도전륜대왕을 만나 마지막 심판을 받는다.

그렇다, 여기서 그 유명한 49재가 등장한다는 사실. 49재는 죽은 날로부터 매 7일째마다 7회에 걸쳐서 49일 동안 개최하는 종교의례로서 1대왕부터 7대왕까지 심판을 잘 받기를 바라며 부처님에게 공양하는 의식인 것이다. 이때 의례 중 지장보살본원경(地藏菩薩本願經), 줄여서 지장경 의식을 주관하는 스님들과 죽은 이의 가족들이 크게 독송하는데, 이는 사후 심판과정에서 지장보살의 보살핌을 바라기 때문이다.

세존이시여, 제가 부처님의 위신력을 입어 백 천만 억 세계에 수많은 분신을 나타내어 모든 고통 받는 업보중생을 제도하고 있나이다. 만약 부처님의 큰 자비로 베푸는 위신력이 아니면 저는 이와 같이 하지 못했을 것입니다. 제가 이제 부처님의 부촉을 받아 미륵이 성불할 때까지 육도 중생을 해탈케 하리니 세존께서는 염려하지 마옵소서.

〈지장보살본원경〉 중 염부중생업감품

지장보살은 이전에 이야기했듯 미륵보살이 이 세상에 내려와 새로운 부처가 될 때까지 석가모니를 대신하여 여러 죄를 짓고 지옥의 고통을 받는 이들을 해탈시키는 것을 목표로 삼았다. 그런 만큼 지장보살은 판결 때 마치 변호사처럼 10대왕에게 죄인을 용서해줄 것을 요청하거나 이미 지옥에 떨어진 죄인일지라도 죄업을 멸하는 방법을 알려주어 죄를 뉘우치게 한 후 극락으로 인도하는 일을 맡고 있다. 사람들은 이러한 지장보살이 도와준다면 죽은 이가 설사 지옥에 빠졌더라도 해결 방법이 있을 거라 여겼다.

게다가 지장보살에 대한 믿음으로 인해 죽은 이를 위해 아예 지장보살을 그리기도 했으니, 방금 살펴본 자수궁정사 '지장시왕도'가 대표적인 예다. 선조 시절에 그려진 해당 작품은 숙빈 윤씨가 후원하여 자수궁 정사(慈壽宮 淨社), 즉 돌아가신 왕의 후궁들이 머무는 궁가인 자수궁 내 사원 건물에 봉안하였으나 임진왜란 때 뺏겨 일본으로 건너갔다가 현재는 교토에 위치한 사찰인 지온인이 소장하고 있다. 안타깝게도 지금까지 남아 전해지는 조선 전기에 그려진 지장시왕도 16점 중 대부분이 이런 식으로 외국에 있는 상황이다. 쯧쯧.

그림을 그리도록 후원한 숙빈 윤씨는 문정왕후의 조카로 중종시절 세자였던 인종이 계속해서 아이를 낳지 못하자 만약을 대비하여 1537년에 세자의 후궁으로 뽑힌 인물이다. 그러나 숙빈 윤씨 또한 인종과 사이에서 아이를 낳지 못했다. 아 아니, 인종 자체가 정비를 포함하여 후궁을 여럿 두었지만 후손이 아예 없었다. 이로부터 세월이 훌쩍 지나 숙빈 윤씨는 1575년 명종의 정비인 인순왕후가 죽자 그를 위해 지장시왕도를 그리도록 하였다. 아무래도 숙빈 윤씨와 인순왕후가 나름 동서 사이인 데다 두 사람 모두 문정왕후와 남다른 인연이 있던 만큼 꽤 친하게 지낸 모양이다.

흥미로운 점은 그림 중앙 위쪽에 위치한 지장보살을 중심으로 무독귀왕과 도명존자, 그리고 10명의 저승을 다스리는 왕, 마지막으로 10명의 왕을 도와 여러 일을 하는 지옥의 관리들이 포진하고 있는 반면 그 아래로는 참혹한 지옥을 그려두었다는 것.

총 18가지의 지옥이 묘사되어 있는데, 창자와 허파를 잡아 뽑아버리는 지옥, 몸을 사정없이 쪼개는 칼이 나무 잎으로 된 산으로 강제로 들어가는 지옥, 뜨거운 불구덩이에 빠지는 지옥, 뽑힌 혀를 길게 빼서 소가 밭을 가는 지옥, 톱으로 몸을 반으로 잘라버리는 지옥, 대못이 몸에 박히는 지옥, 끓는 가마솥에 들어가 삶아지는 지옥, 달군 철판에 지져지는 지옥, 절구에 넣어 빻아지는 지옥, 산 채로 껍질이 벗겨지는 지옥 등이 그것이다. 게다가 이런 고통이 한 번만으로 끝나는 것이 아니라 고통이 끝나면 신체가 회복되어 다시 고통을 주는 방식으로 끊임없이 반복된다고 한다.

다만 지옥도의 중간, 그러니까 지장보살 바로 아래로는 나무선반 위로 지장보살에게 여러 물품을 공양하는 모습을 그려두었으니, 이를 통해 지옥에서 고통 받는 이들을 모두 구제해주길 바라는 마음이 느껴진다. 이렇듯 지장보살 + 10명의 왕 + 18가지 지옥이 함께 그려져 있어 자수궁정사 '지장시왕도'는 '지장시왕18지옥도(地藏十王十八地獄圖)'라는 또 다른 제목으로도 알려져 있다.

여기까지 살펴보았듯 지장보살은 49재 등에서 조상 천도를 도와주는 중요한 존재로 여겨졌는데, 임진왜란과 병자호란으로 한반도가 크나큰 피해를 당하면서 지장보살에 대한 신앙이 한층 더 커지는 계기가 마련되었다. 수많은 사람들이 전쟁으로 억울한 죽음을 당하자 이들을 위한 기도나 천도가 여기저기서 크게 성행했던 것. 덕분에 조선 후기 들어와 지장보살을 모시는 지장전, 명부전 등이 사찰마다 생겨났으며 그 영향으로 인해 지금까지도 지장보살을 모신 사찰이 상당히 많다. 오히려 단순히 사찰 내 비중으로만 본다면 관세음보살을 능가하는 수준이랄까?

결국 49재가 형이 확정되지 않은 미결수에 대한 사법심리라면, 백중의 우란분재는 기결수로 이미 복역하고 있는 죄인을 광복절 특사로 추진하는 일과 유사하다고 하겠다. 그리고 이 모든 일을 지장보살이 도와주고 있으니 얼마나 대단한 보살인지 이제야 알겠구나.

창빈 안씨와 원찰

동작역에 도착했다. 유독 긴 역을 따라 한참 걷다가 8번 출구를 따라 지상으로 나오면 현충원이다. 입구로 들어간 후 또 한참을 걷다보면 현충문과 현충탑을 만나게 된다. 나름 정치인들이 중요한 이벤트마다 방문하는 유명한 장소라 하겠다. 오죽하면 이곳을 단 한 번도 방문하지 않은 사람조차 뉴스를 통해 무척 익숙한 풍경이랄까? 왠지 와본 듯한 기분.

동작구에 위치한 현충원은 '국립서울현충원'이라 부르는데, 본래 6.25 순국국군을 위한 묘지로 시작되었으나 1965년부터 국립묘지로 승격되어 대통령, 독립유공자, 순국선열을 비롯한 국가유공자, 경찰관, 전투에 참가한 향토예비군 등이 추가 안장되었다. 지금은 묘역이 거의 다 차서 추가적으로 경기도 연천군에 국립현충원을 더 조성한다는 이야기가 있다. 개인적으로는 봄에 방문하면 벚꽃을 포함한 온갖 아름다운 꽃으로 가득하니, 꼭 묘역에 관심이 없더라도 이곳 방문을 추천하고 싶다. 잘 꾸며진 길을 따라 걷다보면 산책하는 느낌마저 드는 곳이다.

그렇게 한참을 더 걷다 보니 창빈 안씨 묘에 도착했다. 무덤 주인은 조선 시대 중종의 후궁으로 국왕과의 사이에서 3남 1녀를 낳았다. 중종이 9남 11녀를 낳았으니 이 중 5분의 1을 담당했구나. 당시 국왕의 총애를 어느 정도 받은 인물임을 알 수 있다. 그런데 왜 이곳에 창빈 안씨의 묘가 있는 걸까? 그나마 현충원에 묻힌 가장 오래 전 활동한 인물이라 하더라도 독립운동가이거나 6.25 참전용사들일 텐데 이들과 비교해도 시간적인 간격이 너무나 먼 인물 아닌가.

사실 창빈 안씨의 묘가 현충원에 있는 이유는 이곳 현충원 영역의 대부분이 본래 창빈 안씨의 묘 영역이었기 때문이다. 즉 창빈 안씨 묘 영역에다 시간이 흐르고 흘러 현충원을 조성했기에 지금까지도 창빈 안씨의 묘가 이곳에 있는 것이다. 이 주변 땅의 원주인이니까.

한편 창빈 안씨는 9살의 나이에 궁녀로 궁궐에 들어왔는데, 그의 아버지는 무관 종7품에 불과했기에 그리 높은 집안 출신은 아니었다. 그러나 행동거지가 정숙하여 중종의 어머니인 정현왕후의 눈에 쏙 들었기에 어찌어찌 중종의 후궁이 될 수 있었고, 최종적으로는 1540년 종3품 숙용(淑容)까지 승진하였다. 참고로 왕실 여성의 품계는 다음과 같다.

무품: 서열은 대왕대비 > 왕대비 > 대비 > 중전 > 세
자빈 순
정1품: 빈(嬪)
종1품: 귀인(貴人)
정2품: 소의(昭儀)
종2품: 숙의(淑儀)
정3품: 소용(昭容)
종3품: 숙용(淑容)
정4품: 소원(昭媛)
종4품: 숙원(淑媛)

무품은 품이 아예 적용되지 않은 인물을 의미하
니, 왕과 세자 그리고 이들의 정부인 + 왕의 아들인
대군, 군 + 왕의 딸인 공주, 옹주 등이 그들이다. 하
지만 후궁들부터는 1품부터 4품까지 서열이 쭉 정
해졌는데, 예를 들어 정1품 빈이 될 경우 품계상 정
1품인 영의정, 좌의정, 우의정과 동급이 된다는 의
미다. 그렇다면 창빈 안씨의 경우 종3품에 불과했
기에 자식을 꽤 낳았으나 그다지 높은 위치까지 오
르지 못했음을 알 수 있다. 국왕 입장에서 볼 때는
그냥 자식을 여럿 낳은 후궁 중 하나 정도의 위상이

랄까?

창빈 안씨는 중종이 죽은 후 5년 뒤 51세의 나이로 조용히 세상을 떴다. 궁녀로 들어와 운 좋게 국왕의 승은을 얻어 자식까지 낳았으나 아주 큰 총애는 받지 못한 인생이었다. 물론 이 정도만 되어도 당시 사람들 기준에는 신데렐라 수준의 큰 성공이었지만 사후 반전이 기다리고 있었으니, 조금 더 시간이 지나 중종의 적자 아들, 그러니까 인종, 명종에게 후계자가 없었기에, 방계인 창빈 안씨의 손자가 왕이 되는 대사건이 발생한 것이다. 그가 바로 선조다. 이후 선조는 자신의 할머니를 정1품인 빈으로 추봉하였으며, 덕분에 죽어서 후궁 최고 위치에 오르게 된다.

흥미로운 사실은 선조 이후의 조선 왕들이 모두 창빈 안씨의 자손들이기에 그의 묘가 엄청난 관심을 받게 되었다는 점. 이후 선조를 포함하여 무려 후대 14명의 왕을 배출한 장소로서 최고의 명당이라는 이야기가 나올 정도였다. 실제로 창빈 안씨는 경기도 양주 지역에 처음 묻혔으나 다음해 이장하여 이곳으로 온 것이다.

그렇게 이장하고 얼마 뒤인 1552년에 손자 하성군이 태어났는데, 그 아이가 나중에 조선 국왕 선조가 되니, 이곳이 명당이란 소문이 점차 퍼져간 모양이다. 하지만 지금은 주변 묘역이 현충원으로 개발되면서 크게 변하여 솔직히 명당 같은 분위기는 나지 않는다. 오히려 묘 주변으로 대통령 무덤이 여럿 조성되어 있기에 좋은 기운을 서로 나눠 가져가는 느낌. 뭐 300년 가까이 최고의 명당으로 지냈으니 이제 그 기운이 약해질 때가 된 것이겠지.

> 선조 10(1577)년 왕이 창빈묘(昌嬪墓) 부근 산기슭에 절을 창건하고 창빈의 원찰을 삼으니 갈궁사가 바로 이것이다."
>
> 〈봉은본말사지(奉恩本末寺誌)〉

선조는 자신의 할머니 창빈 안씨를 위해 묘 근처에다 원찰을 세우고 싶었다. 그런 만큼 마침 묘 주변에 갈궁사라는 사찰이 있었기에 이를 화장사(華藏寺)라 이름을 고친 후 중창하여 원찰로 삼는다. 이로써 생전에는 일개 후궁에 불과했으나 사후에는 나름 주변에 원찰까지 지닌 격 높은 지위로 승격한 것이다. 이 모든 일이 후손이 왕이 되면서 벌어진 일이라 하겠으니, 후손을 잘 두어 조상이 덕을 보는 예시 중 하나라 할 수 있겠다.

그럼 사찰로 이동해볼까?

호국지장사

서쪽으로 쭉 이동하다보면 조금 높은 지대에 호국지장사라는 사찰이 등장한다. 현충사 영역의 서쪽 끝 부분이다. 근처 매점에서 얼린 식혜를 하나 사서 홀짝홀짝 마시면서 가파른 오르막길을 등산하듯 한 걸음 한 걸음 올라간다. 드디어 오늘 여행의 마지막 목표지에 도착. 휴. 이곳까지 차를 몰고 온 사람들이 많은지 주차장이 차로 가득하구나. 하하.

사찰은 그리 큰 규모는 아니나 울창한 나무와 함께 아기자기한 분위기가 참 좋다. 일설에 의하면 6.25 전사자 묘지를 조성할 때 이곳을 방문한 이승만 대통령이 "절이 없으면 내가 묻히고 싶은 땅"이라 언급했다던데, 충분히 그 의도가 이해될 만한 분위기다. 무엇보다 호국지장사는 고시 합격생이 많이 배출된 사찰로 유명하다. 임진왜란 때 맹활약했던 오성과 한음이 과거시험을 위해 이곳에서 공부했다는 전설 같은 이야기가 전해지고 있으며, 현대 들어와서도 고시에 합격하고 싶은 사람들이 이곳에 머물며 공부하여 합격한 경우가 무척 많았다고 한

(위) 석조지장보살입상. 호국지장사의 상징이다. ©Park Jongmoo
(아래) 석조지장보살입상을 둘러싸고 있는 작은 지장보살 조각들.

©Park Jongmoo

다. 그만큼 기운이 좋은 장소라 하겠다. 요즘이야 학원에서 공부하는 문화가 완전히 자리 잡힌 뒤라 사찰에서 고시 공부하는 사람을 찾기란 쉽지 않지만 말이다.

아참~ 그리고 국립묘지를 조성할 때 호국지장사에서 사찰부지 119만㎡를 제공하였다고 한다. 덕분에 현재 현충원 부지의 약 80%가 창빈 안씨의 원찰에서 제공한 부지, 그러니까 창빈 안씨의 묘를 위한 땅에서 나왔음을 알 수 있다. 국가를 위해 헌신한 이를 위해 땅까지 제공한 만큼 이곳 또한 호국불교를 상징하는 사찰이라 하겠다.

이제 지장보살상을 향해 이동해볼까? 돌계단을 따라 올라가면 호국지장사의 상징인 석조 지장보살상과 그 주변을 병풍처럼 둘러싸고 있는 2500여 기의 작은 지장보살상을 만날 수 있다. 봉은사의 석조 미륵불상과 마찬가지로 근래 조성된 것으로 지장사라는 명칭에 어울리는 분위기를 연출하고 있다. 2500여 기의 작은 지장보살에는 각기 이름이 적혀 있는데, 현충원에 봉안된 전사자 및 호국영령의 이름이라 한다. 결국 해당 장소는 지장보살의 원력으로 나라를 지킨 이들이 극락으로 인도되기를 바라는 공간이라 하겠다. 이를 위해 사찰마다 존재하는 지장전, 명부전 등이 이곳에서는 노천 지장전으로

흥천사 명부전, 고종이 쓴 현판이다.

조성된 것이다.

그렇다면 다른 사찰은 보통 어떤 방식으로 지장전이 구성되어 있을까?

우선 우리가 전에 방문했던 서울 성북구에 위치한 흥천사는 명부전 이름을 지닌 건물 안에 지장보살을 모시고 있는데, 그 주위로 사후세계를 관리하는 10명의 왕과 지옥 관리들이 함께 배치되어 있다. 이들 모두 17세기 후반에 조성된 작품들로 현재 서울시 유형문화재로 지정되어 있다. 그런데 지장보살과 시왕이라니? 이는 지장시왕도의 모습이 아닌가? 그렇다. 지옥에 떨어진 영혼을 구원하는 지장보살과 죽은 이의 판결을 하는 시왕을 3D로 묘사한 것이 흥천사 명부전 안의 모습이라 하겠다. 참고로

(위) 흥천사 명부전 내 지장보살과 협시 중인 무독귀왕과 도명존자.
©Hwang Yoon (아래) 흥천사 명부전 내 시왕들. ©Hwang Yoon

화계사 명부전, 흥선대원군이 쓴 현판이다. 국가유산청.

명부(冥府)는 죽은 이가 심판을 받는 장소를 의미한다.

아참~ 그리고 보니, 서울 화계사에도 지장보살과 시왕이 보물로 지정된 작품이 있다. 화계사는 흥천사 방문 때 잠시 언급한 적이 있는데, 흥선대원군이 권력을 잡은 후 적극적으로 조성한 대방이라는 건물이 있는 또 다른 사찰이기도 하다. 그런 만큼 흥선대원군을 필두로 헌종의 어머니인 신정왕후와 헌종의 계비인 효정왕후 등 고종 시절 왕실 여성들의 후원이 이어지며 크게 성장한 사찰이다. 지금은 참선수행과 국제포교로 잘 알려져 있다. 외국인 승려도 있는 데다 아예 영어로 법회까지 연다고 하니까.

특히 화계사 명부전의 경우 당시 왕실의 최고 어른이었던 신정왕후가 "전국에서 가장 뛰어나고 영험한 지장보살상을 찾아 모셔오라"라는 명을 내려 1649년에 황해도 배천 강서사(江西寺)에 모셔진 지장보살상 및 시왕상을 1877년에 화계사로 옮겨왔기에 남다른 유명세가 있다. 오죽하면 지금도 화계사 명부전에는 49재를 위한 돌아가신 분들의 사진으로 가득할 정도다. 영험함으로 인한 유명세가 여전하다는 의미다.

방문하여 직접 감상해보면 시왕들의 표현 하나하나가 세밀한 데다 엄중한 분위기를 연출하여 기분이 묘해진다. 뿐만 아니라 이곳 지장보살상의 경우 나름 조선팔도에서 최고로 영험한 지장보살 조각인 만큼 실제로도 뿜어져 나오는 힘과 기운이 남다르다. 내가 이런 부분에 특히 민감해서 그런지 계속 보다보면 털이 소름 돋듯 일어설 정도다. 마치 지옥에서 판결을 기다리는 느낌이랄까? 개인적으로 가까운 시일 내 국보가 될 작품이라 여기고 있다.

그렇다면 뛰어나고 영험한 지장보살이란 무슨 의미일까? 이는 곧 49재를 마친 직후 가족의 꿈에 등장한 돌아가신 분의 모습이 너무나 평온하고 기분 좋아 보이는 경험이 많았음을 의미한다. 예를 들면 나의 아버지의 경우 2006년부터 울산에 위치한 울산과기대, 그러니까 UNIST를 세우기 위한 울산

(위) 화계사 명부전 내 지장보살과 협시 중인 무독귀왕과 도명존자.
©Hwang Yoon (아래) 화계사 명부전 내 시왕들. ©Hwang Yoon

국립대학교 건설추진단장으로 활동하셨는데, 서울 대학교에서 시설국장을 지낸 직후 이 임무를 맡으셨다.

대략 설명하자면 전체적인 대학 콘셉트를 잡은 후 이에 맞는 학생 뽑는 기준, 총장 선출, 대학 건축, 대학행정 일반을 구축하는 일을 하셨다. 이 과정에서 단장으로서 여럿 반대를 무릅쓰고 비교적 규모가 큰 종합대학을 개교하겠다는 첫 목표와 달리 '울산기업과 산학협력' + '울산·경남지역 우수인재 확보 및 양성'을 위해 작지만 연구중심 대학으로 만들기로 결정하였다. 이는 당시 거대한 규모를 자랑하던 여러 지방 국립대가 빠른 속도로 경쟁력을 잃고 있는 점을 감안한 결정이었다고 한다.

그런데 기존의 여러 국립대에서 하던 일과 달리 울산과기대 창설은 무에서 유를 만드는 일이었기에, 이에 따른 스트레스가 극심하셨다. 작은 아버지가 아버지께 이러다 건강 해친다며 그만두라고 조언했을 정도로 생명을 갈아 넣는 일이었다. 그래서일까? UNIST가 성공적으로 개교하고 얼마 뒤 지병이 악화하여 61세에 돌아가셨는데, 해인사 문도 사찰에서 49재를 마친 어느 날 어머니 꿈에 아버지가 나온 것이 아닌가?

어머니 말씀에 따르면 아버지는 좋은 옷을 입고

맑은 물과 아름다운 산으로 둘러싸인 곳에 집을 짓고 계셨다고 한다. 아버지가 기분이 매우 좋아 보여, 어머니는 남편이 그동안 나라를 위해 열심히 봉사했기에 좋은 곳으로 간 것 같다고 하셨다. 이와 유사하게 49재 후 기분 좋은 경험을 여러 번 반복적으로 얻으며 유명해진 불상이 되면 화계사 지장보살처럼 유명세가 유달리 높아지는 것이다. 당연하게도 소문을 듣고 사람들이 더욱 모이게 되니까.

엉? 이야기하다보니 개인 가족사를 언급하였는데, 음. 어쨌든 그래서 나는 UNIST를 마치 내 형제처럼 여기고 있다. 아버지가 단장으로 지내며 남다른 노력 끝에 만들어진 학교인 만큼 나와 뿌리가 같다고 여겨지기 때문이다. 하하. 매번 뉴스로 UNIST 발전상을 확인하면 기분이 좋아진다. 앞으로 더 성장하는 학교가 되면 좋겠다.

달마사로 이동

이곳 호국지장사에는 19세기 조선 고종 때 그려진 불화가 여럿 소장되어 있다. 지장사 괘불, 지장사 아미타불회도, 지장사 극락구품도, 지장사 지장시왕도, 지장사 신중도, 지장사 팔상도, 지장사 감로도 등이 그것으로 이들 모두 서울시 유형문화재로 등록되어 있다. 이를 미루어 볼 때 고종 시절에 특히 많은 불사가 이루어졌나보다.

이 중 괘불, 아미타불회도, 극락구품도, 지장시왕도, 신중도, 팔상도 등은 지금까지 여행을 하며 언급한 내용 덕분에 이제 보는 순간 어떤 의미를 지닌 그림인지 대략 이해할 수 있을 것이다.

괘불 = 특별한 행사를 맞아 법당 앞뜰에 걸어놓는 대형불화

아미타불회도 = 아미타불 주위로 보살과 제자들이 모여 법회 하는 장면

극락구품도 = 관경16관변상도에서 파생한 극락을 묘사한 그림

지장시왕도 = 지장보살과 저승세계를 관리하는
10왕을 그린 그림
　　신중도 = 불교를 수호하는 여러 신들(神衆)이 그
려진 작품
　　팔상도 = 석가모니 일대기

　　오호라~ 아는 만큼 보이는 법. 어느덧 사찰에 들
르면 보이는 부분이 꽤 많아졌다. 다만 아직까지 감
로도에 대해 이야기를 하지 않았네. 그럼 이번 기회
에 감로도를 소개해볼까? 아참, 감로도는 호국지장
사 바로 옆에 위치한 달마사로 이동하면서 이야기
를 이어가야겠다. 호국지장사 뒷문을 통해 산길을
따라 10분 정도 올라가면 달마사에 도착한다. 룰루
랄라. 또 다시 등산이구나.
　　감로도(甘露圖)는 16세기부터 그려지기 시작하
였으며, 현재 남아 있는 작품 중에서는 1580년, 그
러니까 선조 시절에 그려진 작품이 가장 이른 시점
의 감로도라 한다. 한편 국립중앙박물관은 1649년
그려진 꽤 이른 시점의 감로도를 소장하고 있는데,
이 그림을 통해 감로도의 전체적인 구도를 알아봐
야겠다. 아~ 그렇지. 제목 감로도에서 감로(甘露)는
이슬을 뜻하니, 지옥 같은 고통 속에서 이슬 같은
부처의 가르침을 통해 깨달음을 얻은 후 극락으로

인도한다는 의미를 지니고 있다. 그림 의도를 잘 설명해주는 제목이라 하겠다.

우선 그림 가장 하단을 살펴보면 전쟁장면이 묘사되어 있다. 말을 탄 기병과 조총, 무너지는 집, 불에 타 죽는 사람, 호랑이 공격, 자살, 목 베어 죽은 이, 죄인 등등. 1592년 임진왜란과 1637년 병자호란 등을 겪으며 상상할 수 없을 정도로 끔찍한 상황을 경험했던 당시 모습을 묘사한 것이라 하겠다. 말 그대로 사는 게 지옥 그 자체였겠지.

그림 중간으로 가면 많은 사람들이 모여 다양한 물품으로 공양을 올리고 있다. 이는 전쟁에서 억울한 죽음이나 고통을 당한 이들의 영혼을 위로하는 장면이다. 그런데 공양물 아래로는 커다란 몸을 지닌 아귀 둘이 보인다. 이들은 몸은 매우 커다란 반면, 목구멍은 바늘처럼 가늘어 영원히 배고픔과 목마름에 시달리는 안쓰러운 존재들이다. 목련존자의 어머니가 생전 죄를 많이 저질러 지옥에서 아귀가 된 채 굶주리고 목이 타는 고통을 받았다고 하는데, 이렇듯 죄를 지어 아귀가 되면 먹을 것을 앞에 두고도 제대로 먹을 수 없는 큰 고통에 빠지게 된다.

가장 위로는 일곱 부처와 두 명의 보살이 보인다. 많은 사람들이 모여 정성스럽게 공양을 올리고 재를 지내자 아미타여래를 중심으로 다보여래, 보

1649년 그려진 감로도, 국립중앙박물관. 임진왜란과 병자호란 같은 지옥이 현실에서 펼쳐지자 감로도가 크게 유행하게 된다.

승여래, 묘색신여래, 광박신여래, 이포외여래, 감로 왕여래 등 일곱 부처와 함께 아미타불의 협시인 관 세음보살과 대세지보살이 등장한 것이다. 지옥 같 은 고통에 빠져 있는 이들을 극락으로 인도하고자 그토록 기다리고 기다리던 불보살이 강림한 장면이 라 하겠다.

이상을 통해 감로도는 여러 고통 속에 죽어간 영 혼들을 위로하고자 그려진 그림임을 알 수 있다. 이 에 따라 우란분재(盂蘭盆齋)와 같은 영혼 천도재가 개최될 때마다 감로도 앞에서 의식이 진행된다. 뿐 만 아니라 지옥에 빠진 이들을 구원하는 것이 주요 주제인 만큼 일부 감로도에는 지장보살이 묘사되기 도 하는데, 예를 들면 마침 호국지장사에 소장 중인 감로도에는 오른편 위로 지장보살이 관세음보살과 함께 등장하고 있다. 아무래도 지장보살이 사후와 관련된 이런 중요한 행사에 빠지면 조금 섭섭하겠 지?

마지막으로 감로도 왼편을 보면 번(幡)이라 불리 는 깃발의 일종을 들고 있는 보살이 보이니, 그의 이름은 인로왕보살(引路王菩薩)로 죽은 이를 극락 으로 인로(引路) = 인도하며 길을 안내하는 임무를 맡고 있다. 단체 여행을 할 때 팀 깃발을 따라 여러 사람들이 이동하듯 죽은 이들이 인로왕보살이 든

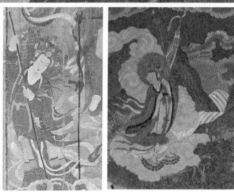

(위) 1893년 그려진 호국지장사 '감로도'. 오른쪽 윗부분에 두 명의
보살이 구름을 타고 있는데, 이들은 다름 아닌 지장보살과 관세음보
살이다. (왼쪽) 1649년 그려진 '감로도'에 등장하는 인로왕보살. (오
른쪽) 1893년 그려진 호국지장사 '감로도'에 등장하는 인로왕보살.

깃발을 따라 이동하다 보면 어느새 극락에 도착하는 것이다. 그런 만큼 주로 감로도에서 만나는 보살이라 하겠다.

휴. 드디어 달마사에 도착했다. 사실 내가 쓰는 책의 제목이 《일상이 고고학》인지라 근현대 들어와 새로 만든 절까지 소개하기가 좀 그렇다. 법정 스님과 인연이 있어 남다른 유명세가 있는 길상사를 이번 책에 넣을까 말까 고민하다가 결국 뺀 이유도 이 때문이다. 길상사는 정말 얼마 지나지 않은 1997년에 개원한 서울 내 사찰이라서.

마찬가지로 달마사 역시 1931년 창건되어 그리 오래되지 않았으나, 나름 역사가 깃든 호국지장사에서 거리상 무척 가까운 데다 그냥 넘어가기에 무척 아쉬운 엄청난 도시뷰가 있기에 과감히 소개하고 넘어가야겠다.

달마사 도착 후 한강뷰를 바라본다. 기와지붕 사이로 펼쳐지는 한국 전통건축의 미와 현대 건축이 어우러져 참으로 아름다운 모습을 자아낸다. 여의도가 지척이라 63빌딩을 포함한 여러 높은 빌딩이 매력적으로 다가오는걸. 특히 요즘 들어 서울에서는 한강뷰를 최고로 꼽던데, 그렇게 보면 최고의 한강뷰를 지닌 사찰이 아닐까 싶다.

지금은 오후라 이 정도 감탄으로 끝나지만, 야간

달마사 서울뷰, 서울에 위치한 사찰 중 최고의 한강뷰를 자랑한다.
©Park Jongmoo

뷰는 더욱 끝내준다고 한다. 오죽하면 SNS에 사진을 올리고자 야간에 사찰을 방문하는 사람이 많다고 할 정도. 한 마디로 SNS가 유행한 후 더욱 인기가 높아진 사찰이라 하겠다. 당연하게도 사찰 분위기 역시 무척 좋으니 기회가 된다면 한 번 방문해 보시길….

그럼 달마사에서 좀 쉬다가 집으로 가야겠구나. 많이 걸어서 그런지 오늘도 은근 다리가 아파서 말이지. 오늘 여행은 이로써 마무리하자.

9. 조계사

한양 도성 안에 세워진 사찰

승지 이정주가 임금께 아뢰기를,

"도성 가까운 곳에다 승려들이 사찰을 많이 지어
놓았기 때문에 민가의 여성들이 요망한 말에 미혹
되어 머리를 깎는 폐단이 많이 있습니다. 마땅히 엄
금시켜야 합니다."

하니, 임금(영조)이 말하기를,

"유교가 크게 행하여지고 있으니, 비록 이단(異
端, 불교)이 있을지라도 어찌 감히 유교를 해칠 수가
있겠는가? 다만 여승들이 도성 안에 왕래하는 것만
금지하도록 하라."

하였다.

《조선왕조실록》 영조 1년(1725) 5월 3일

조선 후기 들어 한양 도성 안으로는 사찰이 완전
히 사라졌고 승려 또한 한양 도성 출입이 엄격히 제
한되면서, 사찰과 승려는 도성 바깥에 위치하는 분
위기가 자연스럽게 이루어졌다. 도성 분위기가 이
러한 만큼 이름난 고승들은 지방의 여러 명산에 위

치한 사찰에서 주로 활동하였다. 결국 조선 전기 때
는 한양 또는 한양 주변에 위치한 왕실 후원 사찰이
불교 문화를 전반적으로 이끌었다면, 조선 후기에
는 지방의 주요 사찰들이 사실상 불교 중심지가 된
것이다.

> 총리대신(總理大臣) 김홍집과 내무대신(內務大
> 臣) 박영효가 아뢰기를,
> "이제부터 승려들이 성(城)으로 들어오지 못하게
> 하던 과거의 금령을 해제하는 것이 어떻겠습니까?"
> 하니, 윤허하였다.
>
> 《조선왕조실록》 고종 32년(1895) 3월 29일

그러다 1895년 들어와 승려들이 한양 도성 안으
로 다시금 출입할 수 있도록 하였으니, 이는 곧 한
양 내 불교 포교를 허용한 조치였다. 이후 시간이
더 지난 1910년 10월 27일에는 각 도의 사찰 대표들
이 힘을 모아 한양 도성 안에 각황사(覺皇寺)라는
사찰을 창건하기에 이른다. 지금의 조계사보다 조
금 서쪽에 위치한 수송공원이 다름 아닌 각황사 터
라고 한다. 이때 각황이란 '깨달음의 황제 = 부처'
라는 의미로 국보로 지정된 구례 화엄사의 각황전
이 같은 이름으로 잘 알려져 있다. 이로서 도성 내

비구니 사찰 역할을 하던 자수궁과 수성궁이 폐지된 지 250여 년 만에 도성 내 사찰이 등장하였다.

마침 각황사가 세워진 때는 일제강점기가 시작된 시기였으니, 이미 조선은 1910년 8월 29일에 경술국치와 함께 멸망했기 때문이다. 태조 이성계로부터 시작된 500년 역사의 슬픈 최후였다. 게다가 일제강점기 시절 한반도 불교가 직면한 큰 문제는 일본이 조선총독부를 통해 한반도 불교를 통제하고자 했다는 점이다. 이를 위해 총독부는 여러 사찰의 주지 임명권을 직접 관리하였고, 그 영향 때문인지 몰라도 일본처럼 한반도에도 점차 결혼한 승려인 대처승(帶妻僧)이 늘어나게 된다.

당시 일본에서는 메이지 유신이 한창이던 1872년부터 과거와 달리 승려의 결혼을 공식적으로 허용하였다. 한창 근대화 중이던 일본에서 서양 종교 문화를 가만 살펴보니, 구 기독교인 가톨릭은 신부가 결혼을 할 수 없으나 신 기독교인 개신교는 목사가 결혼을 할 수 있었기에, 불교 또한 엄격한 계율에서 벗어나 결혼은 알아서 자유롭게 선택하도록 한 것이다. 그래서일까? 지금도 일본 승려는 결혼한 경우가 대부분이며, 이런 문화는 일제강점기 시절 한반도에도 큰 영향을 주었다. 해방 직전에 이르면 한반도 승려 가운데 무려 90%가 대처승일 정도였다.

그 결과 일제강점기가 끝나면서 결혼한 대처승과 결혼을 하지 않은 비구승 간의 큰 대립이 벌어지게 된다. 그렇게 오랜 대립 끝에 1970년을 기점으로 종단이 완전히 나뉘어 현재 가장 큰 불교 종파인 대한불교 조계종은 승려의 결혼을 인정하지 않고 있으나, 다음 규모를 자랑하는 태고종은 승려의 결혼을 허용하고 있다.

한편 일제강점기 시절 만해 한용운은 자신과 같은 뜻을 지닌 이들과 함께 1935년에 31본산 주지회의를 열어 '조선불교선교양종 종무원'이라는 불교 대표 기관을 구성하였다. 다음으로 종로에 세운 각황사를 크게 개축하여 총본산(總本山), 즉 한반도의 여러 사찰을 총괄하여 관리하는 사찰로 운영하고자 했다. 그런 만큼 총본산이라는 명칭에 걸맞는 웅장한 규모의 대웅전이 필요했겠지.

자. 이제 조계사에 도착했다. 지금까지 종각역에서 나와 조계사로 쭉 걸어가던 중이었거든. 하하.

조계사 대웅전과 십일전

조계사에 들어서자 1938년에 건립된 대웅전이 웅장한 모습으로 반기고 있다. 목조 건물로서 꽤 큰 크기인 만큼 경복궁 근정전과 대략 비교해보자면,

조계사 대웅전은 정면 30m 측면 17m, 단층 지붕, 단층 기단

경복궁 근정전은 정면 30m 측면 21m, 중층 지붕, 2층 기단

으로 나름 엇비슷한 규모나 지붕, 기단 등 여러 격에 있어서는 궁궐이었던 근정전이 아무래도 조금 더 위라 하겠다. 그럼에도 불구하고 조정(朝廷)이라 불리는 넓은 돌 마당 위에 서 있는 근정전에 비해 이곳 조계사 대웅전은 아무래도 면적이 좁은 사찰 안에 있어서인지 왠지 모르게 더 커다란 느낌으로 다가오는걸.

그런데 조계사 대웅전이 본래 다른 종교의 건물이었다는 것을 아시는지?

조계사 대웅전. ©Park Jongmoo

　일제강점기 시절 전라북도 정읍에서는 교주 차
경석이 만든 증산교 계통의 '보천교'라는 신흥 종
교가 한창 세를 키우고 있었다. 이들은 1920년대 들
어와 정읍에다 진정원(眞正院)이라는 교당을 세우
는데, 자신들의 힘을 보여주고자 정읍에 아예 궁궐
못지않은 웅장한 건축물을 짓고자 하였다. 이를 위
해 백두산의 원시림에서 건축 자재를 구하여 군산
항을 통해 옮겨왔으니, 아무래도 크고 아름다운 건
물을 만들려면 사람 손이 닿지 않는 곳에서 오랜 기
간 자란 나무가 필요했나보다. 오죽하면 진정원의
본당인 십일전의 경우 건축 비용으로만 50만 원을
들였을 정도였다.

이에 조선총독부는 급격한 교세 팽창을 견제하고자 그동안 독립 자금을 꾸준히 지원했다는 이유로 교주 차경석을 회유, 협박하였다. 당시 보천교는 일설에 의하면 신도가 무려 600만 명이라는 실로 놀라운 규모였다고 한다. 일제의 견제와 압박에 굴복하여 교주 차경석은 일단 교단을 유지하고자 친일로 돌아서게 되는데, 그 결과 교주에 반발하는 세력이 등장하는 등 보천교는 내분에 휩싸이기 시작하였다. 이 와중에 1936년 종교의 구심점인 교주 차경석이 사망하자 조선총독부는 아예 교단을 해체해버렸다.

이후 보천교가 정읍에 세운 진정원의 건물들은 헐값에 여기저기 팔려나갔다. 이때 한용운, 만공스님 등이 만든 '조선불교선교양종 종무원'에서는 보천교 본당 건물이었던 십일전을 매입하고자 했는데, 저 크고 아름다운 건물이 종로로 옮겨져 불교 총본산의 본당이 되면 좋겠다는 생각을 한 것. 마침 보천교 본당인 십일전은 경매로 나와 단독으로 입찰한 한 일본인에게 500원에 낙찰된 상황이었다. 50만 원을 들인 건축물을 불과 500원에 낙찰 받다니. 합법을 가장한 기묘한 방식으로 보천교 재산을 축내버리고자 한 조선총독부의 계략이랄까? 결국 불교계에서는 낙찰 받은 일본인에게 1만 2000원을 지불하고 십일전을 구입하였다. 그렇다면 500원에 낙찰 받은 일본인은 중간에 도대체 몇 배를 번거야? 24배의 이익을 본 것인가? 허허 참.

그렇게 각황사를 헐고 그 옆에 보천교 십일전을 옮겨와 새 본당을 지으니 이때가 1938년이다. 다음으로 사찰 이름은 기존의 각황사가 아닌 삼각산에 있던 태고사를 이전하는 형태로 태고사라 이름 지었다. 우여곡절 끝에 보천교의 십일전은 태고사의 대웅전이 되었다. 물론 태고사라는 이름을 현재 사용하지 않으니 중간에 또다시 변경이 있었음을 알 수 있다. 그렇다. 독립 후인 1954년에 조계사로 명칭이 한 번 더 바뀐다. 이후로는 쭉 조계사로 이어졌기에 해당 건물 역시 대한불교조계종의 대웅전으로 운영 중이다.

여기까지 살펴보았듯 한때 보천교의 중심 건물로 지어졌던 건물이 조계사 대웅전이라 하겠다. 가만 그러고 보니까 이와 유사한 경우가 하나 더 떠오른다.

동국대를 방문하면 정각원(正覺院)이라는 기와 건물이 있다. 불교 동아리 활동을 하던 시절 동국대에서 내가 다니던 대학으로 파견 나오던 스님을 만나기 위해 종종 동국대로 찾아가곤 했는데, 그때마다 들른 장소가 바로 정각원이다. 이 건물 역시 본래는 다른 용도로 사용하다 옮겨온 것이니, 경희궁에서 국가의 공식적인 의례가 행해지는 전각인 숭정전이 다름 아닌 정각원의 전신이다. 뿐만 아니라 정각원의 전신인 숭정전의 경우 한때 정조 즉위식이 개최된 장소이기도 했으니, 남다른 역사성이 있다 하겠다.

스토리는 다음과 같다. 일제강점기 시절 일제가 경희궁의 건물을 처분하는 과정에서 1926년 남산에 위치한 한 일본 사찰에 숭정전을 팔아버렸다. 그렇게 일본 사찰의 건물로 사용되다가 독립 후 남산에 위치한 일본 사찰 부지로 동국대학교가 옮겨오면서 해당 건물을 한동안 강의실과 선무도장으로 사용했다. 그러다 1976년에 법당으로 사용하면서 지금의 모습이 된 것이다. 한때 궁궐로 사용한 건물인 만큼 꽤나 격식 있는 잘생긴 건물임을 알 수 있다. 천장에는 궁궐 건물답게 용 두 마리가 조각되어 있다.

기회가 된다면 동국대 정각원을 한 번 방문해보면 어떨까? 마침 동국대박물관도 가까이 있으니, 함께 즐기면 좋을 듯하다. 박물관 자체는 큰 규모가 아니지만, 국보 2점, 보물 8점, 서울시 유형문화재 2점 등 나름 귀한 유물이 많이 소장되어 있다.

아~ 맞다. 이김에 소개를 하자면 서울 지역에 위치한 불교 건축물 중 가장 이른 시기에 만들어진 것

(위) 동국대 정각원 천장. 한때 궁궐 정전답게 천장에 용이 조각되어 있다. ⓒPark Jongmoo (아래) 정각원 전경. ⓒPark Jongmoo

은 서울 성북구 보문사의 대웅전 건물이라는 사실.
영조 시절인 불과 1747년 세워졌건만 최고 오래된
불교 건축물이라니 한편으로 아쉽다. 아무래도 유
생의 테러에다 임진왜란과 병자호란 같은 큰 전쟁,
더 나아가 근현대 시절의 힘든 상황을 거치며 서울
에 위치한 사찰 건물이 많이 사라졌기 때문이겠지.

대웅전 부처님

매일 그렇듯 기도하는 사람으로 붐비는 조계사 대웅전. 그 안에 위치한 불상을 바라본다. 5m 20㎝에 다다르는 거대한 크기의 금동 불상 3점으로 오늘도 묵직하고 압도적인 모습을 여실히 보여주고 있구나. 참으로 법당 크기에 걸맞는 당당한 모습이다. 다만 조성 시기는 2006년이라 그리 오래 되지 않았다. 조계사에 커다란 부처님이 새로 모셔진다 하여 구경하러 왔던 옛 추억이 새록새록 떠오르네. 항마촉지인을 한 석가모니를 중심으로 왼쪽에는 아미타불, 오른쪽에는 약사불이 위치하고 있는 '삼세불상(三世佛像)'이라 하겠다.

이전에 설명했지만 이는 곧 서방극락세계의 부처인 아미타불, 이 세계의 부처인 석가모니, 동방정유리세계의 부처인 약사불이 함께하여 여러 세상마다 부처가 존재한다는 사상을 표현한 것으로 어디에 있든지 부처님을 만날 수 있음을 의미한다. 이제 사찰을 방문하면 삼세불(三世佛)을 확실히 구분할 수 있지 않을까?

조계사 '삼세불'. 석가모니를 중심으로 왼쪽에는 아미타불, 오른쪽에는 약사불이 위치하고 있다. ©Park Jongmoo

그렇다면 만일 법당에 들렀는데, 비로자나불을 중심으로 왼쪽에는 석가모니, 오른쪽에는 노사나불이 있는 경우는 뭐라고 부를까? 오호~ 이렇게 빨리 정답이 나오다니. 그렇다. 삼신불(三身佛)이다. 비로자나불 = 법신, 석가모니 = 응신, 노사나불 = 보신인 만큼 합쳐서 삼신이니까. 참고로 비로자나불이 중심에 있는 전각은 비로전, 대적광전, 대광보전이라 부른다는 점도 이김에 다시 복습. 다만 이곳 조계사에는 비로전이 없는 만큼 비로자나불은 만날 수가 없다.

한편 대웅전 안에는 거대한 금동 불상 오른편으로 높이 1m의 항마촉지인을 하고 있는 잘생긴 부처상이 있다. 한때 전라남도 영암 도갑사에 봉안된 불상으로 15세기, 그러니까 조선 전기 작품이다. 현재 공식적인 명칭은 서울 조계사 '목조여래좌상'이니, 1938년 불교 총본산을 만들면서 조선 불교의 자주성과 정통성 확보를 상징적으로 보여주고자 종로로 옮겨와 이곳 대웅전에 모셨다. 가만 보니까 그동안 도갑사를 몇 차례 언급한 듯한데, 지금은 일본에 있는 조선 전기 불화를 대표하는 '관세음32응신도'가 있었던 사찰이자, 세조가 특별히 아끼던 수미대사가 중건한 사찰이다.

전체적인 디자인은 동시대 명나라에서 유행하던 불상 양식을 그대로 따르고 있으며, 재료가 나무여

조계사 '목조여래좌상'. 전체적으로 균형감이 뛰어나며 사실적인 신체 묘사가 일품인 부처님이다. 보물로 지정되었다. ©Park Jongmoo

2013년 소더비 경매에 출품된 15세기 명나라 '청동여래좌상'. 조계사 '목조여래좌상'과 비교하여 감상하면 상당히 유사하다는 것을 알 수 있다.

서 그런지 옷깃과 손 등에서의 섬세한 표현이 가히
일품이다. 이렇듯 뛰어난 완성도와 미감을 볼 때
'관세음32응신도'처럼 왕실의 특별한 지원으로 만
들어진 것이 틀림없어 보인다. 그렇다면 왜 거대한
삼세불 옆에 조계사 '목조여래좌상'이 모셔져 있는
것일까?

조계사 대웅전이 세워진 이후부터 도갑사 불상
을 주불로 옮겨와 모셨으나 건물 크기가 너무 커서
불상이 작아 보이니 이런 저런 말이 있었다고 한다.
이에 따라 2006년 대웅전 크기에 걸맞는 부처님을
새로 조성하여 모시고, 조계사 '목조여래좌상'은
다른 장소로 옮겨 보관하였는데, 이게 웬일? 그 뒤
로 조계사에 이런 저런 우환이 계속 생겼다고 하는
군. 그래서 다시 조계사 '목조여래좌상'을 지금처

럼 대웅전에 함께 모시자, 우환이 잦아들었다고 한다. 그래서일까? 조계사 신도들에게는 나름 영험한 부처님으로 잘 알려져 있다.

앞으로의 조계사 계획에 따르면 부지 내 영산전(靈山殿)이라는 건물을 만든 후 그곳으로 조계사 '목조여래좌상'을 옮길 예정이라고 하는데, 언제쯤 이루어질지는 미정이다. 아~ 그렇다면 영산전이란 무엇일까?

깨달음을 얻고 40여 년간 설법을 하던 석가모니가 어느 날 영축산에서 법회를 열었으니 이를 영산회(靈山會) 또는 영산회상(靈山會上)이라 한다. 이때 설법한 내용을 바탕으로 만들어진 경전이 그 유명한 묘법연화경, 줄여서 법화경이며 해당 장면을 그림으로 그리면 '영산회도' 또는 '영산회상도'라 부른다. 뭐~ 여기까지는 앞에서 한 이야기 복습. 한발 더 나아가 아예 영축산에서 법회를 연 석가모니 모습을 전각 안에다 그대로 묘사하면 바로 영산전(靈山殿)이 되는 것이다. 한마디로 영산전 = 영축산(靈鷲山) 법회를 전각(殿閣) 안에 꾸몄다는 의미.

다만 대부분의 사찰에는 이미 석가모니가 주불로 있는 대웅전이 있기에 따로 영산전을 갖춘 경우가 무척 드문데, 서울에서는 봉은사 영산전이 가장 유명하다. 내부에 배치된 조각부터 불화까지 모두 서울시 유형문화재로 꾸며져 있어 그 의미가 각별

서울 봉은사 영산전. 석가모니와 그의 제자 십육나한(十六羅漢)이 함
께하고 있다. 봉은사의 경우 조각부터 불화까지 모두 서울시 유형문
화재로 꾸며져 있어 의미가 각별하다. ©Hwang Yoon

하다. 얼마 전 방문한 북한산 승가사에도 마침 영산
전이 있었는데, 이곳은 현대 들어와 새로 조성한 불
상으로 구성하였다. 결국 만일 조계사에 영산전이
만들어진다면 한정된 부지 내 건물뿐만 아니라 그
안에 조성할 부처님 제자인 십육나한 조각과 불화
까지 조성해야 하니 엄청난 불사가 필요하겠구나.
이렇듯 엄청난 규모의 사업이기에 쉽게 진도가 나
가지 않는 듯하다.

　자~ 이제 극락전을 잠시 들렀다가 불교중앙박물
관으로 가보기로 하자.

극락전과 불교중앙박물관

다음 코스는 조계사 극락전이다. 대웅전 서쪽으로 이동하면 1층에 극락전이 있는데, 신도들로 어마어마하게 붐비는 대웅전에 비하면 그나마 조금 한적한 모습이다. 그럼에도 불구하고 적지 않은 신도들이 기도하고 있으니, 이곳은 조계사에서 49재와 천도재를 하는 공간이자 극락전인 만큼 아미타불이 주불로 모셔져 있다. 서방극락세계를 표현한 공간이 다름 아닌 극락전이니까.

그런데 이곳에는 현대에 조성한 아미타불이 중앙에, 오른쪽에는 관세음보살, 왼쪽에는 지장보살이 위치하고 있다. 엉? 지난 번 홍천사 여행 때 아미타불의 협시 보살은 관세음보살과 대세지보살이라고 했는데, 왜 이곳에서는 지장보살이 대세지보살을 대신하고 있는 걸까?

사실 원칙대로라면 대세지보살이 등장해야 하지만, 시간이 지날수록 지장보살의 인기가 높아지다 보니, 어느 시점부터 아미타불의 협시 보살로 관세음보살과 지장보살이 등장하는 경우가 빈번해지기 시작했다. 아무래도 지장보살이 지옥에 빠진 중생들을 구제하여 극락으로 인도하는 역할을 맡고 있다 보니 극락의 부처인 아미타불과 함께 하더라도 궁합이 훌륭하게 맞아떨어졌거든. 따라서 자연스럽게 대중들에게 인기와 인식이 조금 떨어지는 대세지보살을 대신하게 되면서 소위 2대 보살이라 불리는 관세음보살과 지장보살이 아미타불과 함께하는 아름다운 장면이 탄생한 것이다.

이러한 모습은 지장보살이 점차 주목받던 시절 그려진 고려 불화에서도 만날 수 있으며 지장보살이 더욱 주목된 조선 전기 시절의 불화에서도 볼 수 있다. 예를 들면 강진 무위사에 있는 국보로 지정된 '아미타삼존도'가 그것이다. 이 역시 아미타불 옆으로 관세음보살과 지장보살이 함께 등장하고 있다. 이 불화는 세종대왕의 형인 효령대군의 후원으로 1430년에 만들어진 극락전 안에다 1476년에 조성한 벽화로, 현재는 강진 무위사 성보박물관에서 보관 · 전시 중이다. 조선 전기를 대표하는 작품인 만큼 강진 무위사를 들르면 꼭 감상해보도록 하자.

조계사 극락전에 와서 보니 불교 세계관이 참으로 특별하다는 생각이 뜬금없이 든다. 여타 종교들은 지옥으로 떨어지면 구제의 여지없이 영원한 고통에 빠지는 세계관이 대부분인 반면, 불교는 착하

강진 무위사 '아미타삼존도', 1476년. 국보로 지정된 벽화 작품이다.
ⓒ성보문화재연구원

고 훌륭하게 살면 극락으로, 좀 문제가 있다면 윤회를 거쳐 극락으로 갈 기회를 다시 주고, 악행으로 지옥에 빠져도 그곳에서 참회하고 반성하면 지장보살의 도움으로 극락으로 갈 수 있으니 말이다. 그렇다면 시간의 문제일 뿐 최종적으로는 모두 다 극락을 가서 깨달음을 얻도록 설계되어 있는 것이다. 말 그대로 깨닫는 순간 누구든 부처가 될 수 있다는 사상이 기반이 된 세계관이라 하겠다. 설사 지옥에 떨어진 악인일지라도 말이다. 그런 만큼 인간에 대한 신뢰가 강하게 느껴지는 종교라는 생각이 든다.

극락전에서 나와 조계사 마당에 위치한 탑을 감상한다. 공식적인 명칭은 '조계사 8각 10층탑'이라 하며, 2009년에 세워졌다. 특히 탑 안에는 석가모니 사리 하나를 보관하고 있다. 해당 사리는 1913년 이곳을 방문한 스리랑카 출신의 다르마팔라 스님이 조선 불교를 위해 기증한 것이라 한다. 일제강점기의 힘든 시절에 참으로 고마운 선물을 주셨다.

탑 맞은편으로는 관세음보살이 건물 벽에 보이는데, 해당 건물 2층에는 관음전이 있다. 말 그대로 관세음보살을 모신 법당이다. 2013년에 조성된 관세음보살상이 있는 장소로 사람으로 붐비는 조계사에서 그나마 가장 조용한 법당이 아닐까 싶다. 이렇듯 조계사의 역사는 아직 채 100년이 안 되었기 때

관세음보살을 모신 법당.

문에 대웅전에서 만날 수 있는 조계사 '목조여래좌
상'을 제외하면 거의 대부분 근현대에 조성된 모습
이다.

　　다만 이러한 조계사에서도 국보, 보물을 비롯한
역사성 있는 작품을 여럿 만날 수 있는 장소가 있으
니, 대한민국에서 가장 큰 불교 종단인 대한불교조
계종에서 2007년에 개관한 불교중앙박물관이 그곳
이다. 그럼 조계사 마지막 목표를 향해 불교중앙박

물관으로 이동~

대웅전 북쪽으로 파란색 유리창을 한 현대식 건물이 보인다. 저 건물은 다름 아닌 한국불교역사문화기념관으로 기존의 총무원 청사를 헐고 2005년에 준공하였으니, 어느덧 20년이 되었다. 세월 참 빠르다. 건물 안에는 조계종 행정 전반을 관리하는 총무원장의 집무실이 위치하며, 이외에도 종단의 여러 기구가 자리 잡고 있다. 한마디로 조계종의 심장부다. 바로 이곳에 불교중앙박물관이 있다.

박물관이 있는 아래층으로 내려가니, 마침 오늘은 "수보회향(修補廻向), 다시 태어난 성보"라는 전시를 하고 있구나. 수보회향이란 역사·학술·종교적 가치는 크지만, 아직 지정 문화유산으로 인정받지 못한 불교 문화재 중 손상·변형·오염된 것 등을 수보(허름한 데를 고치고 덜 갖춘 곳을 기움)하여 선보인다는 뜻이다. 즉 여러 사찰의 유물 중 수리가 막 끝난 작품을 선보이는 전시라 하겠다. 박물관 내부는 규모가 크지도 작지도 않은 적당한 공간이며, 다양한 불교 작품이 중간중간 작품에 대한 설명과 함께 전시되어 있다.

이 중 1790년 그려진 용주사 '감로도'를 감상한다. 오호라. 이 작품이 용주사를 잠시 떠나 이곳에 와 있었구나. 용주사는 정조가 아버지 사도세자를 위해 만든 원찰로 이곳에도 감로도가 그려져 배치되었다. 즉 정조가 아버지의 극락왕생을 바라며 그리도록 한 감로도라 하겠다. 특히 해당 작품은 1984년에 용주사를 침입한 도둑들에게 도난당했다가 2018년에 되찾은 작품으로 유명하다. 그렇게 도난당하면서 지정문화재가 될 기회를 놓쳤는데, 뛰어난 표현력과 정조의 효심 등 그림이 그려진 의미가 각별한 만큼 가까운 시일 내 최소한 보물은 되지 않을까 싶다.

지난번 호국지장사에 들러 이야기했던 감로도를 복습하며 감상해보자. 아무래도 평화 시기인 18세기에 그려져서 그런지 가장 아래 부분의 전쟁 등의 지옥 같은 상황은 최소한으로 묘사된 채 사물놀이를 구경하는 서민, 기생과 놀이 나온 양반들, 술에 취해 싸우는 사람, 병을 치료받다 죽은 모습 등 당시 풍속이 묘사되어 있다. 실제로도 감로도는 당대 풍속이 가장 아래 부분에 그려진 것으로 유명하다. 심지어 근대인 1939년에 그려진 흥천사 감로도에는 양복을 입은 사람이나 스케이트를 즐기는 모습, 도로 공사, 자동차, 코끼리가 등장하는 서커스, 근현대 전쟁 장면 등이 묘사되어 있을 정도다.

중간 부분에는 부처님에게 공양을 올리는 모습과 아귀가 등장하는데, 오호라, 아귀가 부리부리한

용주사 '감로도', 1790년. 사도세자를 위해 그려진 작품으로 정조의
의도가 반영된 불화이다. ⓒHwang Yoon

눈매와 근육질의 몸을 갖고 있어 지옥에서 고통 받
는 모습이 아닌 마치 불교를 보호하는 신처럼 당당
하게 묘사되어 있구나. 위로는 아미타불을 포함한
일곱 부처가 등장하고, 오른편으로는 관세음보살과

지장보살이, 왼편에는 죽은 이를 극락으로 인도하
는 인로왕보살이 보인다.

특히 이 작품에는 추가로 그림 위의 좌, 우측에
각각 영가를 모신 벽련대(碧蓮臺)가 묘사되어 있어

용주사 '감로도' 벽련대 부분 확대. 연꽃으로 장식한 물건 위로 죽은 이의 영혼을 모신 여의주가 있다.

주목을 끈다. 여의주 위로 화려한 장식을 한 지붕이 보이니, 이는 돌아가신 이의 영혼을 여의주에 모신 채 극락으로 이동하는 모습이다. 와우~ 이제 어디서든 감로도를 만나면 대략 그림의 의도와 등장한 장면의 각각 의미를 이해할 수 있을 듯하다. 어쩌다 보니 오늘 조계사를 쭉 돌아보며 그동안 방문한 사찰이나 박물관에서 했던 이야기를 복습하게 된다. 하하. 당연하겠지만 복습은 중요해.

전시를 보고 밖으로 나왔다. 불교중앙박물관은 매번 새로운 전시를 기획하여 개최하고 있는데, 오늘처럼 특별한 주제를 가지고 여러 사찰의 유물을 모아 전시를 할 때도 있지만, 상당수의 전시는 특정 사찰의 여러 국보, 보물급 작품을 옮겨와 사찰 설명과 함께 보여주는 경우가 대부분이다. 이는 한반도 곳곳에 위치한 사찰의 보물들을 사람들이 가장 많이 방문하는 이곳 조계사에서 보여줌으로써 불교 예술품을 널리 알리려는 의도가 아닐까 싶다. 은근 외국인도 많이 방문하는 사찰이니까.

자~ 이로써 서울에 위치한 사찰을 중심으로 조선 시대 불교를 알아보는 시간을 마치고자 한다. 서울에 워낙 많은 사찰이 있는 관계로 가능한 역사와 상징성이 높은 사찰을 중심으로 소개하였는데. 비록 이번 책에 소개되지 않은 사찰을 방문하더라도 걱정하지 말자. 오늘 조계사에서 복습하며 알 수 있듯 앞으로는 어디를 가든 법당에 배치된 불상, 불화 등을 보며 대략 그 의도와 의미를 이해할 수 있을 테니 말이다. 이 정도만 알아도 사찰을 방문하는 즐거움이 하나 더 생긴 것이 아니려나? 룰루랄라.

에필로그

그동안《일상이 고고학》이라는 시리즈를 펴내면서 알게 모르게 사찰 또는 불교 이야기를 종종 언급하였다. 이는 삼국 시대에 불교가 도입된 이후 통일신라, 고려 등 불교를 국교로 삼은 국가가 쭉 이어지면서 한반도의 여러 유적지마다 사찰과 불교 이야기가 전해지고 있는 경우가 많기 때문이다. 덕분에 지금까지 책에서 언급된 사찰만 하더라도 황룡사지, 불국사, 미륵사지, 감은사지, 정림사지, 해인사, 금산사, 실상사, 법화사, 원당사, 삼화사, 신흥사, 굴산사지, 용주사 등등 꽤 있었다.

그러던 어느 날 현재 대한민국의 수도인 서울에도 과거 한반도의 수도였던 경주나 개경 이상으로 수많은 사찰이 있는데, 이를 소개하는 책을 한 번 써보자는 생각이 들었다. 마침 요즘 들어 20~30대는 바쁜 생활 중 마음의 휴식을 위해, 외국인은 한국 전통 문화를 접하기 위해 사찰을 방문하는 경우가 늘어나고 있다는 이야기를 들은 적이 있다. 서울 지역 사찰의 경우 굳이 종교적인 이유가 아니어도 방문하는 사람이 은근 많아졌다고 한다. 마치 우리가 유럽의 도시를 들르면 종교와 관련 없이 오래된 성당에 방문하여 문화와 역사를 즐기는 것과 마찬가지다.

그렇다면 사찰에 관심이 많아도 아직 불교 문화에 익숙하지 않은 사람들에게 사찰 즐기는 방법을 알려주면 어떨까? 이런 아이디어가 추가로 떠오르면서 "서울에 위치한 사찰 소개 + 사찰에서 자주 만나는 불상과 불화를 감상하는 방법"을 결합한 콘텐츠를 구상하게 되었다.

여기에다 개인적으로는 신라나 고려 시대 불교 이야기 못지않게 조선 시대 불교 이야기에 대한 관심이 높아지면 좋겠다는 생각을 갖고 있었다. 현대까지 이어지고 있는 사찰 중 상당수는 유교와 성리학이 중심이었던 조선 시대를 거치면서도 살아남은 역전의 용사들인 만큼 조선 시대 이야기를 풍부하게 담고 있으니 말이다. 이에 따라 최종적으로 '서울에 위치한 사찰 소개 + 사찰에서 자주 만나는 불상과 불화를 감상하는 방법 + 조선 시대 불교 이야기'를 결합하여 소개하고 싶었고, 이 책이 바로 그 결과물이다.

이처럼 목표가 확실하게 있었던 만큼 이 책을 통해 가능한 많은 독자들이 조선 시대 불교의 흐름을 따라가 보면서 서울에 위치한 사찰들의 역사와 더불어 조선 시대 사찰에서 만날 수 있는 불상과 불화 등을 이해하는 시간을 가지면 좋겠다.

그럼에도 불구하고 아쉬운 부분이 하나 있다면 책 용량의 한계로 인해 그 많은 서울 내 사찰 중 일부만 소개할 수밖에 없었다는 점이다. 나머지 이야기는 여러분들이 사찰을 방문하며 하나씩하나씩 채워가면 어떨까? 이 책을 통해 어느 정도 사찰을 즐기는 방법이 익숙해졌다면 그 어디에 있는 사찰을 방문하더라도 큰 문제 없이 즐길 수 있을 테니까.

참고 문헌

강소연, 문정왕후(文定王后) 시기 불화(佛畵)의 특징과 그 위상, 2018

김상현, 문정왕후의 불교중흥정책, 한국불교학, 2010

김소연, 조선에서 온 카라모노(唐物): 혼가쿠지 소장 〈석가탄생도〉의 일본 내 수용과 확산, 미술사와 시각문화, 2020

김양균, 흥천사 扁額·懸板 연구, 강좌미술사, 2022

김용태, '浮休系'의 계파인식과 普照遺風, 보조사상, 2006

김용태, 조선전기 억불정책의 전개와 사원경제의 변화상, 조선시대사학보, 2011

김윤정, 조선의 冕服: 정치와 외교의 修辭, 역사민속학, 2022

김인정, 식민지기 '말세적' 현실에 대한 신종교의 대안 - 천도교와 보천교를 중심으로 -, 한국사연구회, 2022

김자현, 명대(明代)『출상금강반야바라밀경(出相金剛般若波羅蜜經)』의 계통과 판화 도상 연구, 불교미술사학, 2022

김정희, 조선시대 王室佛事의 財源, 강좌미술사, 2015

김종명, 세종의 불교관과 유교 정치, 불교학연구, 2010

김진홍 조우현,『세종실록(世宗實錄)』,「오례(五禮)」에 기록된 배표의 절차와 복식 연구, 문화재, 2023

남동신, 원각사종(圓覺寺鐘)에서 보신각종(普信閣鍾)으로 -조선시대 탈불교화의 일례, 국립중앙박물관, 2023

문명대, 홍천사 대종 명문으로 본 홍천사의 성격과 대종의 보존, 강좌미술사, 2022

문명대, 홍천사 사십이수(四十二手) 천수천안 관음보살상(千手千眼觀音菩薩像)의 도상특징과 편년 연구, 강좌미술사, 2017

박선경, 조선 세종대『사리영웅기』편찬과 왕실 불사의 전통, 동국사학, 2019

박은경, 안성 칠장사 法洞作〈오불회괘불〉의 재검토, 불교미술사학, 2012

박은경, 일본 소재 조선 전기 釋迦說法圖 연구,

석당논총, 2011

박현모, '성주(聖主)'와 '독부(獨夫)'사이 : 척불(斥佛)논쟁과 정치가 세종의 고뇌, 정치사상연구, 2005

백은정, 知恩院 소장 조선전기 〈地藏十王18地獄圖〉 연구, 미술사학, 2013

손성필, 조선시대 승려 賤人身分說의 재검토 -高橋亨의 주장에 대한 비판을 중심으로-, 보조사상, 2013

손성필, 허응 보우의 불교사적 위상 재검토, 한국사상사학, 2014

손신영, 조선후기 興天寺의 연혁과 시주, 강좌미술사, 2017

안후상, 불교총본산 조계사 창건고, 보조사상, 2001

양혜원, 15세기 승과(僧科) 연구, 한국사상사학, 2019

양혜원, 세조대 불교적 異跡의 시작, 『觀音現相記』, 규장각, 2022

양혜원, 조선 초기 궁궐 사찰 '내원당(內願堂)'의 설치와 변동, 한국사상사학, 2021

오경후, 朝鮮時代 奉恩寺의 佛敎的 位相과 文化價値, 정토학연구, 2017

유경희, 王室 發願 佛畵와 宮中 畵員, 강좌미술사, 2006

윤인숙, 朝鮮前期 內需司 폐지 논쟁과 君主의 위상, 대동문화연구, 2013

이강근, 홍천사 극락보전의 재건역(再建役)과 장엄(莊嚴)에 관한 연구, 강좌미술사, 2021

이기운, 조선시대 內願堂의 설치와 철폐, 한국불교학, 2001

이승희, 영산회상변상도 판화를 통해 본 조선 초기 불교문화의 변화, 미술사연구, 2014

이정주, 세조 후반기 순행과 불교, 사총, 2022

이정주, 홍선대원군 李昰應(1820~1898)의 불교 후원과 그 정치적 의미, 역사와 담론, 2015

이종서, 고려 국왕과 관리의 복식(服飾)이 반영하는 국가 위상과 자의식의 변동, 한국문화, 2012

이주형,『釋氏源流』와 중국과 한국의 불전도, 서울대학교 대학원, 2016

이혜원, 홍천사 대방(大房)의 건축적 특징, 강좌미술사, 2021

장재천, 성균관 유생들과 승려들 간의 패싸움 소고, 한국사상과 문화, 2019

정우택, 조선왕조시대 釋迦誕生圖像 연구, 미술사학연구, 2006

정재훈, 조선후기 왕실 忌辰祭의 설행과 운영, 서울대학교, 2007

조희영, 조선시대 내시 복식 연구, 단국대학교, 2008

최경원, 조선전기 왕실 比丘尼院 女僧들이 후원한 불화에 보이는 女性救援, 동방학지, 2011

최연우, 조선전기 왕세자 원유관복의 제정과 시행, 한복문화, 2022

탁효정, 15~16세기 정업원의 운영실태-새롭게 발견된 端宗妃 定順王后의 고문서를 중심으로-, 조선시대사학보, 2017

탁효정, 조선시대 봉은사 수륙재의 역사적 전개, 동양고전연구, 2018

탁효정, 조선 초기 陵寢寺의 역사적 유래와 특징, 조선시대사학보, 2016

한춘순, 조선 명종대 불교정책과 그 성격, 한국사상사학, 2013

한희숙, 조선시대 선왕 후궁에 대한 처우와 궁가(宮家)의 변천, 여성과 역사, 2019

한희숙, 조선 초 廣平大君家의 佛教信行과 왕실불교, 한국사학보, 2020

황인규, 한국불교사에 있어서 度牒制의 시행과 그 의미, 보조사상, 2004

찾아보기

일상이 고고학, 나 혼자 서울 사찰 여행
조선 불교 이야기

1판 1쇄 인쇄 2025년 4월 25일
1판 1쇄 발행 2025년 5월 1일

지은이 황윤
펴낸이 김현정
펴낸곳 책읽는고양이

등록 제4-389호(2000년 1월 13일)
주소 서울시 성동구 행당로 76 110호
전화 2299-3703
팩스 2282-3152
홈페이지 www. risu. co. kr
이메일 risubook@hanmail. net

ⓒ 2025, 황윤
ISBN 979-11-92753-36-2 03910